JN041791

接客英会話フレーズ2000

池田書店

本書の構成と使い方

- ⦿ **Part 1** では、接客英語を成功させるヒントとともに、最初に覚えておきたいフレーズを紹介しています。お客様と接客側の両方の立場に立ってそれぞれまとめています。

- ⦿ **Part 2** では、あいさつやお礼など基本の会話表現をはじめ、会計や緊急時の対応など、どの業種にも共通する表現を紹介しています。

- ⦿ **Part 3〜8** では、さまざまな業種やシーンごとに使えるフレーズをまとめました。

- ⦿巻末の**付録 すぐに使える POP・案内表示**も合わせてお役立てください。

QR コード

スマートフォンなどで読み取って、例文の音声を聴くことができます。

シーン別見出し

接客サービスのシーンや内容ごとに、設定しています。

接客フレーズ

想定されるお客様からの問い合わせなども併せて紹介します。

英語は、状況に合わせた意訳の場合もあります。日本語は、適宜（ ）で言葉を加え、よりわかりやすくしています。

・・・・・・・・・・・・・・・・・・・・
英語の発音ルビについて

英語を日本語で表現することは不可能ですが、会話の手助けになるように、英文の下にカタカナで発音ルビをふってあります。

ただし、ルビはあくまで目安とお考えください。音声ファイルを活用して、正しい発音を身につけましょう。

対応

Part 4 販売店の接客・案内フレーズ

店・商品別フレーズ

洋品店

●希望をたずねる

どのようなお洋服をお探しですか?

What type of clothes are you looking for?
ホワットタイプ　オヴ　クローズ　アーユー　ルッキング　フォー

> 夏ものの洋服を探しています。
> **I'm looking for clothes**
> アイム ルッキング フォー クローズ
> **for summer wear.**
> フォー サマー ウェア

(Point)「夏(冬)ものの洋服」は、summer (winter) clothesという言い方もあります。こちらのほうが、形式ばらない気軽な表現です。

お好みの洋服はどんなタイプですか?

What type of clothes do you like?
ホワットタイプ　オヴ　クローズ　ドゥーユー　ライク

どのような素材の服がお好きですか?

What type of fabric do you like for clothes?
ホワットタイプ　オヴ　ファブリック　ドゥーユー　ライク　フォー　クローズ

どのような色がお好みですか?

What color do you like?
ホワットゥ　カラー　ドゥーユー　ライク

[言替単語] ●柄 **kind of patterns** (カインドゥ オヴ パターンズ)

146

QRコードでの再生

スマートフォンのQRコード読み込み用アプリで「シーン別見出し」の左上にあるQRコードを読み込むと、その場で音声が再生されます。

全フレーズの再生

上記QRコードの音声を連続して再生できる音声データを用意しました。パソコンで下記のURLにアクセスし、ダウンロードしてください。

https://www.ikedashoten.co.jp/space/english_6988/all.zip

〈ご注意〉

● QRコードで音声を聴く場合、別途通信料がかかります。スマートフォンまたはパソコンの機種ごとの操作方法や、設定に関してのご質問には対応しかねます。ご了承ください。

●ご使用のパソコン環境によって、音声のダウンロード、再生ができない場合がありますことをご理解ください。

●音声データは告知なく配布を中止する場合があります。

●音声の著作権は株式会社池田書店に属します。個人ではご利用いただけますが、再配布や販売、営利目的の利用はお断りします。

サービスの流れ

Part3〜5では、サービスの流れに添ってフレーズを紹介しています。

迎える ▶ **対応** ▶ お買上後

● 柄・色・素材について

> 花柄のブラウスを探しているのですが。
> **I'm looking for a blouse**
> アイム　ルッキング　フォー　ア　ブラウス
> **with a floral pattern.**
> ウィズ　ア　フローラル　パターン

4
販売店
……
店・商品別フレーズ

はい。今流行している柄ですね。
Yes. This pattern is in fashion.
イェス　ディス　パターン　イズ　イン　ファッション
words in fashion　流行の

言替単語

フレーズの下線部分と入れ替えて使うと便利な、表現例です。活用の幅を広げるヒントにしてください。

もっと**明るい色**のほうがいいですか?
Do you like brighter ones?
ドゥーユー　ライク　ブライター　ワンズ
【言替単語】● 派手な　**flashy**（フラッシィー）● 地味な　**plain**（プレイン）
● (色が) 薄い　**light**（ライトゥ）● (色が) 濃い　**dark**（ダーク）

色違いのものをお見せしましょうか?
Shall I show you one in a different color?
シャルアイ　ショウ　ユー　ワン　インナ　ディファレントゥ　カラー

> それの色違いはありますか?
> **Does it come in other colors?**
> ダズイットゥ　カムイン　アダー　カラーズ

(Point) come in other colors はよく使われる口語です。

はい。このお品で黒色がございます。
Yes. We have this one in black.
イェス　ウィー　ハヴ　ディスワン　イン　ブラック

Plus ① いろいろな色のものがございます。
We have it in various colors.
ウィー　ハヴ　イットイン　ヴァリアス　カラーズ

とても肌触りがいいですよ。触ってみてください。
It's very smooth. Feel it.
イッツ　ヴェリィ　スムードゥ　フィール イットゥ

お役立ちコメント

words 押さえておきたい単語をピックアップ

(Point) 掲載フレーズを補足解説

Plus ① 関連表現を併せて紹介

Short cut より短く簡単な表現を紹介

CONTENTS

Part 1 伝わる「接客英語」のために

Part 2 最初に覚えたい基本フレーズ

Part 3　飲食店の接客・案内フレーズ

Part 4　販売店の接客・案内フレーズ

Part 5　宿泊施設の接客・案内フレーズ

宿泊施設での接客ポイント ── 178

Part 6　観光の接客・案内フレーズ

観光地での接客ポイント —— 242

Part 7　交通の接客・案内フレーズ

Part 8　美容・リラクセーションの接客・案内フレーズ

美容院・エステなどでの接客ポイント —— **290**

はじめに

　訪日外国人旅行者数の増加に伴い、都市部のみならず、地方へのアクセス向上を目指した新たな交通手段の導入などが進められています。多くの地方自治体では観光資源や文化的魅力を積極的に広報し、観光プロモーションを行っています。このような取り組みによりホテルや飲食店、土産物店、航空、運輸などの観光・旅行業界では、ますます英語による接客の機会が増えています。

　そこで、本書では英語圏の国々で日常的に話されている「おもてなし／接客英語」を基に、日本のさまざまな接客場面に合わせた会話文を紹介しています。これらの会話文は標準的な中学レベルの英語で作成されており、各会話文には実際の発音に近い発音ルビをふり、よりスムーズに読めるようにしています。また、最近ではさまざまな業種でContactless（非接触）対応サービスが取り入れられています。このような対面接客を極力減らした場面での会話例も加えて、現代の社会に合致したより実践的な接客英会話集としています。

　本書で紹介している主な会話例文はアメリカ人ナレーターにより録音されています。日常的に英語ネイティブが自然なスピードで話す会話文ですので、繰り返し聴くことによってリスニング力の強化につながります。また、ナレーターのあとについて実際に声に出して読む練習はスピーキング力を向上させることでしょう。さらに、会話が行われる場面と会話文とをひとつのパターンとして記憶していくイメージトレーニングも効果的な本書の活用法です。

　さまざまな業種で接客される皆さんお一人おひとりが、「ホスピタリティマインド（おもてなしの心）」を持ってご自身に合った使い方で本書をご活用いただけましたら、私たち制作者一同幸甚に存じます。

照井 紀久夫

Part
1

伝わる「接客英語」のために

- 接客英語成功のヒント
- 決まり文句をマスターしよう

接客英語成功のヒント

1 「こんにちは」から「さようなら」までトータルで考える

　英語のコミュニケーションでは、楽しみながらその場の会話を成立させることが大切です。「会話の成立」とは、お互いの意思の疎通や希望がかなえられるよう、相手とのコミュニケーションを円滑に進めることです。簡単なあいさつを例にとってみましょう。Aが接客担当、Bがお客様です。

A：**Hello. How are you?**
　（こんにちは。おかわりありませんか？）

B：**I'm good.**
　（いい感じです。）※友人などに対して使う口語表現です

　これだけでお互いの会話が止まってしまうのは好ましくありません。次のタイミングを見計らって、相手が欲することをたずねましょう。相手が気持ちよく自分の希望を話せる状況をつくり出すことが大切です。

A：**What can I do for you today?**
　（今日は、何かご用はありませんか？）

B：**Yes. I would like to visit a shrine today.**
　（そうですね。今日は神社に行きたいんですが。）

　Are there any shrines near here?
　（この近くに神社はありますか？）

　相手の希望がわかり、地図などで場所の説明をしたあとで、

A：**I hope you'll enjoy it. Have a nice day.**
　（楽しんできてくださいね。よい一日をお過ごしください。）

と言って、送り出すとよいでしょう。「こんにちは」のひとことで終わりにせず、相手の気持ちを察した表現を入れて、別れのあいさつまで流れをつくった会話をすることも、「おもてなしの心」に通じます。

2　相手の気持ちの背景をくみ取った対応を

■ 相手の言葉を正しく受け取ることが第一

　接客は言うまでもなく、お客様とのコミュニケーションです。コミュニケーションのもっとも基本は、その言葉の持つ直接的な意味を相手に伝えたり受け取ったりすることです。たとえば、What time is it? （今、何時ですか?）とたずねられた場合には、It's noon.（正午です）というように、時間を伝えられれば最初のコミュニケーションは成り立ちます。まずは相手の言葉の内容から、たずねられていることは何かを理解することが大切だと言えますね。

■ 言葉の背景にある意味を察する

　英語でも自分が本当にしたいこと、望むことを間接的に表現する場合があります。Do you have a map?（地図はありますか?）と相手から聞かれた場合、この質問からは、その地図で観光スポットを探したい、どこかおいしいレストランを見つけたい、今日出かける場所を確認したい、地下鉄の駅を確認したい、等々の相手の意図が想像できます。そこで地図を渡しながら、たとえば、

Are you looking for anything in particular?
（何か特別にお探しですか?）

May I ask where are you going to go?
（どちらへ行かれる予定ですか?）

のようにたずねて、具体的にお店を教えたり、目的地までの案内をしたりと、一歩先に進んだサービスの提供を心がけます。

■ 質問の言い回しにも心遣いを

　お客様の希望をたずねる際は、なるべくYes/Noの2択で決定を迫るのではなく、「何か具体的なご希望はありますか?」など、希望や感想を多く聞き出せるような質問文にすることが大切です。また、「これは〜です」と言い切ってしまうより、「〜はどうですか?／〜はお好きですか?」と疑問形で伝え、相手の感想やさらなる要望などをうまく引き出すようにすると、やわらかい印象になり、新しいコミュニケーションを生むためのヒントになります。

■ 相手にお願いするときの丁寧表現

　相手に失礼のないように何かをお願い(依頼)する場合、英語には形の決まった表現方法がいくつもあります。最初に覚えておきたい表現を以下に簡単な例とともに紹介します(P.18以降の「決まり文句をマスターしよう」でも、いくつか紹介しています)。すべて「お塩を回して(取って)ください」という意味で、上から順に丁寧さを増した表現になっています。

Please 〜	
Please pass me the salt.	Please がついていますが、文体は命令文です。
Will you 〜	
Will you pass me the salt?	Will you 〜で始まる文は、基本的には Please 〜で始まる文と同様に、やや優しい命令文に感じられます。
Can you 〜	
Can you pass me the salt?	「〜していただけますか?」とお願いをする言い方です。
Would you 〜	
Would you pass me the salt?	Can you 〜の言い方よりも、さらに恐縮しながらお願いをする言い方です。
Would you mind 〜 ing 形	
Would you mind passing me the salt?	これらの表現の中ではいちばん丁寧で、相手の意向をたずねながらお願いをする言い方です。

4 発音についての着目点

■ 英語と日本語の違いを意識しましょう

日本語にない発音や舌や歯の使い方、イントネーションなどを意識して英語を話すようにしましょう。日本語にないv, f, thやphなどの発音は少し大げさな口の動きにして相手の目に留まるようにするのもひとつの方法です。Doで始まる疑問文などは語尾を上げる、相手に伝えたい大事な単語や強調したい言葉はゆっくり強めに発音する、といった点も大事です。

■ 英語を聞き取るときには音のつながりに注意

英語が聞き取りづらいという理由のひとつに、子音や母音の並び方による発音や言い方の変化が挙げられます。こういった音の変化は、linking（リンキング）やconnected speech（コネクテッド スピーチ）と呼ばれています。単語の意味を覚える際には発音にも着目して、複数の単語が並んだ際に、どのような発音になるのか意識することもおすすめです。

- ●母音で始まる単語は前の音とつながって発音
  in a　　　　　イン　ア ➡ インナ

- ●同じ子音が重なる場合、1つの音として発音
  what time　　ホワットゥ　タイム ➡ ホワッタイム

- ●子音がいくつか重なると、発音しなくなる音がある
  eating there　イーティング　デァ ➡ イーティンデァ

※本書では、つながりやすい発音については、一部つながった音を発音ルビとして表記しています。

》このコーナーの最後に《

ここで紹介したヒントを含めて、単語や慣用表現の勉強は不可欠です。しかし、英語のコミュニケーションのでき・不できはどれくらい相手の立場に立って、相手のためになることを言い表せるかが肝心。自信を持って、時にはジェスチャーも交えて明るく積極的にこちらの意図を伝えましょう。

ただ、にこやかな対応は大切ですが、日本人がしがちな意味のない照れ笑いは、外国人を戸惑わせるだけなので注意してください。

では、皆さんgood luck!

決まり文句をマスターしよう

 お客様からの問い合わせ ①

ものや人のありかをたずねる表現

～はどこですか？

Where is ～ ?
ウエァリズ

● 疑問詞で始まる疑問文は、語尾のイントネーションを下げて発音します。

● 次ページの Is there ～ ? との大きな違いは、お客様への答え方です。Is there ～ ? では、あるかないかを yes / no で答えるのに対して、Where is ～ ? とたずねられた場合は、その場所がどこか具体的に答えるか、目的の場所までご案内するようにします。

 地下鉄の駅はどこですか？

Where is the subway station?
ウエァリズ　　　ダ　　サブウェイ　　　ステイション

 あちらです。

It's over there.
イッツ　オウヴァ　　デァ

 日本語のマンガ売り場はどこですか？

Where is the Japanese manga section?
ウエァリズ　　　ダ　　ジャパニーズ　　　マンガ　　　セクション

 そちらにご案内します。

I'll show you there.
アイル　ショウ　　　ユー　　デァ

お客様からの問い合わせ ②

商品などがあるかどうかをたずねる表現

～はありますか？

Do you have ～ ?
ドゥーユー　　　　ハヴ

Is there ～ ?
イズデア

● Do you have ～ ? も、Is (Are) there ～ ? も、日本語にすると同じ「～はありますか?」となりますが、質問の持つニュアンスは違います。

● have は直訳すると「持つ」という意味ですが、使われる場面によって「売っている」「(設備などを) 備えている」という状況や状態を表現します。

● その商品や料理があるときは Yes と答えて売り場にご案内したり、料理をおすすめします。ないときは I'm sorry, but ～ や I'm afraid ～ (➡P.26) を使って対応できない旨を伝えます。

こちらに乾電池はありますか？（➡P.133）
Do you have batteries here?
ドゥーユー　　　ハヴ　　　バットゥリーズ　　ヒア

レジのすぐそばにあります。（➡P.133）
They're beside the cashier.
デイアー　　　　ビサイドゥ　　　ダ　　キャッシィア

この近くに書店はありますか？（➡P.214）
Is there a bookstore around here?
イズデア　　　ア　ブックストーア　　　　アラウンドゥ　　ヒア

はい、当ホテルの向かいにございます。（➡P.214）
Yes, one is in front of this hotel.
イェス　　ワン　　イズ イン フロントゥ オヴ ディス ホウテル

お客様からの問い合わせ ③

何が欲しいか、何がしたいかを伝える表現

～が欲しいのですが。／～がしたいのですが。

I'd like ～ . / I'd like to ～ .
アイドゥ ライク　　　　　　　　アイドゥ ライク　　トゥ

●ここで紹介する I'd like の I'd は I would の短縮形です。

●I'd like ＋名詞で「私は～が欲しい／～をください」という意味になります。また、I'd like to ＋動詞原形（不定詞）で「私は～がしたい」という意味になります。I'd like ～ にしても、I'd like to ～ にしても、接客する相手が何かを望んでいることは確かですから、それに続く言葉を聞き逃さないようにしましょう。

●似た表現に I want ～ がありますが、I'd like ～ よりも強い意向が込められる表現です。一般的には I'd like ～ のほうが柔らかな表現になります。

 お水が1杯欲しい（飲みたい）のですが。
I'd like a glass of water.
アイドゥ ライク　ア　グラス　　　　オヴ　ウォーター

 こちらをどうぞ。
Here you are.
ヒァ　　　ユー　　　アー

 着物を買いたいのですが。
I'd like to buy a *kimono*.
アイドゥ ライク　トゥ　バイ　　ア　キモーノ

 そうですね。こちらはいかがですか？
OK. How about this one?
オウケイ　ハウアバウトゥ　　　　　　ディス　ワン

お客様からの問い合わせ ④

許可を得るための表現

〜してもいいですか？

May I 〜 ?
メイアイ

Can I 〜 ?
キャナイ

● 「〜してもいいですか？」と、頼んだり許可を得るときによく使う表現です。

● May I 〜 ?とCan I 〜 ?は同じように使えますが、May I 〜 ?のほうが、丁寧な表現です。お客様にこちらからお願いするときは、May I 〜 ?を使いましょう。Can I 〜 ?は全般的にカジュアルな表現で「〜していい？」という意味合いが込められます。

● May I have 〜 ? / Can I have 〜 ?と、haveを使って質問すると「〜 はありますか？（〜 をもらえますか？）」という意味になります。また、料理の注文や商品の有無をたずねるときにも使われます。最後にpleaseをつけると、より丁寧な表現になります。

フロアマップをもらえますか？
May I have a floor guide, please?
メイアイ　ハヴァ　　　　フローア　ガイドゥ　　　プリーズ

もちろんです。こちらをお持ちください。
Sure. Please take this.
シューア　　プリーズ　テイク　ディス

これを試着してもいいですか？
Can I try this on?
キャナイ　　トゥライ　ディス　オン

もちろんです。試着室はあちらです。
Certainly. The fitting room is over there.
サートゥンリィ　　　ダ　フィティングルーム　　　イズ　オウヴァ　デア

お客様からの問い合わせ ⑤

商品などについてたずねる表現

これは〜ですか？／これは何ですか？

Is this 〜 ? / What's this?
イズディス　　　　　　　　　　ホワッツ　　　ディス

● Is this 〜 ? は、何かを確認するときによく使われるフレーズです。食事や買い物、観光などさまざまな場面で、お客様から聞かれる機会がたいへん多いフレーズです。

● What's this?「これは何ですか？」も、同じような場面でよく使われます。What is this?の短縮形で、会話ではWhat'sのほうがよく使われます。遠くのものを指すときは、What's that?となります。

● 答えるときは、This is 〜／ That is 〜 を使います。それが何かを答えるだけではなく、簡単に説明できるとよいでしょう。

 これは純金ですか？
Is this pure gold?
イズディス　　ピュア　　ゴウルドゥ

 いいえ、18金です。
No, this is eighteen-karat gold.
ノウ　　ディスイズ　　エイティーンキャレットゥ　　ゴウルドゥ

 これは何ですか？
What's this?
ホワッツ　　　ディス

 これは、木のお椀です。すべて手づくりですよ。
This is a wooden bowl. It's all handmade.
ディスイズ　ア　ウドゥン　　ボウル　　イッツ　オール ハンドゥメイドゥ

お客様からの問い合わせ ⑥

お客様からの依頼・要望の表現

〜していただけますか？

Would you 〜 ?
ウッジュー

Could you 〜 ?
クッジュー

● Would you 〜 ? と Could you 〜 ? は、相手に何かを「依頼」するときに使います。ただし、お客様を煩わせる行為を促すような「お願い」をするときには、基本的に使わないほうがよいでしょう。そのような場合は P.75 の例文にあるように、Excuse me, but would you mind 〜 ? で表現します。

● Would you 〜 ? と Could you 〜 ? は少しニュアンスは異なります。would には will（意思）、could には can（可能）の意味が含まれます。

● Would you (please) 〜 ? と Could you 〜 ? は、「丁寧な依頼」としてお客様にも使える場合があります（➡ P.106, 124）。最後に Please をつけると、より丁寧な表現になります。

 この銀の指輪を見せていただけますか？

Could you show me this silver ring?
クッジュー　　　　　ショウ　　ミー　　ディス　　スィルヴァー　　リング

 もちろん、いいですよ。

Sure. / Yes, of course.
シューア　　　　イェス　　オヴコース

残念ながら、そちらはすでに売約済みです。

Unfortunately, it has already been sold.
アンフォーチュネイトゥリィ　　　イットゥ ハズ　　オールレディ　　ビィン　　ソゥルドゥ

お客様への対応 ①

商品などをすすめる場合の表現

~はいかがですか？

Why don't you ～ ?
ホワイ　　　ドンチュー

How about ～ ?
ハウアバウトゥ

Would you like (to) ～ ?
ウッジュー　　　　　　ライク　　トゥ

We (I) recommend ～ .
ウィー　　アイ　　リコメンドゥ

●お客様に商品やサービスをすすめるにはいろいろな表現があります。代表的な表現はこの4つでしょう。下にいくほど丁寧な表現になる傾向にあります。

● ［使い方］Why don't you ＋動詞原型 ～ ?
　　　　　　Hou about ＋名詞（ ～ing ［動名詞］）～ ?
　　　　　　Would you like ＋名詞（to不定詞）～ ?

●How about ～ ?には、「～はいかがですか？」という意味を持たせることができます。

●Would you like (to) ～ ?は、「丁寧な依頼（～していただけますか？）」（➡P. 23）のWould you ～ ?と始まりが同じですから注意しましょう。likeという動詞の有無がポイントです。

●また、Would you like (to)～?の文を使って、お客様の希望をおたずねしたり、こちらからおすすめしたりしたあと、How about ～を使って、別の提案や新たな選択肢をお客様に提供するという方法もあります。

●We recommend ～は、「（お店として）推奨する」という意味で、自慢の品をおすすめする場合によく使います。

試食なさいませんか？　おいしいですよ。

Why don't you try this? It's delicious.

ホワイ　　ドンチュー　　　　トゥライ ディス　　　イッツ ディリシャス

私ども（当ホテル）の日本料理店はいかがでしょうか？ (➡P.215)

How about our own Japanese restaurant?

ハウアバウトゥ　　　　　アウァ　　オウン　ジャパニーズ　　　レストゥラントゥ

食前酒はいかがですか？ (➡P.79)

Would you like an aperitif?

ウッジュー　　　　　ライク　アン　アペティーフ

手頃な赤ワインを選んでいただけますか？ (➡P79)

Could you suggest a reasonable red wine?

クッジュー　　　　　サジェストゥ　　　ア リーズナブル　　　　レッドゥワイン

私どものセレクトした、赤のハウスワインはいかがでしょうか？

How about trying a red house wine

ハウアバウトゥ　　　　　トライング　　ア レッドゥ ハウスワイン

we selected?

ウィー　セレクティッドゥ

初めての方にはマイルドな辛さのカレーをおすすめします。 (➡P.89)

We recommend a mild tasting curry

ウィー　リコメンドゥ　　　　　ア マイルドゥ テイスティング　　カリー

for the first time.

フォー　ダ　　ファーストゥタイム

お客様への対応 ②

こちらにミスがあった場合／お客様の要望に応えられない場合

申し訳ございませんが…

I'm sorry (to) 〜．
アイム　ソーリィ　トゥ

申し訳ございませんが…

I'm sorry, (but) 〜．
アイム　ソーリィ　バットゥ

I'm afraid (that) 〜．
アイム　アフレイドゥ　ダットゥ

● sorry の使い方には注意が必要です。こちらにミスがあった場合の sorry と、お客様の要望に応えられない場合の sorry を、しっかり区別して使いましょう。

● こちらのミスに対しておわびをする場合には、I'm (very) sorry. だけで完結した文、またはそのあとに to ＋動詞の原形（不定詞）や for 〜 を続けて、「(to 〜 して／for 〜 について）失礼しました（申し訳ございません）」という表現にします。また、この表現には、相手の不運な状況に同情する意味「(to 〜 して／for 〜 について）残念です」という意味もあります。

● お客様が申し出られた要望について、「申し訳ございませんが（残念ながら／あいにく）〜 できません」と丁寧にお断りする場合には、I'm sorry, but 〜 のように、接続詞の but を用いて「〜 は対応できません（〜 はございません）」と続けます。

● I'm sorry, but 〜 とほぼ同じに用いられるのが、afraid を用いた I'm afraid that 〜 という表現です。afraid には、「of 〜 」をつけて「〜 を怖がる」という意味のほかに、このように「(that 〜) を残念に思う」という意味があります。そのほか、相手の疑問に対して「(残念ですが）そう思います」という場合には、I'm afraid so. と答えます。

お待たせして申し訳ありません。（→P.234）

I'm sorry to have kept you waiting.

アイム　ソーリィ　トゥ　ハヴ　ケプトゥ　ユー　ウェイティング

このドレスを試着してもいいですか？

May I try this dress on?

メイアイ　トゥライ　ディス　ドゥレス　オン

申し訳ありませんが、こちらの商品は試着できません。

I'm sorry, but you can't try this on.

アイム　ソーリィ　バットゥ　ユー　キャントゥ　トゥライ　ディス　オン

英語の小説を探しているのですが。

I'm looking for English novels.

アイム　ルッキング　フォー　イングリッシュ　ノヴェルズ

あいにく、当店では洋書を扱っておりません。（→P.168）

I'm afraid we have no foreign language books.

アイム　アフレイドゥ　ウィー　ハヴ　ノウ　フォーリン　ラングウィッジ

ブックス

きょうは、午後から雨が降るでしょうか？

Is it going to rain this afternoon?

イズィットゥ　ゴーイング　トゥ　レイン　ディス　アフタァヌーン

残念ですが、そう思います。

I'm afraid so.

アイム　アフレイドゥ　ソウ

お客様への対応 ③

サービスの内容を伝える表現

～がございます。

We have ～ .
ウィー　ハヴ

There is (are) ～ .
デアリズ　　　　　アー

- We have ～も There is (are) ～も「～がございます（あります）」という意味ですが、状況や話し手の意図によって使われ方が異なります。

- We have ～は所有の意味を持ちますから、お店としてお客様に提供するサービスを用意している、という意味合いがあります。

- 一方、There is (are) ～はものごとの「存在」を伝える表現です。たとえばオプションのサービスや消費税がつくかどうかなど、客観的な情報として伝える、という意味合いを持っていると考えればよいでしょう。

 色違いの商品もございます。（→P.138）

We have this in another color, too.
ウィー　ハヴ　　　ディス　イン アナダー　　　　カラー　　　トゥー

 配送のサービスはございません。（→P.173）

We don't have delivery service.
ウィー　ドントゥ　　ハヴ　　　ディリィヴァリィ　　サーヴィス

 ロッカーは有料です。

There is a charge for using lockers.
デアリズ　　　　ア チャージ　　　フォー　ユーズィング ロッカァズ

 そちらの棚に、ツアーのパンフレットがあります。（→P.244）

There are tour brochures on the shelf
デアラー　　　　　　トゥアー　ブロウシュアーズ　　　オン　ダ　　シェルフ

over there.
オウヴァ　デア

お客様への対応 ④

感想や印象をたずねるときの表現

~はいかがでした（です）か？

How did you (do you) like ~ ?
ハウ　　　　ディッジュー　　　ドゥーユー　　　ライク

●相手の印象をたずねる表現です。飲食店などで、帰り際に注文された料理の感想をたずねるような場合には、How did you like ~ ?と過去形を用います。また、テーブルやカウンターにお座りのお客様に提供した料理の味を確認したり、服や装飾品を試着したお客様にその場で感想を聞く場合には、How do you like ~ ?と現在形を用います。

●How do you like ~ ?には、商品の色や調理の仕方など相手の好みをたずねる場合など、「~ はいかがでしょうか？」「~ はいかがいたしましょうか？」という意味でも使うことができます。しかし、より丁寧に言う場合には、How would you like ~ ?を使いましょう。

●そのほか、How was ~ ?でも「~ はいかがでしたか？」の意味になります（➡P.92）。

 お食事はいかがでしたか？
How did you like the food?
ハウ　　　ディッジュー　　　ライク　ダ　　フードゥ

 この服はいかがですか？
How do you like this dress?
ハウ　　ドゥーユー　　ライク　ディス　ドゥレス

 ステーキの焼き加減はどうなさいますか？（➡P.117）
How would you like your steak?
ハウ　　ウッジュー　　　ライク　ユァ　　ステイク

お客様への対応 ⑤

セルフサービスの食事や、サンプルなどを自由にお持ちいただくときの表現

ご自由に、どうぞ。

Please help yourself to ～ .
プリーズ　　　　　ヘルプ　　ユァセルフ　　　　トゥ

Please feel free to ～ .
プリーズ　　　　　フィール　フリー　　トゥ

● help yourself to ～ は主に食べ物や飲み物などに使います。一方、feel free to ～ は飲食物以外に対しても、「ご自由に ～ してください」の意味で使えます。

● [使い方] help yourself to ＋名詞
　　　　　 feel free to ＋動詞原形（不定詞）

● feel free 単独で「ご自由にお取りください」などの意味でも用いられます。また、Please take it for free. という表現もあります。ポップチラシなどでは、短く for free「ご自由にお持ちください」とだけ記してもよいですね。

 ご自由にお皿をお取りください。
Please help yourself to the dishes.
プリーズ　　　　　ヘルプ　　ユァセルフ　　　　トゥ　ダ　　　ディッシュイズ

 どんな質問でも私に気軽に聞いてください。
Please feel free to ask me
プリーズ　　　　　フィール　フリー　　トゥ　アスク　ミー

if you have any quetions.
イフ　ユー　　　ハヴ　　　エニィ　クエスチョンズ

 ご自由にお取りください。
Feel free to take this.
フィール　フリー　　トゥ　テイク　　ディス

お客様への対応 ⑥

無料のサービスであることを伝える表現

～はサービス（無料）です。

free of charge （無料で）
フリー　オヴ　チャージ

complimentary ～ （無料の）
コンプリメンタリィ

● 日本語では「～ は無料ですよ」の意味で「～ はサービスです」と言うことがありますが、英語の service には「無料」という意味はありません。「予約サービス」reservation service や「ルームサービス」room service などのように、正規に提供している業務に対して用いるのがふつうです。

● P.30の feel free 以外に、free を用いた表現として free of charge も覚えておきましょう。feel free to ～ が「自由に～する」であるのに対して、こちらは「～は無料です」とはっきり無料であることを伝える表現です。

●「無料の」という意味にいちばん近い語は complimentary です。

 デザートを無料でサービスさせていただきます。（➡P.125）
We'll bring you a dessert free of charge.
ウィール　ブリング　ユー　ア　ディザートゥ　フリー　オヴ　チャージ

 こちらのお茶請けはサービス（無料）です。（➡P.102）
This is a complimentary snack.
ディスイズ　ア　コンプリメンタリィ　スナック

 無料送迎バス（表示）
Complimentary bus service.
コンプリメンタリィ　バス　サーヴィス

お客様への対応 ⑦

お客様にある行為を提供したいときの表現

〜いたします。／（私に）〜してください。

Let me 〜 .
レットゥミー

●使役動詞 let を使った Let me 〜 は直訳で「（私に）〜 させてください」という意味ですが、接客では「〜 いたします」という謙譲表現としてよく用いられます。そのほか、「（私に）知らせてください／見せてください」のような場面でも用いられます。

●「ご案内いたします」「ご説明いたします」「交換させていただきます」など、いろいろな場面で使うことができます。

●please を使った丁寧な命令文の Please show me 〜「〜 を見せてください」より、使役動詞の let を使った Please let me show 〜「〜 を見せていただけますか」のほうが、よりかしこまった丁寧な表現になります。please は、文章の最後につけてもよいでしょう。

 ご注文を復唱いたします。（➡ P.84）
Let me repeat your order.
レットゥミー　　　リピートゥ　　ユア　　　オーダー

 私がご案内いたします。
Let me show you around.
レットゥミー　　　ショウ　　　ユー　　　アラウンド

 すぐにお知らせください。
Please let me know as soon as possible.
プリーズ　　　レットゥミー　　ノウ　　　アズ　スーン　　アズ　ポッシブル

 パスポートを拝見させてください。
Let me see your passport, please.
レットゥミー　　　スィー　　ユア　　　パスポートゥ　　　プリーズ

Part
2

最初に覚えたい
基本フレーズ

あいさつ・お礼とおわび

● **お客様がご入店**

おはようございます。

Good morning.
グッドゥ　　　モーニング

....

こんにちは。

Hello. / Good afternoon.
ヘロゥ　　　グッドゥ　　アフタァヌーン

(Point) 英語では、時間帯に合わせてあいさつが変わります。**Good afternoon.** は、日没または夕食前の時間帯まで使われるのが一般的です。

....

こんばんは。

Good evening.
グッドゥ　　　イーヴニング

....

ご機嫌いかがですか?

How are you, today?
ハウ　　　アーユー　　　　トゥデイ

(Point) **Hello.** とセットで使うのもおすすめです。

....

いらっしゃいませ。

May I help you?
メイアイ　　ヘルプ　　ユー

(Point) 直訳は「何かお手伝いしましょうか?(=ご用件を承ります)」です。物品販売のお店などで使う表現です。

Plus ① **What can I do for you?** ※同じ意味で使えます。
ホワットゥ　キャナイ　ドゥー　フォーユー

....

どうぞお入りください。

Please come in.
プリーズ　　　　カムイン

(Point) ドアの外で様子見をしているお客様への声かけや、外でお待ちになっているお客様を店内にご案内するときの表現です。

またのご来店をお待ちしております。

Please come back and see us.
ブリーズ　　　　カムバック　　　　　　　アンドゥ　スィー　アス

(Point) すぐに入店してくれない場合はこのフレーズをつけ加えてみましょう。どんなときでも最後に **Thank you.** と笑顔で声をかけることも大切です。

● ご予約の有無

ご予約をいただいておりますでしょうか？

Do you have a reservation?
ドゥーユー　　　　ハヴァ　　　　　リザァヴェイション

> 7時に予約しているスミスです。
>
> ## I have a reservation for
> アイ ハヴァ　　　　　リザァヴェイション　　　　フォー
> ## Mr. & Mrs. Smith at seven.
> ミスター アンドゥ ミセス　　スミス　　　　アットゥ セヴン

スミス様、お待ちしておりました。

We have been expecting you, Mr. & Mrs. Smith.
ウィー　ハヴ　　　ビィン　　　エクスペクティング　　ユー　　　　ミスター アンドゥ ミセス スミス

こちらへどうぞ。

This way, please.
ディス　　　ウェイ　　　ブリーズ

(Point) 笑顔でご案内することを忘れずに。「ご案内します（私についてきてください）」**Please follow me.**（ブリーズ ファロウ ミー）と言ってもよいでしょう（➡ P.76）。

こちらで少々お待ちください。

Please wait here for a moment.
ブリーズ　　　ウェイトゥ ヒア　　　フォー　ア　モウメントゥ

◆ sir と ma'am

フレーズの最後に、男性に対しては sir（サー）、女性に対しては ma'am（メァーム）をつけると、より丁寧な表現になります。相手の名前がわからないときの、丁寧な呼びかけにも使います。格式があるホテルや高級レストラン、航空会社のカウンターなどでよく使われます。また、一般的に中年以上と見受けられる方への言い方で、若い方へはあまり使いません。

さようなら。
Good bye.
グッドゥ　　　バーィ

よい一日を！
Have a good day!
ハヴァ　　　　グッデイ

(Point) **good**の代わりに**nice**や**great**と言ってもよいでしょう。次のフレーズも同様です。

楽しい夜を！
Have a good evening!
ハヴァ　　　　グッドゥ　　　イーヴニング

おやすみなさい。
Good night.
グッナイトゥ

ご来店ありがとうございました。
Thank you for coming.
サンキュー　　　　　　　フォー　カミング

(Point) どんな状況でも使える便利な表現です。

またお越しください！
Please visit us again!
プリーズ　　　　　ヴィズィットゥ　アス　アゲン

 またお目にかかれますように。（上記よりカジュアル。フレンドリーな店用）
We hope to see you again!
ウィー　ホウプ　トゥ　スィー　ユー　アゲン

出口までお見送りいたします。
I'll see you out.
アイル スィー　　ユー　　アウトゥ

● お礼

ありがとうございます。

Thank you very much.
サンキュー　　　　　　ヴェリィ　　マッチ

(Point) 会計でお釣りやレシートを渡す際に、**Have a good day.** / **Have a good evening.** などをつけ加えるとよいでしょう。「（食事は）いかがでしたか？」**How was everything?** や「お食事はお楽しみいただけましたか？」**Did you enjoy your meal?** などとつけ加えるのもいいですね（➡P.128）。

どういたしまして。

You're welcome.
ユーア　　　　　ウェルカム

(Point) お客様からの **Thank you.** への答えとして使います。会計のときなど、「またお越しください」の意味も含まれていますので、笑顔で答えましょう。

● おわび

すみません。失礼いたしました。

I'm sorry.
アイム　ソーリィ

Plus ① お待たせして申し訳ありません。（➡P.234）
I'm sorry to have kept you waiting.
アイム ソーリィ　トゥ ハヴ　ケプトゥ ユー　ウェイティング

たいへん失礼いたしました。

I'm very sorry.
アイム　ヴェリィ　ソーリィ

(Point) **I'm sorry.** の代わりに **We're sorry.** を使うこともできます。**we** は「お店として」、または「そのお店で働く者として」という意味あいを持ちます。

Plus ① 間違えてしまい、申し訳ございません。
We're very sorry for the mistake.
ウィアー　　ヴェリィ ソーリィ　フォーダ　ミステイク

おわびいたします。

We apologize for that.
ウィー　アパロジャイズ　　　　フォー ダットゥ

(Point) **I'm sorry.** より謝罪の気持ちが強い表現です。公式に謝る（謝罪する）という意味合いを持ちます。

Plus ① ご迷惑をおかけして申し訳ございません。
We apologize for the inconvenience.
ウィー アパロジャイズ　　フォー ディ　インコンヴィーニエンス

基本の対応

● 基本の質問

何時ですか? 〈予約時間の確認の際など〉

What time?
ホワッタイム

(Point) このフレーズでは、文の語尾は上げます。

何をお探しですか?

What are you looking for?
ホワットゥ　アーユー　　　　ルッキング　　フォー

(Point) この場合は、文の語尾は下げましょう。

ご出発はいつですか?

When are you leaving?
ウエン　　アーユー　　　リーヴィング

どちら様ですか? 〈電話口などでのお名前の確認〉

Who's calling, please?
フーズ　　　コーリング　　プリーズ

どちらですか (どれですか)?

Which one?
ウイッチ　　ワン

どちらがお好みですか?

Which do you like better?
ウイッチ　　ドゥーユー　　ライク　ベター

いくつご入り用ですか?

How many do you need?
ハウメニィ　　　　ドゥーユー　　ニードゥ

ここへはどのように来られましたか?

How did you come here?
ハウ　　　　ディッジュー　　　カム　　ヒア

何名様ですか?

How many people, please?
ハウメニィ　　　　　　ビープル　　　　　ブリーズ

(Point) **people** は **persons**（パースンズ）と言ってもよいでしょう。人数のたずね方は何通りかありますが、本書では接客の場面ごとにそれぞれ紹介しています。

京都にはどのくらい滞在なさいますか?

How long are you going to stay in Kyoto?
ハウロング　　　　　　アーユー　　　　ゴウイング　　トゥ　ステイ　イン　キョウト

どちらに行きたいのですか?

Where would you like to go?
ウエァ　　　　ウッジュー　　　　　　ライク　トゥ　ゴウ

● 問い合わせに対して

> このお店はどこでしょうか?〈メモを見せながら〉
>
> # Where is this shop?
> ウエァリズ　　　　　ディス　　ショップ

少々お待ちください。

Just a moment, please.
ジャストゥ　ア　モウメントゥ　　　　ブリーズ

(Point) わからないことがあっても、「知りません」**I don't know.**（アイ ドントゥ ノウ）とは言わないようにしましょう。

すぐに、お調べいたします。

I'll check that for you right away.
アイル チェック　　　　ダットゥ　フォーユー　　　ライトゥアウェイ

係の者に代わります。

I'll get someone in charge.
アイル ゲットゥ サムワン　　　　　　　　イン チャージ

Plus ① I'll get someone who can help you. ※同じ意味で使えます。
アイル ゲットゥ サムワン　　フー　キャン ヘルプ ユー
・直訳は「誰かあなたを助けることができる者を得ます」。この表現には「お役に立てる者を連れてまいります（探してまいります）」の意味がある。

お客様。〈呼びかけ〉

Sir. / Ma'am.
サー　　　メァーム

(Point) 名前がわからない相手に対して丁寧に呼びかけるときに使います。語尾を上げて発音します。男性に対しては **sir.**、女性に対しては **ma'am.** を使います。

地図を確認しましたが、見つかりませんでした。

We checked on the map, but we couldn't
ウィー　チェックトゥ　　　オン　ダ　　マップ　　バットゥ ウィー クドゥントゥ

find the shop.
ファインドゥ ダ　ショップ

● 名前や電話番号などの確認

お客様のお名前をお願いします。

May I have your name, please?
メイアイ　　ハヴ　　ユァ　　ネイム　　　　　プリーズ

ご名字はブラウン様でよろしいですか?

Is your last name Brown?
イズユァ　　ラーストゥ ネイム　　　ブラウン

(Point) 「名字」 last name は family name (ファムリィ ネイム) とも言います。

ファーストネームもお願いします。

May I have your first name, too?
メイアイ　　ハヴ　　ユァ　　ファーストゥネイム　　　トゥー

(Point) **too** の代わりに **also** (オールソゥ) も使えます。いずれも「…もまた」という意味です。

お名前のスペル（綴り）をお願いします。

Would you spell your name, please?
ウッジュー　　　　　スペル　　ユァ　　ネイム　　　プリーズ

(Point) 状況によってnameを「名字」family nameや「名前（ファーストネーム）」first nameに替えてたずねることができます。

Could you spell it for me? ※同じように使えます。
クッジュー　　　スペル　イットゥ フォーミー

スペルはB、R、O、W、N、でよろしいですか?

The spelling is B - R - O - W - N, right?
ダ　　　スペリング　　イズ ビー　アール　オー　　ダブリュー　エヌ　ライトゥ

お名前を確認できません。Pはパリ（Paris）のPですか?

I can't get your name. Is it "P" as in "Paris"?
アイ キャントゥ　ゲッチュア　　　ネイム　　　イズイットゥ　ビー　アズ イン　　パリス

(Point) 電話では、特に**P**、**B**、**V**、**D**、**E**、**T**、**M**、**N**などの音が聞き取りづらい場合があります。そのアルファベットで始まる簡単な単語を使って、確認するとよいでしょう。

お電話番号をいただけますか?

Could I have your phone number, please?
クッダイ　　　ハヴ　　ユァ　　フォウンナンバー　　　　　プリーズ

Plus ① お電話番号をお願いできますか?
May I have your phone number, please?
メイアイ　ハヴ　　ユァ　　フォウンナンバー　　　　プリーズ
・少し柔らかいくだけた表現だが、ごく一般的に使われる。

Your phone number, please. （お電話番号をお願いします。）
ユァ　　フォウンナンバー　　　　プリーズ

123-4567番です。

It's one two three, four five six seven.
イッツ　ワン　　トゥー　スリー　　フォーァ　ファイヴ　スィックス　セヴン

(Point) 電話番号を伝える場合、市外局番のあとに少し間をおきましょう。

最後の4桁の番号を、もう一度お願いします。

Would you repeat the last four numbers?
ウッジュー　　　　リピートゥ　　ダ　　ラーストゥ フォーァ　ナンバーズ

天気について

 今日は**よい**お天気ですね。

It's nice weather today.
イッツ　ナイス　　ウェダー　　　　　トゥデイ

［言替単語］ ●寒い　cold（コウルドゥ）　●暑い　hot（ハットゥ）

(Point) nice は wonderful と言い替えてもよいでしょう。

Plus ① 今日はお天気がよくて暖かいですね。
It's sunny and warm today.
イッツ サニー　　アンドゥ ワーム　　トゥデイ

観光には最高ですね。

It's best for sightseeing.
イッツ　ベストゥ　フォー　サイトゥスィーイング

今は梅雨の時期で、変わりやすいお天気ですね。

It's the rainy season now,
イッツ　ダ　　　レイニースィーズン　　　ナゥ

and the weather is unpredictable.
アンダ　　　　　ウェダー　　　イズ　アンプレディクタブル

(words) unpredictable （天候などが）予想しづらい

今日は天気が悪いですね。

It's bad weather today.
イッツ　バッドゥ　ウェダー　　　　トゥデイ

今日の予定を変えてはいかがでしょうか？

How about changing your plan for today?
ハウアバウトゥ　　　　　　チェンジング　　　ユァ　　　　プラン　　　フォー トゥデイ

(Point) **How about -ing** は「〜するのはいかがですか？／〜してはいかがですか？／〜しませんか？」と提案や勧誘をする表現です。また、**How about ＋ 名詞**とすると「〜はいかがですか？」という意味になります。
［例］ **How about this?**（これはいかがですか？）

午後から雨になるようです。

It looks like rain this afternoon.
イットゥ ルックス　ライク　レイン　ディス　アフタァヌーン

[言替単語]●雪　snow（スノゥ）　●晴れ　sunny weather（サニー ウェダー）

(Point) looks like ～ は「～のように（見える、なる）」という意味で、likeのあとには名詞がきます。

傘をお持ちになったほうがいいですよ。

I think you should take your umbrella with you.
アイ スィンク　ユー シュッドゥ　テイク　ユァ　アンブレラ　ウィズユー

[言替単語]●羽織るもの（上着等）　something to wear（サムスィング トゥ ウェア）

(Point) フレーズの最後に with you をつけると、より自然な英語表現になります。

傘はお持ちですか?

Do you have an umbrella with you?
ドゥーユー　ハヴァン　アンブレラ　ウィズユー

無料で傘の貸し出しをしております。

We can lend an umbrella to you.
ウィーキャン　レンドゥ　アン　アンブレラ　トゥユー

(Point) 無料で貸し出す場合は lend、有料で貸し出す場合は rent（レントゥ）を使います。

傘をお持ちになりますか?〈傘をお貸しするときの表現〉

Would you like to take an umbrella with you?
ウッジュー　　　ライク　トゥ　テイク　アン　アンブレラ　ウィズユー

この傘はお帰りの際に返却してください。

Please return this umbrella on your way back.
プリーズ　　リターン　　ディス　アンブレラ　　オン　ユァ　ウェイバック

◆ 「晴れ」の表現

「晴れ」と言いたい場合は、sunny（形容詞）のあとに weather（名詞）をつけます。また、次のような表現も覚えておくと便利です。

午後は晴れるでしょう。
It　looks like sunny weather this afternoon.
イットゥ ルックス　ライク サニー　ウェダー　ディス アフタァヌーン

午後には晴れ上がるでしょう。〈雨や曇りのあとに〉
It'll clear up this afternoon.
イトゥル クリアアップ　ディス アフタァヌーン

場所の案内

● 街中での道案内

> 地下鉄新宿駅へ行きたいのですが。
>
> # We want to go to
> ウィー　ウォントゥー　　　ゴウ　トゥ
> # the Shinjuku subway station.
> ダ　　シンジュク　　　　サブウェイ　　　　ステイション

> 行き方を教えていただけますか?
>
> # Could you show me how to get there?
> クッジュー　　　　ショウ　ミー　ハウトゥ　ゲッデアー

（入口が）このコンビニの近くにあります。〈地図を示しながら〉

It's near this convenience store.
イッツ　ニア　　ディス　コンヴィーニエンス　　　ストーァ

ここです。

It's here.
イッツ　ヒア

すぐわかります。

It's easy to find.
イッツ　イーズィ　トゥ　ファインドゥ

すみません。このあたりの者ではないんです。

Sorry. I'm not from around here.
ソーリィ　　アイム　ノットゥ　フロム　　アラウンドゥ　　ヒア

そこの交番で聞いてください。

Please ask at the police box over there.
プリーズ　　アスク　アットゥ　ダ　ポリースボックス　　オウヴァ　デア

words **police box**　交番 (**Koban**〈コーバン〉という表現で通じる場合も増えてきている)

道に迷いました。
I'm lost.
アイム　ロストゥ

どちらへ行きたいのですか?
Where do you want to go?
ウエァ　　　　ドゥーユー　　　ウォントゥー　　　ゴウ

道がわかりづらいですよ。
It's not easy to get there.
イッツ　ノットゥ　イーズィ　トゥ　ゲッデア

もし、わからなかったら、駅の近くでほかの人に聞いてください。
If you can't find it, please ask someone
イフ　ユー　　　　キャントゥ　ファインディットゥ　プリーズ　　　アスク　サムワン

near the station.
ニァ　　　ダ　　ステイション

ここから歩いてどれくらいかかりますか?
How far is it on foot?
ハウ　　　ファー　イズィットゥ　オン　フットゥ

歩いて10分くらいです。
It's about ten minutes on foot.
イッツ　アバウトゥ　　テン　　ミニッツ　　　　オン　フットゥ

ここからは遠いですよ。
It's quite far from here.
イッツ　クワイトゥ　　ファー　フロム　　ヒァ

タクシーを使うほうがいいですよ。
I think you should take a taxi.
アイ スィンク　　ユーシュッドゥ　　　　テイク　　ア タクスィ

まっすぐに行って左側です。

Go straight and you'll see it on your left.
ゴウ　ストゥレイトゥ　　アンドゥ　ユール　　スィー　イットゥ オン　ユァ　　レフトゥ

(Point) ①go straight、②turn right/left at ～（次のフレーズ）、③you'll see ～の 3 つの表現をまず覚えましょう。ほとんどこれらの応用です。

- - - - - - - - - -

2つ目の信号を右に曲がってください。

Please turn right at the second traffic light.
プリーズ　　　　ターン　　ライトゥ　　アットゥ ダ　　セカンドゥ　　　トゥラフィック　　ライトゥ

words turn right / left at ～　　～で右／左に曲がる
traffic light　信号（イギリスでは **signal** が一般的）

(Point) 「1つ目」「2つ目」は、**the first, the second** というように序数を使います。

- - - - - - - - - -

次の角を左に曲がってください。右側にあります。

Please turn left at the next corner.
プリーズ　　　　ターン　　レフトゥ　アットゥ ダ　　ネクストゥ　コーナー

It's on the right side.
イッツ　　オン　ダ　　　ライトゥ　　サイドゥ

- - - - - - - - - -

通りの反対側にあります。通りを渡ってください。

It's on the other side. Please cross the street.
イッツ　オン　ディ　　アダー　　サイドゥ　　プリーズ　　クロス　　ダ　　ストゥリートゥ

(Point) other side のあとに、「（その）通りの」 of the street を入れてもよいでしょう。

- - - - - - - - - -

あそこに見える茶色のビルです。

It's that brown building you can see there.
イッツ　ダットゥ　　ブラウン　　　ビルディング　　　　ユーキャン　　スィー　デア

- - - - - - - - - -

赤い看板が目印です。

Use the sign in red as your guide.
ユーズ　ダ　　サイン　イン レッドゥ アズ ユァ　　ガイドゥ

(Point) 直訳は「あなたのガイドとして、赤の目印（看板）をしてください」。**sign** には、「記号、目印」のほかに「看板」の意味もあります。**guide** の代わりに **landmark** を使っても同じ意味です。

コンビニの隣の建物です。

It's the building next to the convenience store.
イッツ　ダ　　ビルディング　　ネクストゥー　　ダ　　コンヴィーニエンス　　ストーァ

バスの停留所は銀行の前です。

The bus stop is in front of the bank.
ダ　　バス　　ストップ　　イズ イン フロントゥ　オヴ ダ　　バンク

薬局と郵便局の間にあります。

It's between the pharmacy and the post office.
イッツ　ビットゥウィーン　　ダ　　ファーマスィ　　アンダ　　ポウストゥオフィス

交番の近くにあります。

It's close to the police box.
イッツ　クロウス　　トゥ ダ　　ポリースボックス

◆道案内に便利な表現

〜の隣に
next to 〜
ネクストゥー

〜の前に／〜の向かい側に
in front of 〜 / on the opposite side of 〜
インフロントゥ オヴ　　　オン ディ　オパズィットゥ　　サイドゥ オヴ

〜の間に
between 〜 and 〜
ビットゥウィーン　　アンドゥ

〜の近くに
close to 〜
クロウス　　トゥ

〜の裏手に
behind 〜
ビハインドゥ

通りを2ブロック歩く
walk the street for two blocks
ウォーク　ダ　ストゥリートゥ　フォー　トゥー　ブロックス

●店・フロアー内の場所案内

エスカレーターはどこですか?

Where is the escalator?
ウエアリズ　　　　ディ　　エスカレイター

［言替単語］ ●エレベーター　**elevator**（エレヴェイター）（米）／**lift**（リフトゥ）（英）

通路の右手になります。

It's on the right side of the aisle.
イッツ　オン　ダ　　ライトゥ　サイドゥ　オヴ　ディ　　アイル

words aisle[áil]　通路（発音注意!）

化粧品売り場を通り抜けて右手に行ってください。

Please go through the cosmetics counters
プリーズ　　ゴウ　スルー　　　ダ　　　コズメティクス　　　　カウンターズ

and turn right.
アンドゥ　ターン　　ライトゥ

(Point) **counter**はここでは「売り場」を意味します。**department**（ディパートゥメントゥ）という言い方もあります。**go through** ～は「～を通り抜けて行く」という意味です。

Plus ❶ この通路の突き当りの角を左に曲がってください。
Please go this way and turn left at the corner.
プリーズ　　ゴウ　ディス　ウェイ　アンドゥ ターン レフトゥ アットゥ ダ　　コーナー

この通路に沿ってまっすぐ行ってください。

Please go straight along this aisle.
プリーズ　　ゴウ　ストゥレイトゥ　　アロング　　　ディス　アイル

words along　～に沿って

エレベーターの標識に従ってお進みください。

Please follow the sign for the elevator.
プリーズ　　ファロウ　　　ダ　　サイン　フォー ディ　エレヴェイター

words follow ～　～に従って

レストランは何階ですか?

Which floor is the restaurant?
ウイッチ　　　　フローァ　　　イズ　ダ　　　レストゥラントゥ

36階と37階にございます。

We have restaurants on the thirty-sixth
ウィー　ハヴ　　　レストゥランツ　　　　オン　ダ　　　サーティー スィックスス

and thirty-seventh floors.
アンドゥ　サーティー セブンス　　　フローァズ

地下2階です。

It's on the second basement floor.
イッツ　オン　ダ　　セカンドゥ　　　ベイスメントゥ　　　フローァ

エレベーターのそばにある案内図をご覧ください。

Please see the guide map beside the elevator.
プリーズ　　　スィー　ダ　　ガイドゥマップ　　　　ビサイドゥ　　ティ　エレヴェイター

words beside ～　　～のそばに

◆建物の階の呼び方

ホテルなどの階段の呼び方は、アメリカとイギリス（ヨーロッパ）で違います。下の図を参考にしてください。

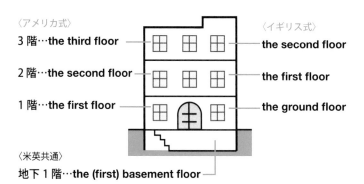

〈アメリカ式〉

3階…the third floor — the second floor 〈イギリス式〉

2階…the second floor — the first floor

1階…the first floor — the ground floor

〈米英共通〉

地下1階…the (first) basement floor

● トイレなどの場所案内

> トイレはどこですか?
> # Where is the restroom?
> ウエァリズ　　　　ダ　　　レストゥルーム

(Point) 「トイレ」のことをmen's/ladies' roomとも呼びます。女性用の場合、powder roomという表現も使えます。

トイレは、この通路の奥にあります。

The restroom is at the end of this passage.
ダ　　レストゥルーム　　イズ アット ディ　エンドゥ　オヴ ディス　パッセージ

恐れ入りますが、トイレは店舗の外にございます。

We're sorry, but the restroom is
ウィアー　　ソーリィ　　バットゥ ダ　　レストゥルーム　　　イズ

located outside of the shop.
ロケイテッドゥ　　アウトゥサイドゥ　オヴ ダ　　ショップ

(Point) shopは、「店、店舗」という意味。居酒屋はtavern（タバァン）、restaurant bar（レストゥラントゥ バー）、pub（パブ）と言うことが多いようです。

店を出て通路左奥にございます。

It's outside and on the left at the end
イッツ　アウトゥサイドゥ　アンドゥ　オン ダ　　レフトゥ　アットゥ ディ　エンドゥ

of the passage.
オヴ ダ　　パッセージ

傘立てはドアの外です。

The umbrella stand is outside.
ディ　アンブレラ　　　スタンドゥ　イズ アウトゥサイドゥ

● 駐車場について

お客様の車が、駐車できない場所に停められています。

Your car is in a no-parking zone.
ユァ　　カー　　イズ インナ　ノッパーキング　　　ゾーン

［言替単語］●障害者専用の場所　space for the handicapped
　　　　　　　　　　　　　　　（スペイス フォー ダ ハンディキャップトゥ）

50

申し訳ございませんが、車の移動をお願いいたします。

We're sorry, but please move your car.
ウィアー　　ソーリィ　　バットゥ　ブリーズ　　ムーヴ　　ユァ　　カー

駐車場はありますか？

Do you have a parking lot?
ドゥーユー　　ハヴァ　　　　バーキング　　ロットゥ

words parking lot 　駐車場（主にアメリカで用いられる。イギリスでは car park が一般的。ビル全体が駐車場になっているような施設は parking garage と言い、これもアメリカでよく使われる言い方）

はい、当店の隣にございます。

Yes, there is one next to our shop.
イェス　デアリズ　　　ワン　ネクストゥー　　アウァ　ショップ

駐車場入り口はこの建物の裏です。

There is an entrance to the parking lot
デアリズ　　　アン　エントゥランス　　トゥ　ダ　　バーキング　　ロットゥ

behind this building.
ビハインドゥ　　　ディス　ビルディング

申し訳ございませんが、（当店には）駐車場はございません。

We're sorry, but we don't have a parking lot.
ウィアー　ソーリィ　バットゥ　ウィー　ドントゥ　ハヴァ　　バーキング　　ロットゥ

駐車券をお取りください。

Please take a parking ticket.
ブリーズ　　テイク　ア バーキング　ティケットゥ

ただ今、満車です。

The parking lot is full now.
ダ　　バーキング　　ロットゥ イズ フル　ナゥ

申し訳ございませんが、ただ今駐車場はご利用いただけません。

We're sorry,
ウィアー　　ソーリィ

but our parking lot isn't available now.
バットゥ　アウァ　バーキング　　ロットゥ　イズントゥ　アヴェイラブル　　ナゥ

会計の基本

● 支払い方法

お支払いは現金ですか、それともクレジットカードですか?

Would you like to pay by cash or credit card?

ウッジュー　　　　ライク　トゥ　ペイ　　バイ　キャッシュ　オァ　クレディットゥカードゥ

(Point) クレジットカードは **credit card**、キャッシュカードは **bank card** と言います。

Plus ① 現金払いですか、後払いですか?
Will this be cash or charge?
ウィル　ディス　ビィ　キャッシュ　オァ　チャージ

・さらに短くした **Cash or charge?** もよく使われる。**charge** は「つけの勘定（つまりカード類での支払い）」という意味。

あいにくですが、お支払いは現金のみでお願いしております。

I'm afraid we only accept cash.
アイム　　アフレイドゥ　　ウィー　オンリィ　アクセプトゥ　　キャッシュ

words I'm afraid ～　申し訳ありませんが～、あいにくですが～ （➡ P.26）

Plus ① 当店ではクレジットカードはお使いになれません。
We don't take credit cards.
ウィー　ドントゥ　テイク　クレディットゥカーズ

このカードは使えますか?

Do you accept this card?
ドゥーユー　　　アクセプトゥ　　ディス　カードゥ

はい、カードはどれもお使いいただけます。

Yes, any card is OK.
イェス　エニィ　カードゥ　イズ　オウケイ

(Point) **OK** は **O.K.** とも表記します。**OK** の代わり **fine**（ファイン）を使ってもよいでしょう。

申し訳ありませんが、この会社のカードは使えません。

I'm sorry, but we don't accept this company's card.
アイム　ソーリィ　　バットゥ　ウィー　ドントゥ　　アクセプトゥ　ディス　カンパニーズ　　　　カードゥ

当**レストラン**ではJCB、VISA、JACCSカードがご利用いただけます。

We accept JCB, VISA, and JACCS cards
ウィー　　アクセプトゥ　ジェイスィービー ヴィザ　　　アンドゥ　ジャックス　　カーズ

at our restaurant.
アットゥ アウァ　レストゥラントゥ

［言替単語］　●店　**store**（ストーァ）

 銀聯（ぎんれん）カードがご利用いただけます。
We accept China Union Pay card.
ウィー アクセプトゥ チャイナ　ユニオン　ペイ　カードゥ

この（お客様の）カードはお使いになれません。

〈カードそのものに何かしら原因がある場合〉

Your card has been declined.
ユァ　　　カードゥ　ハズビィン　　　　ディクラインドゥ

words **be declined**　断られる、辞退される

 お客様のカードはご利用いただけません。
Your card is not accepted.
ユァ　　カードゥ　イズ ノットゥ　アクセプティッドゥ

別のカードをお持ちでしょうか?

Do you have another card?
ドゥーユー　　　ハヴ　　　アナダー　　　カードゥ

有効期限が切れております。

Expiration date of your card has been expired.
エクスパァレイション　　デイトゥ　オヴ ユァ　　　カードゥ　ハズビィン　　　　エクスバイアードゥ

words **expiration**　終了、満期　　**expire**　（期限・効能などが）切れる

新しいカードはお持ちでしょうか?

Do you have a new card?
ドゥーユー　　　ハヴァ　　　ニュー　　カードゥ

カードをお預かりしてもよろしいですか?

May I have your credit card?
メイアイ　　ハヴ　　　ユァ　　　クレディットゥ カードゥ

カードをお返しします。ありがとうございました。

Here's your card back. Thank you.
ヒアーズ　　　ユァ　　　カードゥ　　バック　　　サンキュー

Here's your card.
ヒアーズ　ユァ　　カードゥ

金額をご確認ください。

Please check the total amount.
プリーズ　　　　チェック　　　ダ　　　トウタル　　　アマウントゥ

(Point) この場合の**the total amount**は、税金なども含めた合計金額を意味します。「購入した総額」と伝えたい場合は、**the sum total**（ダ サム トウタル）を使うとよいでしょう。

暗証番号を入力してください。

Please enter your PIN number.
プリーズ　　　エンター　　　ユァ　　　ピン　　　ナンバー

(Point) **PIN**は**Personal Identification Number**の略です。「入力する」は、**enter**または**input**と言います。

こちらが控えになります。

Here's your receipt.
ヒアーズ　　　ユァ　　　リスィートゥ

● 現金での会計

（お会計は）1,700円になります。

That will be one thousand seven hundred yen.
ダットゥ　ウィルビィ　ワン タウザンドゥ　　　セヴン ハンドゥレッドゥ　　　イェン

(Point) 「税込みで」と言う場合は、最後に **with tax**（ウィズ タックス）を加えます。

Plus ① 全部で 1,700 円になります。
It'll be one thousand seven hundred yen in total.
イットゥルビィ　ワン タウザンドゥ　　　セヴン ハンドゥレッドゥ　　　イェン　イン　トウタル

10,000円お預かりします。

Out of ten thousand yen.
アウトゥ　オヴ　テン タウザンドゥ　　　イェン

(Point) 直訳は「10,000円から（お引きします）」です。

....

8,000円のお返しです。

Your change is eight thousand yen.
ユァ　チェインジ　イズ エイトゥ タウザンドゥ　　イェン

(Point) お釣りを渡したあとに、さりげなく **Thank you.** / **Thank you for coming.** などを
添えるとよいですね。

....

お釣りをお確かめください。

Please check your change.
プリーズ　　チェック　ユァ　チェインジ

● QRコードによる支払い

> スマホのQRコードで払えますか?
>
> ## Can I pay by QR code using
> キャナイ　ペイ　バイ キューアールコウドゥ　ユーズィング
>
> ## my smartphone?
> マイ　スマートゥフォウン

もちろんです。

Yes, of course.
イェス　オヴコース

....

申し訳ございませんが、現在そのお支払い方法はございません。

Sorry, we don't currently offer that option.
ソーリィ　ウィー ドントゥ　カレントゥリィ　オファー　ダットゥ オプション

● 消費税について

この金額には消費税が含まれています。

It includes tax in this amount.
イットゥ インクルーズ　　タックス イン ディス　アマウントゥ

words amount　金額、総額

(Point) この会話では、消費税 consumption tax (コンサンプション タックス) のことを **tax**
とのみ言っています。ショッピングの場面であえて話題となる税金は消費税だけな
ので、会話としてはこのほうが自然です。

....

この価格には消費税が含まれていません。

It doesn't include tax in this price.
イットゥ ダズントゥ　　インクルードゥ　タックス イン ディス　プライス

消費税10%を別途お支払いいただきます。

We charge a consumption tax of ten percent.
ウィー　チャージ　　　ア　コンサンプション　　　　　　タックス オヴ テン　　パーセントゥ

消費税は100円です。

The consumption tax is one hundred yen.
ダ　　　コンサンプション　　　　　　タックス イズ ワン ハンドゥレッドゥ　　　　　イェン

これらは免税品です。

These are duty-free items.
ディーズ　　　　アー　　デューティーフリー　　　アイテムズ

● 領収書・レシート

領収書（レシート）は必要ですか?

Do you need a receipt?
ドゥーユー　　　　ニードゥ　　　ア リスィートゥ

> 領収書をお願いします。
>
> # May I have the receipt?
> メイアイ　　　ハヴ　　　ダ　　リスィートゥ

(Point) **May I ～を Can I ～**と言い替えたり、**I need a receipt, please.**（アイ ニードゥ ア リスィートゥ プリーズ）と話すお客様もいるでしょう。

手書きの領収書でよろしいでしょうか? 〈こちらからおたずねする場合〉

Is it all right if the receipt is in handwriting?
イズィットゥ　オールライトゥ　イフ　ダ　　リスィートゥ　　イズ イン　ハンドゥライティング

宛名はどうなさいますか?

Who should I address the handwritten receipt to?
フー　　　シュッダイ　　　アドゥレス　　　ダ　　　ハンドゥリトゥン　リスィートゥ　トゥ

(Point) **address**には「宛名を書く」という意味があります。

宛名を書いていただけますか? 〈紙とペンを差し出しながら〉

Could you spell out the name?
クッジュー　　　　　　スペルアウトゥ　ダ　　ネイム

但し書きは何にしますか?

What proviso should I write on the receipt?
ホワットゥ　プロヴァイゾウ　シュッダイ　　ライトゥ　オン　ダ　リスィートゥ

words **proviso** 但し書き、条件

こちらのレシートをお持ちください。

Please keep this receipt.
プリーズ　キープ　ディス　リスィートゥ

● ポイントカード・駐車券

ポイントカードはお持ちですか?

Do you have your value card?
ドゥーユー　ハヴ　ユァ　ヴァリューカードゥ

［言替単語］ ●駐車券　**parking ticket**（パーキング ティケットゥ）

無料でポイントカードをおつくりします。

We can make your value card for free.
ウィーキャン　メイク　ユァ　ヴァリューカードゥ　フォー　フリー

どんな特典がありますか?

What are the benefits?
ホワットゥ　アー　ダ　ベネフィッツ

代金の10%分の金額を、ポイントとして次回ご利用いただけます。

You can save up to ten percent
ユーキャン　セイヴァップ　トゥ　テン　パーセントゥ

on the purchase price of your next purchase.
オン　ダ　パーチェス　プライス　オヴ　ユァ　ネクストゥ　パーチェス

words **purchase** 購入、買い物

合計2,000円以上のお買い上げで、駐車場は2時間無料となります。

Parking is free for two hours with purchases
パーキング　イズ フリー　フォー　トゥー　アワァズ　ウィズ　パーチェスィズ

totaling over two thousand yen.
トゥータリング　オゥヴァ　トゥー タウザンドゥ　　イェン

(Point) 「～円以上」は ～**yen or more** と表現します。

紛失・盗難

● 状況を確認

お忘れ物は何ですか？

What did you lose?
ホワットゥ　　ディッジュー　　ルーズ

いつの出来事ですか？（いつ起きたのですか？）

When did it happen?
ウエン　　　ディドゥ　イットゥ　ハプン

Plus ① いつお気づきになりましたか？
When did you notice?
ウエン　　　ディッジュー　　ノウティス

どこでなくされましたか？

Where did you lose it?
ウエァ　　　　ディッジュー　　　ルーズ　イットゥ

(Point) 紛失物が複数であれば、it を them（デム）と置き換えます。

どの席にお座りでしたか？

Which seat were you sitting in?
ウイッチ　　　　スィートゥ　ワーユー　　　　　スィッティング　イン

どちらの売り場に行かれましたか？

What places have you been to?
ホワットゥ　　プレイスィズ　ハヴ　　　ユー　　　ビィン　　トゥ

なくされたバッグの中身を教えていただけますか？

Would you tell me what you had in your bag?
ウッジュー　　　　　　テル　ミー　ホワットゥ　ユー　　ハドゥ　イン ユァ　　　バッグ

財布にはいくら入っていましたか？

How much did you have in your purse?
ハウマッチ　　　　　　ディッジュー　　ハヴ　　イン ユァ　　　パース

バッグの特徴を教えていただけますか?

Would you describe what your bag looks like?
ウッジュー　　　　　ディスクライブ　ホワットゥ　ユァ　　バッグ　ルックス　　ライク

● **紛失物を探す**

 私が探して参りますね。

I'll look for it for you.
アイル　ルック　　フォー　イットゥ　フォーユー

すぐに遺失物取扱所に問い合わせます。

Let me call the Lost & Found right away.
レットゥミー　　　コール　ダ　　ロストゥ　アンドゥ　ファウンドゥ　　ライトゥアウェイ

words Lost & Found　遺失物取扱所　　　**right away**　すぐに

この件について警察に届けを出しましょうか?

Should we report this to the police?
シュドゥウィー　　　　　リポートゥ　　ディス　トゥ　ダ　　ポリース

心配しないでください。きっと見つかりますよ。

Please don't worry. I bet it'll come back.
プリーズ　　　　ドントゥ　　　ウォーリィ　　アイベットゥ　イトゥル　カムバック

Point **bet** は「賭ける」という意味ですが、ここでは「断言する（それほど確かなこと）」という意味で使っています。

残念ですが、財布の落とし物のお届けはございません。

Unfortunately, there is no report of a lost wallet.
アンフォーチュネイトゥリー　　　デァリズ　　　ノウ　リポートゥ　オヴ ア ロストゥ ウォレットゥ

見つかりましたら、すぐにご連絡いたします。

I'll let you know as soon as we find it.
アイル　レットゥユー　　ノウ　　　　アズ スーン　　アズ ウィー ファインドゥ イットゥ

お名前とお電話番号を教えていただけますか?

Could I have your name and phone number?
クッダイ　　　ハヴ　　　ユァ　　　ネイム　　　アンドゥ　フォウンナンバー

緊急事態（火事・地震など）

● 状況を伝える

お客様にご案内します！

Attention, please!
アテンション　　　　　　ブリーズ

Point **Attention, customers!** という表現もあります。デパートなどで、お客様への案内として使えます。

当ビルで小規模火災が発生しました。

A small fire occurred in the building.
ア　スモール　ファイア　オクァードゥ　　　イン ダ　　ビルディング

ただ今地震が発生しました。

There was an earthquake just now.
デアワズ　　　　　　アン　アースクエイク　　　　ジャストゥ ナゥ

情報が入ってくるまでお待ちください。

Please wait until we have updates.
ブリーズ　　　　　ウェイトゥ　アンティル　ウィー　ハヴ　　　アップデイツ

words **update(s)** 最新情報

Plus ① ただ今状況を確認中です。
We're now checking the situation.
ウィアー　ナゥ　チェッキング　　ダ　スィチュエイション

安全が確認されました。どうか落ち着いてください。

We're secure now. Please stay calm.
ウィアー　　　スィキュアー　ナゥ　　　ブリーズ　ステイ　カーム

● 待機を呼びかける

（係員の）指示があるまでお席でお待ちください。

Please remain in your seat for our instructions.
ブリーズ　　　リメイン　　　イン ュア　　スィートゥ フォー　アゥア　インストゥラクションズ

60

どうぞそのまま落ち着いていらしてください。

Please remain calm.
ブリーズ　　　リメイン　　　カーム

Point **Remain** の代わりに **stay** を使ってもほぼ同じ意味になります。

どうかそのまま冷静にしていらしてください。
Please keep staying calm.
ブリーズ　　　キープ　　　ステイング　　　カーム
・keep 〜 ing 形で「〜そのままの状態を保つ」という意味になる。

（今の場所から）動かないでください。

Please don't move.
ブリーズ　　　ドントゥ　　　ムーヴ

Plus ① 今いるその場でお待ちください。
Please stay where you are now.
ブリーズ　　ステイ　　ウェア　　ユーアー　　ナゥ

● 誘導する

私どもの指示に従ってください。

Please follow our instructions.
ブリーズ　　　ファロウ　　　アウァ　　インストゥラクションズ

皆さんを避難場所に誘導します。

We'll take you to an evacuation area.
ウィール　　テイク　　ユー　　トゥ　アン　エヴァキュエイション　　　エァリア

建物から避難します。

We're going to take refuge from the building.
ウィアー　　　ゴウイング　　トゥ　テイク　　レフュージ　　　フロム　　ダ　　ビルディング

非常口まで私についてきてください。

Please follow me to the emergency exit.
ブリーズ　　　ファロウ　　　ミー　　トゥ　ディ　　イマージェンスィー　　　イグズィットゥ

押し合わないでください。

Please don't push one another.
ブリーズ　　　ドントゥ　　　プッシュ　　ワン　　アナダー

非常階段と出口から避難してください。

Please use the emergency stairs and exits.
ブリーズ　　　ユーズ　ディ　　イマージェンスィー　　　ステアーズ　　アンドゥ　イグズィッツ

クレーム対応 (➡ P.120, P.230)

● クレームを受けたら

大丈夫ですか?

Are you all right?
アーユー　　　　オールライトゥ

....

ご不快な思いをさせて申し訳ございません。

I'm very sorry for the discomfort.
アイム　ヴェリィ　ソーリィ　フォー　ダ　　ディスカンフォートゥ

Plus ① We're very sorry for the inconvenience. ※同じ意味で使えます。
ウィアー　　ヴェリィ　ソーリィ　フォーディ　インコンヴィーニエンス

....

もう一度、問題点についてうかがわせていただけますか?

Would you tell us your problem again?
ウッジュー　　　　テル　アス　ユァ　　プロブレム　　　　アゲン

....

いつのことでしょうか?

Could I ask when it happened?
クッダイ　　　アスク　ウエン　イットゥ ハプンドゥ

....

お怒りはごもっともでございます。

I understand how you feel.
アイ アンダァスタンドゥ　　　　ハウ　　　ユー　　　フィール

....

この件につきまして、できる限りのご対応をしたいと思います。

We'll sincerely deal with this matter
ウィール　　　スィンスィアリィ　　　ディール　ウィズ　　ディス　　マター

as best as we can.
アズ　ベストゥ　アズ　ウィーキャン

● お客様への注意

お静かに願えますでしょうか?

Would you be quiet?
ウッジュー　　　　　　ビィ　クワィエットゥ

話し声をもう少し抑えていただけますか?

Could you please lower your voice?
クッジュー　　　　　プリーズ　　　ロウァー　　ユァ　　　ヴォイス

ほかのお客様のご迷惑になっております。

You are disturbing the other customers.
ユー　　　アー　　ディスタービング　　ディ　　アダー　　　カスタマーズ

Plus ① お引き取りください。
Please leave.
プリーズ　リーヴ

責任者の部屋でお話ししましょう。

Let's talk in the manager's room.
レッツ　　トーク　イン　ダ　マニィジャーズ　　　　ルーム

(Point) 「責任者」は supervisor(スーパァヴァイザー)とも言います。

申し訳ありませんが、あなたのご要望に沿うことはできかねます。

We are afraid we'll not be able to
ウィアー　　　アフレイドゥ　ウィール　ノットゥ　ビィ　エイブル　トゥ

fulfill your request.
フルフィル　ユァ　リクウェストゥ

words fulfill　(要件などを)満たす

(Point) **We are(I am)afraid ~** は、「恐縮ですが」というニュアンスの英語表現です。

あなたの要求を受け入れることはできません。

We can't accept your request.
ウィー　キャントゥ　アクセプトゥ　ユァ　　リクエストゥ

(Point) **We can't ~** は、**We're not able to ~**(ウィアー ノットゥ エイブル トゥ)と言い替えることもできます。

警察の立ち会いのもとお話ししませんか?

Shall we talk in the presence of the police?
シャルウィー　　トーク　イン　ダ　プレゼンス　　オヴ　ダ　ポリース

急病・ケガ

お客様！ 大丈夫ですか?

Are you all right?
アーユー　　　　　オールライトゥ

(Point) フレーズの最初か最後に **sir** または **ma'am** をつけるとよいでしょう（以下の例文も同様です）。

どうなさいましたか?

What's the matter?
ホワッツ　　ダ　　マター

聞こえますか?

Can you hear me?
キャンユー　　ヒァ　　ミー

どこが痛みますか?

Where does it hurt?
ウエァ　　　ダズ　　イットゥ ハートゥ

ひどく痛みますか?

Does it hurt a lot?
ダズ　　　イットゥ ハートゥ　ア　ロットゥ

ここで横になってください。

Lie down here.
ライ　　ダウン　　ヒァ

救急車を呼びます。

We'll call an 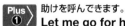ambulance.
ウィール　　コール　アン　アンビュランス

［言替単語］●医師　**a doctor** (ア ダクター)

Plus ① 助けを呼んできます。
Let me go for help.
レットゥミー　ゴウ　フォー ヘルプ

Part
3

飲食店の
接客・案内フレーズ

飲食店でのサービスの流れ

🍴 飲食店でのサービスの流れ

飲食店でのサービスは、大きく以下のような流れになっていると言えるでしょう。Part3では、この流れに沿ってフレーズを紹介していきます。またの後半では、お店のジャンル別に便利なフレーズをまとめています。

迎える

●予約
予約日時、人数、お子様連れかどうか、喫煙・禁煙といったポイントを前もって整理して、聞きもらしのないようにしましょう。

●お出迎え
Hello! / Good evening! など、簡単なあいさつでかまいません。しっかり声かけをして、必要なら席まで案内します。戸惑っていらっしゃるお客様を見つけたら、すみやかに声をかけましょう。

対応

●注文を取る
注文の聞きもらしなどがないように落ち着いて対応しましょう。

●おすすめ料理&メニュー説明
お客様と会話のやりとりがいちばん多いのが料理の説明です。食材や調理法について、ポイントをしぼってシンプルに伝えるようにしましょう。

●トラブル
ありがちなトラブルをまとめてあります。過度に緊張せずに、誠意を持って対応しましょう。

会計

現金払い・クレジット払い、領収書の要・不要など基本を押さえれば大丈夫。会計作業だけに集中してお客様の満足感を台無しにするようなことがないよう、気配りを忘れずに。

見送る

お客様からの感謝の言葉を、無視したりすることのないように。料理についてのさまざまな感想に対しては、感謝の言葉で答えるようにしましょう。最後にHave a nice day! / Good night! などの声かけも効果的です。

🍴 仕事に必要な関連単語をしっかりチェック!

　飲食店のサービスでは、料理について具体的にたずねられることが多いでしょう。食材、調理法、調味料などについてはもちろん、材料の変更などをお願いされる場合もありますので、自分の店で扱う食材や、調理法などはあらかじめ頭に入れておくことがおすすめです。難しい言い回しはお互いに混乱するだけなので、わからないときは単語を並べるだけでも大丈夫です。シンプルにわかりやすく伝えることがいちばんです。

🍴 食事制限や食事上のタブーについて

　アレルギーなど健康上の理由で、食事制限を受けているお客様もいます。たいていは、お客様から問い合わせがあるでしょうが、アレルギーをお持ちのお客様にも影響がないメニューなどを提案できるようにしておけるといいですね。

　また、お客様の中には、信仰上の理由から、口にできる食材が限られているだけではなく、調理用具や揚げ油なども別にしなくてはいけないなど調理上の注意が必要なことがあります。

　メニューに料理の写真をのせたり、調味料を含めて食材や調理方法の説明を書いておくと、お客様にも料理の内容が伝わりやすく、安心して選ぶことができます。また、席の予約を受けるときに確認しておくと、事前に準備ができるのでさらに安心です。

Part 3 飲食店の接客・案内フレーズ

予約を受ける

(➡ P.40)

● 電話で予約を受ける

お電話ありがとうございます。

Thank you for calling.
サンキュー　　　　フォー　コーリング

(Point) 電話を受けたときの決まり文句として、覚えておきましょう。

レスラン「たなか」の佐藤です。

This is restaurant Tanaka, Sato speaking.
ディスィズ　　レストゥラントゥ　　　タナカ　　　　サトー　　スピーキング

ご用件をうかがえますか?

How may I help you?
ハウ　　　メイアイ　　ヘルプ　　ユー

(Point) **May I help you?** (➡ P.34) とほぼ同じ意味で使います。

> 予約をしたいのですが。
> **I'd like to make a reservation.**
> アイドゥ ライク　トゥ　メイク　　ア　リザァヴェイション
>
>

ありがとうございます。お日にちはいつですか?

Thank you. For when, ma'am?
サンキュー　　　　フォー　　ウエン　　　メァーム

(Point) 相手が男性の場合は、**ma'am** の代わりに **sir** を使います。

> 今夜です。　　　　　　　明日の夜です。
> **Tonight.**　　　　　　**Tomorrow evening.**
> トゥナイトゥ　　　　　　トゥマロウ　　　　　イーヴニング
>
> 今週の金曜日です。　　　5月3日でお願いします。
> **This Friday.**　　　　**May third, please.**
> ディス　フライデイ　　　メイ　サードゥ　　ブリーズ

ご希望のお時間は何時ですか?

What time would you like?
ホワッタイム　　　　　ウッジュー　　　　　ライク

> 7時でお願いします。
> ## Seven o'clock, please.
> セヴン　　　　オクロック　　　　ブリーズ

午後7時でよろしいですね?

Seven p.m., right?
セヴン　　　　ピィエム　　　ライトゥ

何名様でしょうか?

How many people?
ハウメニィ　　　　　　ピープル

> 2人用の席をお願いします。
> ## A table for two, please.
> ア　テイブル　　フォー　トゥー　　ブリーズ

(Point) Two、please. などと、数字だけで答えてくる場合もあります。

かしこまりました。

Certainly.
サートゥンリィ

(Point) 「かしこまりました/承りました」と言うときの定番表現です。とっさに使えるようにしておくとよいですね。

確認いたします。 そのままでお待ちください。

I'll check the reservation. Please hold on.
アイル チェック　ダ　リザァヴェイション　　　ブリーズ　ホウルドゥ　オン

お待たせいたしました。

Thank you for waiting.
サンキュー　　　フォー　ウェイティング

(Point) この表現は、丁寧な場面でも、カジュアルな場面でも使うことができます。

Plus ① Thanks for holding. / Sorry for the wait. ※上記よりフレンドリーな表現。
サンキュー　フォー ホウルディング　ソーリィ　フォーダ　ウェイトゥ

個室をご用意できます。

A private room is available.
ア　プライヴェイトゥ　　ルーム　　　イズアヴェイラブル

words available　利用可能な

(Point) 会話の流れから「個室もまた（でも）ご用意できます」と伝えたい場合には、**also**（オールソゥ）使います。
［例］ **A private room is also available.**

特に料金はかかりません。

It won't be charged extra.
イットゥ ウォントゥ　　ビィ　　チャージドゥ　　　エクトゥラ

別料金がかかります。

It'll be charged extra.
イトゥル　ビィ　　チャージドゥ　　　エクトゥラ

●予約を受けられるとき

ご希望のお席を手配できます。

We have the table you requested.
ウィー　　ハヴ　　ダ　　テイブル　　ユー　　リクエスティッドゥ

Plus ① お席が空いております。
We have a table available.
ウィー ハヴァ　　テイブル　アヴェイラブル

お名前をいただけますか?

May I have your name, please?
メイアイ　　ハヴ　　ユァ　　ネイム　　プリーズ

ブラウン様、お電話番号をお願いできますか?

Ms. Brown, may I have your phone number?
ミズ　　ブラウン　　メイアイ　　ハヴ　　ユァ　　フォウンナンバー

ブラウン様、確認のため復唱いたします。

Ms. Brown, let me make sure if I caught that.
ミズ　　ブラウン　　レットゥミー　　メイク　　シューァ　イフ アイ コートゥ　　　ダットゥ

(Point) 番号を復唱するときは、**Is that** のあとに番号を続けて言えばよいでしょう。**caught** の現在形 **catch** の一般的な意味は「とらえる、捕まえる」ですが、ここでは「理解する、聞き取る」という意味で使われています。

ブラウン様、ご予約を確認させていただきます。

Ms. Brown, let me confirm your reservation.
ミズ　　　ブラウン　　　　レットゥミー　　　カンファーム　　ユァ　　　リザァヴェイション

今晩、7時から2名様のお席でよろしいですね?

A table for two at seven tonight. Is that OK?
ア　テイブル　　フォー　トゥー　　アットゥ　セヴン　　　トゥナイトゥ　　　イズ ダットゥ　　オウケイ

ご予約を承りました。

We have your reservation now.
ウィー　　ハヴ　　　ユァ　　　リザァヴェイション　　　　ナゥ

ご来店をお待ちしております。

We look forward to welcoming you.
ウィー　　ルック　　フォワードゥ　　トゥ　ウェルカミング　　　ユー

●予約を受けられないとき

恐れ入りますが、予約をお受けできません。

I'm afraid we can't accept your reservation.
アイム　アフレイドゥ　ウィー　キャントゥ　アクセプトゥ　ユァ　　　リザァヴェイション

すみませんが、7時はお席がいっぱいです。

Sorry, we're fully booked at seven.
ソーリィ　　　　ウィアー　　　フゥリィ　　ブックトゥ　　アットゥ　セヴン

[言替単語] ●その時間は　for that time (フォー ダットゥ タイム)

本日は午後9時よりご予約可能です。

We can accept your reservation
ウィーキャン　　　アクセプトゥ　　ユァ　　　　リザァヴェイション

from nine p.m. today.
フロム　　　ナイン　　ピィエム　　トゥディ

(Point) accept your reservation は、reserve your table (リザァブ ユァ テーブル) と
言ってもよいでしょう。

またのお電話をお待ちしております。

We look forward to hearing from you again.
ウィー　　ルック　　フォウァードゥ　　トゥ　ヒアリング　　　フロム　　ユー　　アゲン

迎える

店に関する問い合わせ

● 営業時間と定休日

営業時間を教えていただけますか?
May I ask your business hours?
メイアイ　アスク　ユァ　ビズィネス　アワァズ

当店は午前11時からの営業です。
We're open from eleven a.m.
ウィアー　オウプン　フロム　イレヴン　エィエム

閉店は午後11時です。
We close at eleven p.m.
ウィー　クロウズ　アットゥ イレヴン　ピィエム

Plus ① 日曜日のみ午後9時に閉店です。
On Sundays, we close at nine p.m.
オン　サンデイズ　ウィー　クロウズ　アットゥ ナイン　ピィエム

ランチタイムは、12時から午後2時までです。
We serve lunch from twelve until two p.m.
ウィー　サーヴ　ランチ　フロム　トゥウェルヴ　アンティル トゥー　ピィエム

ディナータイムは午後6時からです。
Dinner is from six in the evening.
ディナー　イズ フロム　スィックス イン ディ　イーヴニング

ラストオーダーは10時半です。
The last call is ten thirty.
ダ　ラーストゥコール イズ テン　サーティ

Point 一般的に、**last call** はアメリカ英語です。イギリスでは **last order**（ラーストゥ オーダー）と言います。

年中無休です。

We're open all year round.
_{ウィアー　　　オウプン　　オールイアー　　ラウンドゥ}

Plus ① 年末年始はお休みです。
We're not open on New Year holidays.
_{ウィアー　ノットゥ　オウプン　オン　ニューイアー　　　ホリデイズ}

定休日は火曜日です。

We're closed every Tuesday.
_{ウィアー　　　クロウズドゥ　　エヴリィ　　テューズデイ}

● **サービス内容**

申し訳ありませんが、ペット連れのご来店はご遠慮ください。

We're sorry, but pets are not allowed
_{ウィアー　　ソーリィ　　バットゥ ペッツ　アー　　ノットゥ アラウドゥ}

in our restaurant.
_{イン　アウァ　　レストゥラントゥ}

Point ペットOKのことを **pet-friendly** と言います。たとえば、犬を連れて入れるカフェは **dog-friendly café** と言います。

車椅子でのご利用が可能です。

We welcome wheelchair users.
_{ウィー　　ウェルカム　　　ウィールチェア　　　　ユーザーズ}

申し訳ありませんが、ランチタイムの予約は受けておりません。

I'm afraid we don't accept reservations
_{アイム　アフレイドゥ　ウィー　ドントゥ　　アクセプトゥ　　リザヴェイションズ}

for lunch time.
_{フォー　ランチタイム}

ご来店の順にご案内しております。

We serve our customers on a first-come,
_{ウィー　サーヴ　　アウァ　カスタマーズ　　　　オンナ　ファーストカム}

first-served basis.
_{ファーストゥサーヴドゥ　　　　ベイスィズ}

Point **first-come, first-served** は「先着順」を意味する慣用表現です。〜 **basis** は「〜を原則として」という意味です。

迎える

お客様を迎える

● 予約の確認

> 予約しているブラウンです。
> # I have a reservation for Brown.
> アイ　ハヴァ　　　　　リザァヴェイション　　　フォー　ブラウン

ブラウン様、お待ちしておりました。
We have been expecting you, Ms. Brown.
ウィー　ハヴ　ビィン　エクスペクティング　ユー　ミズ　ブラウン

こちらへどうぞ。
This way, please.
ディス　ウェイ　プリーズ

ご予約されていますか?
Do you have a reservation?
ドゥーユー　ハヴァ　リザァヴェイション

> **Plus ①** お名前をいただけますか? (➡ P.70)
> **May I have your name, please?**
> メイアイ　ハヴ　ユァ　ネイム　プリーズ

● 予約なしのお客様の場合

皆様、何名様でしょうか?
How many people in your party?
ハウメニィ　ピープル　イン　ユァ　パーティ

2名様ですね?
For two?
フォー　トゥー

ただいまお席を準備します。
I'll prepare your table right away.
アイル　プリペァ　ユァ　テイブル　ライトゥアウェイ

どうぞお好きな席にお座りください。

Please help yourself to any seat.
プリーズ　　ヘルプ　ユァセルフ　トゥ　エニィ　スィートゥ

自動チェックイン機を使用して、テーブルにお着きください。

Please use a self-check-in machine to get a table.
プリーズ　ユーズ　ア　セルフチェックイン　マシーン　トゥ ゲットゥ ア テイブル

● 席について

おたばこは、決められた喫煙場所でのみお吸いになれます。

Smoking is allowed only
スモウキング　　イズ アラウドゥ　　オンリー

in a designated smoking area.
インナ　デズィグネイティッドゥ　スモウキング　　エァリア

Plus ① 当レストランは全席禁煙です。
The entire restaurant is non-smoking.
ディ　エンタイア　レストゥラン　イズ ナンスモーキング

カウンター席でしたら、すぐにご案内できます。

Counter seats are available right now.
カウンター　　スィーツ　アー　アヴェイラブル　　ライトゥナウ

Point カウンター席は **bar seat**、または単に **bar** でも通じます。
［例］ **You can sit at the bar right now.**

ほかのお客様とご相席でもよろしいですか?

Is a shared table OK with you?
イズ ア シェアードゥ　テイブル　オウケイ ウィズユー

恐れ入りますが、ご相席をお願いできますか? 〈食事中のお客様に〉

Excuse me, but would you mind sharing your table?
エクスキューズミー　バットゥ ウッジュー　　マインドゥ シェアリング　ユァ　テイブル

はい、けっこうですよ。
No, Not at all.
ノウ　　ノットゥ　アットゥ オール

※ mind は「(〜することを) 迷惑がる／いやがる」の意味なので、お客さまが Yes と答えたら、断ることになります。

手の消毒をお願いします。

Please sanitize your hands.
プリーズ　　サニタイズ　　ユァ　　ハンズ

Plus ① お食事をするとき以外は、マスクをおつけください。
Please wear a mask except when eating.
プリーズ　ウェア　ア　マスク　エクセプトゥ　ウエン　イーティング

● 満席の場合

申し訳ありませんが、ただ今満席です。

Sorry, I'm afraid all the tables are full.
ソーリィ　　アイム　アフレイドゥ　オール　ダ　　テイブルズ　　アー　　フル

Plus ① 申し訳ありませんが、20分ほどお待ちいただくかと思います。
I'm sorry, but there is a twenty-minute wait.
アイム ソーリィ　バットゥデアリズ　ア　トゥウエンティー ミニットゥ　ウェイトゥ

お待ちになりますか？

Would you like to wait?
ウッジュー　　　　　ライク　トゥ　ウェイトゥ

> では、待ちます。
> # Then, I will wait.
> デン　　　アイ ウィル　ウェイトゥ
>
> わかりました、けっこうです。
> # OK. Never mind.
> オウケイ　ネヴァー　　マインドゥ

こちらにお名前を書いて、お呼びするまでお待ちください。

Please write your name here and wait to be called.
プリーズ　　ライトゥ　ユァ　　ネイム　ヒァ　　アンドゥ ウェイトゥー　ビィ　コールドゥ

こちらで少々お待ちください。

Please wait here a moment.
プリーズ　　　ウェイトゥ ヒァ　　ア モウメントゥ

お待ちの間にメニューをご覧になりますか？

Would you like to see the menu while you wait?
ウッジュー　　　　　ライク トゥ　スィー　ダ　　メニュー　　ホワイル　ユー　　ウェイトゥ

お待たせしました。こちらへどうぞ。

Thank you for waiting. Please follow me.
サンキュー　　　　フォー　ウェイティング　　プリーズ　　ファロウ　　ミー

●席へ誘導しての声かけ

コートと傘をお預かりしましょうか?

May I take your coat and umbrella?
メイアイ　　テイク　ユア　　　コウトゥ　アンドゥ　アンブレラ

バッグの中に貴重品は入っていますか?

Any valuables in your bag?
エニィ　　ヴァリュアブルズ　　イン　ユア　　バッグ

荷物入れのカゴをお使いください。

Please use the basket to keep your things.
プリーズ　　　ユーズ　ダ　　バスケットゥ　トゥ　キープ　　ユア　　スィングズ

温かいおしぼりをどうぞ。

Here's a hot *Oshibori*, a hot towel.
ヒアーズ　　ア　ハットゥ　オシボリ　　ア　ハットゥ　タウワル

(Point) 最近では、「おしぼり」は *oshibori* towel で伝わるようになってきましたが、英語でも付け加えると親切です。

ご注文が決まりましたら、ボタンを押してお呼びください。

When you are ready to order,
ウエン　　　ユーアー　　　レディ　トゥ　オーダー

please press the button and call us.
プリーズ　　　プレス　　ダ　　バトゥン　　アンドゥ　コール　アス

ご注文には多言語タッチパネルをご利用ください。

To place orders, please use the multilingual
トゥ　プレイス　オーダーズ　　プリーズ　　ユーズ　ダ　　モルティリングァル

touch screen.
タッチ　　スクリーン

QRコードを読み取ってメニューをご覧ください。

Please scan the QR code to see the menu.
プリーズ　　スキャン　ダ　キューアールコウドゥ　トゥ　スィー　ダ　　メニュー

Plus① アプリをダウンロードすると、ご注文とお支払いが可能になります。
By downloading our app, you can place your order and make payment.
バイ ダウンローディング　　アワァ アェップ ユーキャン　プレイス　ユア　　オーダー　アンドゥメイク　ペイメントゥ

Part 3 飲食店の接客・案内フレーズ

料理のオーダー

● 注文を取る

メニューをどうぞ。〈メニューを渡しながら〉

Here's the menu.
ヒァーズ　ダ　メニュー

・・

あちらのボードもご覧ください。

Please also see the menu board.
プリーズ　オールソゥ　スィー　ダ　メニューボードゥ

Point 貼り紙など必ずしも例文どおりではないケースでは、指さしながら「メニューをご覧ください」**Please see the menu.** と言ってもよいでしょう。

・・

ご注文はお決まりですか？

Are you ready to order?
アーユー　レディ　トゥ　オーダー

Plus ① **Can I take your order?** ※同じ意味で使えます。
キャナイ　テイク　ユァ　オーダー

もう少し待ってください。

We need more time, please.
ウィー　ニードゥ　モァ　タイム　プリーズ

承知しました。のちほどご注文をうかがいにまいります。

Sure. I'll be back when you are ready to order.
シューァ　アイル ビィ　バック　ウエン　ユーアー　レディ　トゥ オーダー

● 飲み物について

飲み物のメニューはこちらです。

Here's the menu for drinks.
ヒァーズ　ダ　メニュー　フォー ドゥリンクス

3

飲食店

......

料理のオーダー

こちらはワインリストです。

Here's a wine list.

ヒァーズ　ア　ワイン　リストゥ

お飲み物は何になさいますか?

What would you like to drink?

ホワットゥ　ウッジュー　　　　　ライク　トゥ　ドゥリンク

食前酒はいかがですか?

Would you like an aperitif?

ウッジュー　　　　　ライク　アン　アペレティーフ

Point **an aperitif** は **a before meal drink** (ア ビフォァ ミール ドゥリンク) と言い替えることができます。

手頃な赤ワインを選んでいただけますか?

Could you suggest a reasonable red wine?

クッジュー　　　　　サジェストゥ　ア　リーズナブル　　　レッドゥワイン

こちらは2012年産のボルドーワインです。

This is a twenty twelve Bordeaux.

ディスィズ　ア　トゥウェンティトゥエルヴ　　ボールドゥ

テイスティングなさいますか?

Would you like to taste it?

ウッジュー　　　　　ライク　トゥ　テイストゥ　イットゥ

このワインはグラスで注文できますか?

Do you serve this wine by the glass?

ドゥーユー　　　サーヴ　　ディス　ワイン　バイ　ダ　グラース

はい、できますよ。

Yes, of course.

イェス　オヴコース

Plus ① グラスワインは、メニューにのっているもののみになります。
We serve wine by the glass on the menu only.
ウィー サーブ　ワイン　バイ　ダ　グラァス　オン　ダ　メニュー　オンリィ

●食事のメニューについて

どんな料理がありますか?

What kind of dishes do you have?
ホワットゥ　　カインドゥ　オヴ　ディッシュイズ　ドゥーユー　　ハヴ

こちらが当店の定番料理です。

These are the most popular dishes
ディーズ　　アー　ダ　モウストゥ　ポピュラァ　　　ディッシュイズ

at our restaurant.
アットゥ　アウァ　レストゥラントゥ

当店のオリジナル料理です。

This is our original dish.
ディスィズ　　アウァ　オリジナル　　　ディッシュ

おすすめのメニューはありますか?

What do you recommend?
ホワットゥ　　ドゥーユー　　リコメンドゥ

こちらが本日のおすすめメニューです。

Here's today's recommendation.
ヒアーズ　　トゥデイズ　　リコメンデイション

(Point)「日替わりメニュー」と言う場合、**today's menu** / **today's special** / **daily menu** / **menu of the day** などの表現があります。

Plus ① こちらがシェフのおすすめ料理です。
This is the chef's recommendation.
ディスィズ　ダ　シェフス　　リコメンデイション

ビーフシチューがおすすめです。

I recommend our beef stew.
アイ リコメンドゥ　　　　　　アウァ　ビーフ　　ステュー

Plus ① このメニューで当店は知られています。
We're well-known for that.
ウィアー　　ウェルノウン　　フォー ダットゥ

地元の旬の素材を使っています。

We use seasonal and local ingredients.
ウィー　ユーズ　スィーズナル　　　アンドゥ　ロウカル　イングリィディエンツ

今日はよいサケが入っております。

We have a good salmon today.
ウィー　ハヴァ　　　　グッドゥ　サームン　　　トゥデイ

Plus ① 新鮮なサケが入荷したばかりです。
Fresh salmon has just arrived.
フレッシュ　サームン　　ハズ　ジャストゥ　アライヴドゥ

召し上がってみませんか?

Would you like to try it?
ウッジュー　　　　　　ライク　トゥ　トゥライ　イットゥ

こちらは、焼きたてですよ。

It's just been baked.
イッツ　ジャストゥ　ビン　　ベイクトゥ

(Point) baked はパンなど焼いたものに対して使います。温かい料理には cooked (クック
トゥ)、冷たい料理には prepared (プリペァードゥ) を使います。

> いいですね。では、それにします。
> # OK. I'll try that.
> オウケイ　アイル　トゥライ　ダットゥ

スープかサラダをご一緒にいかがですか?

How about a soup or salad
ハウアバウトゥ　　　　　ア　スープ　　オァ　サラッドゥ

with your main dish?
ウィズ　　ユァ　　メイン　　ディッシュ

このセットメニューは2人前から承ります。

We serve this set menu
ウィー　サーヴ　　ディス　セットゥメニュー

from a minimum order of two.
フロム　ア　ミニマム　　　　　オーダー　　オヴ　トゥー

(Point) set menu は単に「一品料理」dish と言い替えができます。minimum は「最小
値の」という意味で使われています。

● セットメニューについて

コースメニューと単品の料理がございます。

We have the menu for some courses and
ウィー　ハヴ　　ダ　　メニュー　　フォー　サム　　　コースィズ　　アンドゥ

a la carte dishes.
アラカートゥ　　　　　ディッシズ

words a la calte　アラカルト（単品）の

....

すべてのセットメニューにスープ、サラダ、お飲み物がつきます。

Soup, salad, and drinks come
スープ　　　サラッドゥ　　アンドゥ　ドゥリンクス　　カム

with all the set menus.
ウィズ　　オール　ダ　　　セットゥ　メニューズ

....

こちらからセットメニューにつくお飲み物をお選びください。

Please select the drink that comes with
プリーズ　　　セレクトゥ　　ダ　　ドゥリンク　ダットゥ　カムズ　　　ウィズ

your set menu from here.
ユァ　　　　セットゥメニュー　　　フロム　　ヒァ

....

食べ放題のサラダバーがございます。

We have an "all-you-can-eat" salad bar.
ウィー　ハヴァン　　　オール ユーキャン イートゥ　　　サラッドゥ　バー

words all-you-can-eat　おかわり自由、食べ放題

....

ノンオイルの柚子ドレッシングと、ごまドレッシングがあります。

We have oil-free *yuzu* dressing
ウィー　ハヴ　　　オイルフリー　　ユズ　　ドゥレッスィング

and sesame dressing.
アンドゥ　セサミィ　　　ドゥレッスィング

....

本日のお魚はタラです。

Today's fish is cod.
トゥデイズ　　　　フィッシュ イズ カッドゥ

こちらは鴨を使った料理です。

This dish features duck.
ディス　ディッシュ　フィーチャーズ　ダック

前菜は何がよろしいですか?

What would you like for an appetizer?
ホワットゥ　ウッジュー　　　　　ライク　フォー　アン　アペタイザー

パンとライス、どちらになさいますか?

Would you like bread or rice?
ウッジュー　　　　　　ライク　ブレッドゥ　オァ　ライス

 Bread or rice?
ブレッドゥ　オァ　ライス

ライスの大盛りは無料です。

An extra-large serving of rice is free.
アン　エクストゥラ　ラージ　　サーヴィング　　オヴ　ライス　イズ　フリー

ライスの小盛りは50円引きです。

A smaller portion of rice is fifty yen off.
ア　スモーラァ　　　ポーション　　　オヴ　ライス　イズ フィフティ イェン　オフ

(Point) 半ライスは「ライスを半分」ではなく、a smaller portion of rice と言うとよいでしょう。

お飲み物は何になさいますか?

What would you like to drink?
ホワットゥ　ウッジュー　　　　　ライク　トゥ　ドゥリンク

お食事にはコーヒーか紅茶がつきます。どちらになさいますか?

Coffee or tea comes with your meal.
カーフィー　オァ ティー　カムズ　　ウィズ　ユァ　ミール

Which would you like?
ウイッチ　　ウッジュー　　　　　ライク

お飲み物はいつお持ちいたしましょうか?

When should I bring you a drink?
ウエン　　　シュドゥアイ　　ブリング　ユー　ア ドゥリンク

ご注文を復唱いたします。

Let me repeat your order.
レットゥミー　リピートゥ　ユァ　オーダー

ラザニアはセットではなく、単品でよろしいですね？

So, you'd like just the lasagna,
ソウ　ユードゥライク　ジャストゥ　ダ　ラザーニャ

not as a set meal. Right?
ノットゥ　アズ　ア　セットゥミール　ライトゥ

（あなたの）お料理は、調理に時間がかかります。

Your meal will take some time to prepare.
ユァ　ミール　ウィル　テイク　サムタイム　トゥ　プリペアー

Point　Your meal は、「この料理」This dish と言ってもよいでしょう。

Plus①　（あなたの）お料理は 30 分ほどかかります。よろしいでしょうか？
Your meal will be ready in around thirty minutes. Is that OK?
ユァ　ミール　ウィルビィ　レディ　イン アラウンドゥ　サーティ　ミニッツ　イズ ダットゥ オウケイ

ほかに何かございますか？

Anything else?
エニィスィング　エルス

ご注文は以上でよろしいでしょうか？

Will that be all?
ウィル　ダットゥビィ　オール

では、お待ちください。

OK, thank you.
オウケイ　サンキュー

申し訳ございませんが、その料理は売り切れました。

I'm sorry, but it's sold out.
アイム　ソーリィ　バットゥ　イッツ　ソウルドゥ　アウトゥ

本日は、仕入れの都合でイカはございません。

We don't have squid in stock today.
ウィー　ドントゥ　ハヴ　スクウィッドゥ　イン　ストック　トゥデイ

● 券売機と食券

最初に食券をお求めください。〈迷っているお客様を見かけたら〉

Please buy the meal tickets first.
プリーズ　バイ　ダ　ミール　ティケッツ　ファーストゥ

券売機があちらにございます。

There is a ticket vending machine over there.
デアリズ　ア　ティケットゥ　ヴェンディング　マシーン　オウヴァ　デア

券売機にお金を入れて食べたいものを選んでください。

Please put your money in the machine
プリーズ　プットゥ　ユァ　マニィ　イン　ダ　マシーン

and choose whichever food you want.
アンドゥ　チューズ　ウイッチエヴァ　フードゥ　ユー　ウォントゥ

食券が出てきます。

The meal ticket will come out.
ダ　ミール　ティケットゥ　ウィル　カムアウトゥ

words come out　出てくる

ここからお金を入れてください。〈券売機の前で〉

Please put your money in here.
プリーズ　プットゥユァ　マニィ　イン　ヒア

こちらが当店のおすすめです。召し上がってみてください。

〈券売機のボタンを指し示して〉

This is our recommendation.　Please try.
ディスィズ　アウァ　リコメンデイション　プリーズ　トゥライ

お釣りをお取りください。

Please take your change.
プリーズ　テイク　ユァ　チェインジ

お席について、スタッフに食券をお渡しください。

Please have a seat and give the meal ticket
プリーズ　ハヴァ　スィートゥ　アンドゥ　ギヴ　ダ　ミール　ティケットゥ

to our staff.
トゥ　アウァ　スタッフ

Part 3 飲食店の接客・案内フレーズ

メニューの相談

● 素材について

何か特別にお好みのお味や食べ物はございますか?

Do you have any particular taste and food
ドゥーユー　ハヴ　エニィ　パァティキュラー　テイストゥ　アンドゥ　フードゥ

in mind?
イン　マインドゥ

カロリーのあまり高くないものはありますか?

Do you have anything that is low-calorie?
ドゥーユー　ハヴ　エニィスィング　ダットゥイズ　ロウキャロリィ

魚のだしはお好きですか?

Do you like fish broth?
ドゥーユー　ライク　フィッシュ　ブロース

魚のだしを使ったいろいろなお料理がございます。

We have a great variety of dishes prepared
ウィー　ハヴァ　グレイトゥ　ヴァライエティ　オヴ　ディッシュイズ　プリペアードゥ

with fish broth.
ウィズ　フィッシュ　ブロース

Point broth は肉や野菜の煮汁、だしのこと。**stock**（ストック）とも言います。

◆食事制限のいろいろ

Vegan（ヴィーガン）	**Raw Vegan**（ロー・ヴィーガン）
Pescatarian（ペスカタリアン）	**Flexitarian**（フレキシタリアン）
Oriental Vegetarian（オリエンタル ヴェジタリアン）	
Fruitarian（フルータリアン）	**Macrobian**（マクロビアン）

何か食べられないものはありますか？

Is there anything you can't eat?
イズデア　　　エニィスング　　　　ユー　　キャントゥ　イートゥ

> いいえ、ありません。　はい、私は豚肉が食べられません。
>
> **Nothing.**　　　**Yes, I can't eat pork.**
> ナッスング　　　　　イェス　アイ キャンッットゥ　イートゥ　ポーク

> ベジタリアンなのです。
>
> **I'm a vegetarian.**
> アイム　ア　ヴェジタリアン

サラダや豆腐料理、それに野菜炒めなどがございます。

We have salads,
ウィー　　ハヴ　　サラッズ

tofu dishes and stir-fried vegetables.
トーフ　　ディッシュイズ　アンドゥ　スターフライドゥ　ヴェジタブルズ

> 私は化学調味料アレルギーです。
>
> **I'm allergic to MSG**
> アイム　アラージック　　トゥ　エムエスジィ

Point MSG は Monosodium Glutamate の略で、化学調味料「グルタミン酸ナトリウム」のことです。

> それが入っていない料理はありますか？
>
> **Do you have any dishes without it?**
> ドゥーユー　　　　ハヴ　　エニィ　ディッシュイズ　　ウィズアウトゥ　イットゥ

では、サラダと肉野菜の炭火焼きをおすすめします。

Then, I recommend salads and charcoal
デン　　アイ リコメンドゥ　　　　サラッズ　　アンドゥ　チャーコール

broiled vegetables and meats.
ブロイルドゥ　　ヴェジタブルズ　　　アンドゥ　ミーツ

3
飲食店
……
メ
ニ
ュ
ー
の
相
談

● 早くできるメニュー

すぐにできる料理はありますか?
Do you have dishes that can be served quickly?
ドゥーユー　ハヴ　ディッシュイズ　タッドゥ キャンビィ　サーヴドゥ　クイックリィ

ビーフカレーライスでしたらすぐにご用意できます。
Beef curry and rice can be prepared immediately.
ビーフカリー　　アンドゥ　ライス　キャンビィ　プリペァードゥ　イミディエイトゥリィ

● 辛さについて

この料理は辛いですか?
Is this dish hot?
イズディス　　デッシュ　ハットゥ

かなり辛いですが、とてもおいしいですよ。
It's pretty spicy, but very delicious.
イッツ　プリティ　　スパイスィー　バットゥ　ヴェリィ　デリシャス

［言替単語］　●酸っぱい　**sour**（サウワァ）

(Point) hot は、唐辛子やハラペーニョなどの辛さを表現します。spicy はインドのカレー
や東南アジアの料理などのように、舌がピリピリ刺激されるような香辛料の辛さを
表現します。両方を兼ね備えた辛さを表すときは、**This dish is hot and spicy.**
などと表現します。

料理に香菜（シャンツァイ）が入っていても大丈夫ですか?

Is the dish with coriander OK?
イズ ダ　　ディッシュ ウィズ　　コリアンダー　　オウケイ

強い香りがしますよ。

That has a strong smell.
ダットゥ　ハズ　ア ストゥロング　スメル

スパイスと辛さを3段階で調節いたします。

We can arrange to adjust hotness
ウィーキャン　　アレンジ　　トゥ　アジャストゥ　ハットゥネス

and spices in three ways.
アンドゥ　スパイスィズ　イン スリー　　ウェイズ

初めての方にはマイルドな辛さのカレーをおすすめします。

We recommend a mild tasting curry
ウィー　リコメンドゥ　　　　　　ア　マイルドゥ　テイスティング　　カリー

for the first time.
フォー　ダ　　ファーストゥタイム

● 料理内容の変更

> 天ぷらの盛り合わせから、海老を抜いて注文してもいいですか？
>
> ## Can I have an assorted *tempura*
> キャナイ　　ハヴァン　　　　アソーティッドゥ　　　テンプラ
>
> ## plate without shrimp?
> プレイトゥ　ウィズアウトゥ　シュリンプ

はい、でも値段は変わりませんよ。

Yes, but the price will be the same.
イェス　バットゥ　ダ　　プライス　　ウィルビィ　　ダ　　セイム

代わりに野菜のてんぷらを入れましょうか？

Would you like some vegetable *tempura* instead?
ウッジュー　　　　　ライク　サム　　　ヴェジタブル　　　　テンプラ　　　インステッドゥ

● 寿司のメニューで

> 子ども用の寿司のメニューはありますか？
>
> ## Do you have a *sushi* menu for children?
> ドゥーユー　　ハヴァ　　スシ　　メニュー　フォー　チュードゥレン

お子様用の寿司はわさびを抜いておつくりしています。

We make *sushi* without *wasabi* for children.
ウィー　メイク　　スシ　　　　ウィズアウトゥ　　ワサビ　　　フォー　チュードゥレン

(Point) 「わさび」の英訳は japanese horseradish ですが、wasabi と言っても通じることが多くなってきました。

生魚が苦手でしたら、玉子かゆで海老はいかがですか？

How about *sushi* of egg or boiled prawn,
ハウアバウトゥ　　　　スシ　　オヴ　エッグ　オァ　ボイルドゥ　　プローン

if you don't eat raw fish?
イフ　ユー　　ドントゥ　イートゥ　ローフィッシュ

対応

料理を運ぶ

こちらでございます。

Here you are.
ヒァ　　ユー　　アー

パンをご注文されたお客様はどちらですか?

Who ordered bread?
フー　　　オーダードゥ　　　ブレッドゥ

料理はたいへん熱くなっております。

The dish is extremely hot.
ダ　　　ディッシュ イズ イクストゥリームリィ　　　ハットゥ

［言替単語］●鉄板　iron plate（アイアン プレイトゥ）

お気をつけください。

Please be careful.
プリーズ　　　　ビィ　　ケアフル

Be careful.（気をつけてください。）※カジュアルなお店向きです。
ビィ　ケアフル

箸をお使いになりますか?

Would you like chopsticks?
ウッジュー　　　　　　ライク　　チョップスティックス

ナイフとフォークをお持ちしましょうか?

Would you like me to bring a knife and fork?
ウッジュー　　　　　　ライク　　ミー　　トゥ　ブリング　ア　ナイフ　　　アンドゥ　フォーク

(Point) knives は knife（ナイフ）の複数形です。

こちらのたれにつけて、召し上がってください。

Please dip it in this sauce.
プリーズ　　　　ディップ　イットゥ イン ディス　ソース

塩とコショウをお願いできますか？

Could I have some salt and pepper?

クッダイ　　　　ハヴ　　　サム　　　ソールトゥ　アンドゥ　ペッパー

[言替単語] ●マヨネーズ　**mayonnaise**（メイヨネイズ）/ **mayo**（メイヨゥ：口語）

かしこまりました。すぐお持ちいたします。

Certainly. I'll bring them right away.

サートゥンリィ　　　　アイル　ブリング　　デム　　　　ライトゥアウェイ

取り皿をお持ちいたします。

I'll bring some small plates.

アイル　ブリング　　サム　　　スモール　　　プレイツ

ご注文の品はお揃いですか？

Do you have everything you ordered?

ドゥーユー　　　ハヴ　　　エヴリィスィング　　　　ユー　　　オーダードゥ

ごはんとみそ汁のおかわりは無料です。

Refills of rice and miso soup are free.

リフィルズ　　オヴ　ライス　アンドゥ　ミソスープ　　　　アー　　フリィ

これは、当店からのサービスです。

It's on the house.

イッツ　オン　ダ　　　ハウス

(Point) 直訳すると「当店のおごりです」の意味。お客様に向かってお料理を出しながら、一気に発音します。

ほかにご要望はございますか？

Would you like anything else?

ウッジュー　　　　　ライク　エニィスィング　　エルス

ごゆっくりお食事をお楽しみください。

Please enjoy your meal.

プリーズ　　　エンジョイ　　ユア　　　ミール

 Please enjoy.（どうぞ、ごゆっくり。）

プリーズ　　　エンジョイ

対応

食事中に

● 料理について

前菜はいかがでしたか?

How was your appetizer?
ハウ　　ワズ　　ユァ　　アペタイザー

素晴らしかったですよ。

That was great.
ダットゥ　ワズ　　グレイトゥ

ありがとうございます。メインディッシュをお持ちしましょうか?

Thank you. May I bring the main dish now?
サンキュー　　　　　　メイアイ　ブリング　ダ　メインディッシュ　ナゥ

お飲み物のおかわりはいかがですか?

Would you like another drink?
ウッジュー　　　　　ライク　アナダー　　ドゥリンク

Point 飲み物がカップに入っていたら、**glass** を **cup** に言い替えます。

いくつか新しいお皿をお持ちしましょうか?

Would you like some more small plates?
ウッジュー　　　　　ライク　サム　モァ　　スモール　プレイツ

こちらはもうお済みですか?

Are you finished with this?
アーユー　　　　　フィニッシュトゥ　　ウィズ　ディス

デザートをお選びください。〈見本を見せながら〉

Please select a dessert.
プリーズ　　セレクトゥ　ア　ディザートゥ

Plus ① **Which dessert would you like?** ※同じ意味で使えます。
ウイッチ　ディザートゥ　ウッジュー　　ライク

（空いた）お皿を下げて、デザートをお持ちしてもよろしいですか？

May I take your plate
メイアイ　テイク　ユァ　プレイトゥ

and bring your desserts now?
アンドゥ　ブリング　ユァ　ディザーツ　ナゥ

● 食事の終わりに

（お食事は）すべてご満足いただけましたか？

Was everything good?
ワズ　エブリィスィング　グッド

お食事はお済みですか？

Are you finished?
アーユー　フィニッシュドゥ

Plus ① 食器を（全部）お下げしてもよろしいですか？
Can I take your plates?
キャナイ　テイク　ユァ　プレイツ

持ち帰りにしてもいいですか？
Could I have this to go?
クッダイ　ハヴ　ディス　トゥ　ゴゥ

はい。お包みします。

Certainly. I'll wrap it for you.
サートゥンリィ　アイル　ラップ　イットゥ フォーユー

今晩中に召し上がることをおすすめします。

We recommend eating it by tonight.
ウィー　リコメンドゥ　イーティング　イットゥ バイ　トゥナイトゥ

いいえ、店内のみでのご提供です。

No, it's only for here.
ノゥ　イッツ　オンリィ　フォー　ヒア

申し訳ございませんが、そろそろ閉店いたします。

I'm sorry we'll be closing soon.
アイム　ソーリィ　ウィール　ビィ　クロウズィング　スーン

対応

店・料理別フレーズ

和食店

当店は和食のレストランです。

We're a Japanese cuisine restaurant.
ウィアー　ア　ジャパニーズ　　　クイズィーン　　レストゥラントゥ

お座敷席（畳の席）もございます。

We have *tatami* rooms too.
ウィー　ハヴ　　タタミ　　　ルームズ　　トゥー

さまざまな日本の料理を、ご飯や汁ものと一緒にお出しします。

We serve rice and soup with a variety
ウィー　サーヴ　　ライス　アンドゥ　スープ　　ウィズ　　ア　ヴァライエティ

of Japanese dishes.
オヴ　ジャパニーズ　　　　ディッシュイズ

これは醤油用の小皿です。

This small plate is for pouring soy sauce.
ディス　　スモール　　プレイトゥ　イズ フォー　ポアリング　　　ソイソース

こちらは醤油をつけずに召し上がってください。

Please enjoy this without soy sauce.
プリーズ　　　エンジョイ　　ディス　　ウィズアウトゥ　　ソイソース

Point 上の文に続けて言うときは、**Please**をつけなくてもよいでしょう。

Plus ① これは何もつけずにお召し上がりください。
Please enjoy this without adding anything.
プリーズ　　エンジョイ　ディス　ウィズアウトゥ　アディング　　エニィスング

野菜そのものの味をお楽しみください。

Enjoy the taste of the vegetables themselves.
エンジョイ　ダ　　ティストゥ　オヴ ダ　　　ヴェジタブルズ　　　　デムセルヴズ

魚に、塩をつけて食べるのもおすすめです。

I recommend eating the fish with salt.
アイ リコメンドゥ　　　　　　イーティング　ダ　　フィッシュ ウィズ　　ソールトゥ

（鍋などが）沸騰したら、召し上がっていただけます。

After it boils, it's ready to eat.
アフタァ　イットゥ ボイルズ　イッツ　レディ　　トゥ　イートゥ

［言替単語］● （固形燃料などの）火が消えたら
　　　　　　After the fire goes out（アフタァ ダ ファイア ゴウズ アウトゥ）

ご飯とお味噌汁は**の**ちほどお持ちします。

Cooked rice and *miso* soup will be served later.
クックトゥ　　　ライス　アンドゥ ミソスープ　　　　　ウィルビィ　　サーヴドゥ　　レイタァ

［言替単語］●最後に　**at the end**（アットゥ ディ エンドゥ）

洋食店

本日のスペシャルをご案内します。

Let me tell you about our daily specials.
レットゥミー　テル　ユー　アバウトゥ　アウァ　デイリー　スペシャルズ

本日のスペシャルはハンバーグステーキと海老フライです。

Today's specials are hamburg steak
トゥデイズ　　　スペシャルズ　　アー　　ハンバーグステイク

and deep-fried prawns.
アンドゥ　ディープフライドゥ　　　プローンズ

オムライスとは何ですか？

What's *Omu-rice*?
ホワッツ　　　　オムライス

オムライスはチキンライスをオムレツの中に詰めたものです。

Omu-rice is an Omelet stuffed
オムライス　　イズ アン　アームリットゥ　スタッフトゥ

with chicken rice.
ウィズ　　チキンライス

3
飲食店……
店・料理別フレーズ

喫茶店・カフェ

● 席で注文を受ける

コーヒーを1つお願いします。
I'll have a cup of coffee.
アイル ハヴァ カップ オヴ カーフィー

ホットコーヒーとアイスコーヒー、どちらになさいますか？
Would you like, hot coffee or iced coffee?
ウッジュー ライク ハットゥ カーフィー オア アイストゥ カーフィー

朝食セットは午前11時までご注文いただけます。
You can order the breakfast combo
ユーキャン オーダー ダ ブレックファストゥ コンボ
until eleven a.m.
アンティル イレヴン エィエム

お飲み物には、トーストとゆで卵がつきます。
It includes a drink, toast and boiled egg.
イットゥ インクルーズ ア ドゥリンク トゥストゥ アンドゥ ボイルドゥ エッグ

食事には、150円追加してコーヒーか紅茶がつけられます。
For an extra one hundred fifty yen,
フォー アン エクストゥラ ワン ハンドゥレッドゥ フィフティ イェン
you can add a drink to your order.
ユーキャン アッドゥ ア ドゥリンク トゥ ユア オーダー

ケーキとドリンクのセットもございます。
We also serve a cake set which comes
ウィー オールソゥ サーヴ ア ケイク セットゥ ウイッチ カムズ
with a drink.
ウィズ ア ドゥリンク

 Plus ①
ショーケースからお好きなケーキをお選びください。
Please choose your favorite cake from the cake display case.
プリーズ チューズ ユア フェイヴァリットゥ ケイク フロム ダ ケイク ディスプレイ ケイス

1分ほどお待ちになってから、カップに紅茶を注いでください。

Please wait one minute before pouring
プリーズ　　　ウェイトゥ　ワン　　ミニットゥ　　ビフォア　　　ポァリング

the tea into the cup.
ダ　　　ティー　　イントゥ　ダ　　　カップ

あちらの雑誌や本もお読みください。

You can read those magazines and books.
ユーキャン　　　　リードゥ　ドゥズ　　マガズィーンズ　　　アンドゥ　ブックス

● セルフ式の店で

先にお席を確保してからお並びください。〈店内が混んでいるとき〉

Please find a seat before ordering.
プリーズ　　　ファインドゥ ア スィートゥ ビフォア　　　オーダリング

すべてのメニューがお持ち帰りできます。

All the dishes and drinks can be taken out.
オール ダ　　ディッシュイズ　アンドゥ　ドゥリンクス　キャンビィ　テイクン　　アウトゥ

砂糖とミルクはあちらにございます。

Sugar and milk are over there.
シュガー　　　アンドゥ　ミルク　　アー　　オウヴァ　　デア

番号札をお持ちください。

Please take the order number card.
プリーズ　　　テイク　　ディ　　オーダー　　ナンバー　　カードゥ

でき上がりましたら、お席までお持ちします。

We'll bring your order to your seat.
ウィール　　ブリング　ユァ　　オーダー　　トゥ ユァ　　スィートゥ

この呼び出しベルをお持ちください。

Please bring this food pager with you.
プリーズ　　　ブリング　ディス　フードゥペイジャー　　ウィズユー

Point フードコートなどで食事ができたことを知らせるために渡される機器を、一般的に food pagerと言います。

ブザーが鳴ったらカウンターにお越しください。

Please come to the counter when the buzzer goes off.
プリーズ　カムトゥ　　　ダ　カウンター　ウエン　ダ　バズァー　ゴウズオフ

(Point) **goes off** はブザーやアラームなどが「鳴る」という意味で、**sounds**（サウンズ）と言い替えてもよいでしょう。**bell**（ベル）であれば、動詞の「鳴る」**ring**（リング）を使います。

ファミリーレストラン

ランチメニューはこちらです。

This is the lunch menu.
ディスィズ　ダ　ランチ　メニュー

只今、地中海フェアを開催中です。〈別のメニューを渡しながら〉

We're having a Mediterranean fair
ウィアー　　ハヴィング　　ア　メデテレイニアン　　　　フェア

at our restaurant.
アットゥ アウァ　レストゥラントゥ

今月限定のスペシャルメニューです。

This is our special for this month.
ディスィズ　アウァ　スペシャル　フォー　ディス　マンス

ご注文が決まりましたら、そちらのボタンを押してください。

Please press that button
プリーズ　　　プレス　　　ダットゥ　バトゥン

when you have decided on your order.
ウエン　　ユー　　ハヴ　ディサイディッドゥ　オン　ユァ　　オーダー

おしぼりとお水は、ドリンクバーにあります。

Oshibori towels and water are available
オシボリタウワルズ　　　　アンドゥ　ウォーター　アー　　アヴェイラブル

at the beverage station.
アットゥダ　　ヴェヴリッジ　　ステイション

(Point) 「ドリンクバー」は和製英語です。ドリンクバーの場所を指す場合は、**beverage station** と言うとわかりやすいでしょう。

ファストフード店

店内でお召し上がりですか、それともお持ち帰りですか?

For here or to go?
フォー　ヒァ　　オァ トゥ　ゴウ

ここで食べます。

For here.
フォー　ヒァ

持ち帰ります。

For to go.
フォー　トゥ　ゴウ

S、M、Lサイズのどれにいたしますか?

Which size would you like, small, medium or large?
ウイッチ　　サイズ　ウッジュー　　　ライク　スモール　ミディアム　　オァ ラージ

ご一緒にポテトをいかがですか?

How about French fries?
ハウアバウトゥ　　　　　フレンチフライズ

セットメニューがおすすめです。

We recommend the set menu.
ウィー　リコメンドゥ　　　　ダ　　セットゥ メニュー

ほかにご注文はございませんか?

Is there anything else?
イズデァ　　　　エニィスィング　　エルス

ご注文は以上でしょうか?
Will that be all?
ウィル　ダットゥ　ビィ　オール

(確認のため) ご注文を繰り返します。

Please let me repeat the order.
プリーズ　　　　レットゥミー　リピートゥ　　ディ　　オーダー

食券番号10番の方、お料理ができました。カウンターまでお越しください。

Ticket number ten, your order is ready.
ティケットゥナンバー　　　　　　テン　ユァ　　　　オーダー　　イズ レディ

Please come to the counter.
プリーズ　　カム　　　トゥ　ダ　　カウンター

日本のファストフード

中にはぶつ切りのタコが入っています。〈たこ焼き〉

It has a chunk of octopus inside.
イットゥ ハズ ア チャンク オヴ アクトゥパス インサイドゥ

中が熱くなっているので、気をつけて召し上がってください。

Be careful, it's hot inside.
ビィ ケァフル イッツ ハットゥ インサイドゥ

マヨネーズをかけてもいいですよ。

You can season it with mayonnaise.
ユーキャン スィーズン イットゥ ウィズ メイヨネイズ

トッピングの組み合わせはお好きにどうぞ。〈クレープなど〉

You can choose any topping combo you like.
ユーキャン チューズ エニィ トッピング コンボウ ユー ライク

中には甘いあんこが入っています。〈たい焼き、今川焼など〉

It has sweet red bean paste inside.
イットゥ ハズ スウィートゥ レッドゥ ビィーン ペイストゥ インサイドゥ

こしあんと粒あんがあります。

There is smooth sweet bean paste and
デアリズ スムードゥ スウィートゥ ビーン ペイストゥ アンドゥ

mashed sweet bean paste.
マッシュトゥ スウィートゥ ビーン ペイストゥ

(Point) smooth で「漉した」を、mashed で「つぶした、粒の」をそれぞれ表現しています。「あんこ」は sweet bean paste と言います。

何個にしますか?

How many would you like?
ハウメニィ ウッジュー ライク

焼き上がるまでお待ちください。

Please wait till it's ready.
プリーズ ウェイトゥ ティル イッツ レディ

お好み焼き・もんじゃ焼き

 だし汁で溶いた小麦粉に千切りキャベツを入れたタネが基本です。

The batter is made of wheat flour,
ダ　　バター　　　イズ メイドゥ　　オヴ ウィートゥ　　フラワー

mixed with stock and shredded cabbage.
ミックスドゥ　ウィズ　ストック　アンドゥ シュレディッドゥ　キャビッジ

Point **batter** は「小麦粉などで混ぜ合わせた状態のもの」（乳製品の**butter**とは違いますので注意）、**ingredient**は「成分、材料」という意味です。**flour**のみでも「小麦粉」の意味ですが、「小麦」を意味する**wheat**を前につけて**wheat flour**と言うこともあります。

具材を加えたタネを鉄板で焼きます。

Cook the mixed batter ingredients
クック　ダ　　ミックストゥ　バター　　イングリィディエンツ

on the hot griddle.
オン　ダ　　ハットゥ　グリドゥル

メニューにのっているのは、具材の名前です。

On the menu the ingredients are listed
オン　ダ　　メニュー　　ダ　　イングリィディエンツ　　アー　　リステッドゥ

with the dish.
ウィズ　　ダ　　ディッシュ

Plus ① 私が焼き方をお見せしましょうか?
Would you like me to show you how to cook it?
ウッジュー　　ライク ミー トゥ ショウ　ユー　ハウトゥ　クック　イットゥ

ソースやマヨネーズ、そのほかのトッピングをのせてください。

Add sauce, mayonnaise, and other toppings
アドゥ　　ソース　　メイヨネイズ　　　アンドゥ アダー　　トッピングズ

before eating.
ビフォア　　イーティング

もんじゃ焼きは小さなへらを使って食べます。

When you're eating *monja*,
ウエン　　ユーア　　イーティング　モンジャ

a small spatula is used to eat it.
ア スモール　スパテュラ　　イズ ユーストゥ トゥ イートィットゥ

3

飲食店

......

店・料理別フレーズ

甘味処・茶屋

温かいおしるこはいかがですか?

Would you like to try hot *oshiruko*?
ウッジュー　　　　ライク　トゥ　トゥライ ハットゥ オシルコ

小豆をお砂糖で煮た中にお餅が入っています。

It has a rice cake in sweet red bean soup.
イットゥ ハズ　ア　ライス　ケイク　イン　スウィートゥ　レッドゥビィーン　　スープ

抹茶は和菓子によく合います。

Maccha goes well with Japanese sweets.
マッチャ　　　　　ゴウズ　　ウェル　ウィズ　ジャパニーズ　　スウィーツ

こちらのお茶請けはサービス(無料)です。

This is a complimentary snack.
ディスィズ　　ア　コンプリメンタリィ　　　　　スナック

ところてんは食感がかためです。

Tokoroten has a firmer texture.
トコロテン　　　　　ハズ　ア　ファーマー　　テクスチュアー

味つけは地域によって異なる場合があります。

Flavorings can vary from region to region.
フレイヴァリングズ　　　キャン　ヴェァリィ フロム　　リジョン　　トゥ リジョン

words Flavorings　味つけ　vary　多様にする

みつ豆にはゆで豆とさいの目の寒天、フルーツが入っています。

Mitsumame contains boiled beans,
ミツマメ　　　　　　　コンテインズ　　　ボイルドゥ　ビーンズ

agar cubes and fruits.
エイガー　　キューブズ　アンドゥ　フルーツ

卵もバターも入っていません。

It contains no egg or butter.
イットゥ コンテインズ　　　ノウ　エッグ　オァ バター

居酒屋

（脱いだ）靴はそのままでけっこうです。

Please leave your shoes there.
プリーズ　　　リーヴ　　　ユァ　　　シューズ　　　デア

こちらの靴箱に入れてください。

Please put your shoes in these shoe lockers.
プリーズ　　プットゥ　ユァ　　シューズ　　イン　ディーズ　　シュー　　ロッカァズ

トイレに行くときは、サンダルをお使いください。

When going to the restroom, please use
ウエン　　　　ゴーイング　トゥ　ダ　　レストルーム　　　　プリーズ　　ユーズ

these sandals.
ディーズ　　サンドゥルズ

お食事の前に、お飲み物のご注文をされますか?

Would you like to order drinks before food?
ウッジュー　　　　　ライク　トゥ　オーダー　　ドリンクス　　ビフォア　　フードゥ

Point 「お飲み物のご注文を先にうかがいます」をそのまま英訳すると、やや強い文調になってしまうので、**Would you ～?**を使うとよいでしょう。

お飲み物には、こちらの小さな前菜料理がつきます。

Here's a small appetizer dish to go with your drink.
ヒァーズ　　ア　スモール　アペタイザー　　　ディシュ　トゥ　ゴウ　ウィズ　ユァ　　ドゥリンク

「お通し」は、基本的にテーブルチャージとして必須の前菜です。

An *otoshi* is basically a compulsory appetizer
アン　　オトーシ　　イズ　ベイスィカリィ　　ア　　コンポルスリィ　　　アペタイザー

as a table charge.
アズ　ア　テイブル　　チャージ

words compulsory　必須の、強制的な

ご注文をお願いできますか? 〈店員が注文を取る〉

What would you like to order?
ホワットゥ　　ウッジュー　　　　　ライク　トゥ　オーダー

びんビールと生ビールがございます。

We have bottled and draft beer.
ウィー　ハヴ　　バットゥルドゥ　アンドゥ　ドゥラフトゥ　ビアー

ジョッキのサイズには中と大があります。

We have medium and large beer mugs.
ウィー　ハヴ　　ミィディアム　　アンドゥ　ラージ　　ビア　　マッグズ

グラスはいくつお持ちしましょうか？

How many glasses do you need?
ハウメニィ　　　　　グラースィズ　　ドゥーユー　　ニードゥ

焼酎はボトルでもご注文いただけます。

We also serve bottles of distilled spirits.
ウィー　オールソゥ　サーヴ　　バトゥルズ　　オヴ　ディスティルドゥ　　スピィリッツ

日本酒は常温、冷や（冷酒）、または熱燗にしますか？

Would you like sake at room temperature,
ウッジュー　　　　　　ライク　サケ　　アットゥ　ルーム　　テンペラチュア

chilled, or warmed?
チルドゥ　　　オァ　ウォームドゥ

(Point) 「常温（室温の）」**at room temperature**、「冷や（冷やした）」**chilled**、**warmed**「熱燗（温められた）」、それぞれの言い方を覚えておきましょう。

日本酒は温度によって味や香りが変化します。

Sake changes its flavor and aroma depending
サケ　　　チェィンジィズ　イッツ フレイヴァー　アンドゥ　アロマ　　　ディペンディング

on the temperature.
オン　ダ　　テンペラチュア

(Point) **flavor**には「味」の意味もあります。**aroma**は「香り」という意味として使います。

塩味か、甘い醤油味のたれかを、お選びください。〈焼き鳥〉

Would you like salt or sweet soy sauce flavor?
ウッジュー　　　　　ライク　ソールトゥ オァ　スウィートゥ　ソイソース　　　　　フレイヴァー

追加でご注文の際には、そのボタンを押してください。

For an additional order, please press that button.
フォー　アン　アディッショナル　　　オーダー　　　プリーズ　　プレス　　　ダットゥ　バトゥン

バー

日本のウイスキーはいかがですか?

How about some Japanese whisky?

ハウアバウトゥ　　　サム　　　ジャパニーズ　　　ウィスキー

(Point) スコッチウイスキーのようにスコットランドの流れをくむものは **whisky**、アイリッシュウイスキーやバーボンウイスキーなどは **whiskey** と綴ります。日本のウイスキーはスコッチウイスキーの流れを汲むので一般的に **whisky** と表記されます。

Plus ① いくつか日本のウイスキーをお試しください。

Please try some Japanese whisky.

プリーズ　トゥライ サム　ジャパニーズ　ウィスキー

ショットで響ウイスキーとソーダをチェイサーでください。

Can I get a shot of *Hibiki*

キャナイ　ゲットゥ ア ショットゥ オヴ ヒビキ

with a soda back, please?

ウィズ　ア ソーダ　　バック　　プリーズ

(Point)「チェイサー」chaser を頼むときは、**with a 〜 back** という表現を使います。**with a 〜 back** の「〜」の部分には、チェイサーにしたい飲み物が入ります。

シングル、それともダブルですか?

Single shot or double shot?

スィングル　　シャットゥ オァ ダブル　　　シャットゥ

お飲み物のおかわりはいかがですか?

Would you like another drink?

ウッジュー　　　　ライク アナダー　　　ドゥリンク

こちらは日本酒ベースのカクテルです。

This is a sake-based cocktail.

ディスィズ　ア サケベイストゥ　　　カックテイル

こういうお味はお好きですか?

Do you like the taste?

ドゥーユー　　ライク ダ テイストゥ

こちらはミントのフレーバーが効いています。

This has a nice mint flavor.

ディス　ハズ ア ナイス　ミントゥ　フレイヴァー

3

飲食店
……
店・料理別フレーズ

こちらのカクテルはアルコール度数が高いです。

This cocktail has a high alcohol content.
ディス　カクテイル　ハズ　ア　ハイ　アルコホール　コンテントゥ

ノンアルコールカクテルがございます。

We have non-alcoholic cocktails.
ウィー　ハヴ　ノンアルコホリック　カクテルイズ

(**Point**) オーダーを受ける際に、話の流れで「～もあります」と言いたいときは、**We** と **have** の間に also を入れて、**We also have** ～とします。also の位置に気をつけましょう。

ご注文をうかがっていますか?

Are you being served?
アーユー　ビィーング　サーヴドゥ

> はい、注文を取ってもらっています。
> ## Yes, I'm being served.
> イェス　アイム　ビィーング　サーヴドゥ

寿司屋

●注文の仕方

> 注文はどうしたらいいですか?
> ## Could you tell me how to order?
> クッジュー　テル　ミー　ハウトゥ　オーダー

板前に直接注文してください。

You can order directly from the chef.
ユーキャン　オーダー　ディレクトゥリィ　フロム　ダ　シェフ

> 何を頼んだらいいかわからないんですが?
> ## I don't know what I should order.
> アイ　ドントゥ　ノウ　ホワットゥ　アイ シュッドゥ　オーダー

お寿司の盛り合わせはいかがですか?

Would you like an assortment of *sushi*?
ウッジュー　ライク　アン　アソートゥメントゥ　オヴ　スシ

3
飲食店
......
店・料理別フレーズ

3種類の盛り合わせがございます。

We have three assortments.
ウィー　ハヴ　スリー　アソートゥメンツ

「巻き」はクレープのように海苔で巻いた寿司です。

Maki is *sushi* wrapped in *nori* like a crepe.
マキ　イズ スシ　ラップトゥ　イン ノリ　ライク ア クレイプ

マグロは2貫ずつお出しします。

We serve two pieces of *sushi* at a time for tuna.
ウィー　サーヴ　トゥー　ピースィズ　オヴ スシ　アットゥ ア タイム　フォー トゥナ

ショーケースの中からネタをお選びください。

Please choose any items in the *sushi* showcase.
プリーズ　チューズ　エニィ　アイテムズ イン ダ　スシ　ショーケイス

(Point) *sushi* showcaseは *sushi* display case とも言います。

ショーケースの中のこの魚は何ですか?
What is this fish
ホワットゥ　イズ ディス　フィッシュ
in the *sushi* showcase?
イン ディ　スシ　ショーケイス

サーモンです。

It's salmon.
イッツ　サーモン

(Point) 「サケ、サーモン」は salmonと言いますが、寿司でよく使われるサケは chum salmonと通常より少し小ぶりのサケです。外国の方はサーモンを chum (チャム) と呼ぶこともあります。

このネタは何ですか?
What's this stuff?
ホワッツ　ディス　スタッフ

それはタコを煮たものです。

It's boiled octopus.
イッツ　ボイルドゥ　アクトゥパス

何でもお好きなものを自由にご注文ください。

Please feel free to order whatever you like.

プリーズ　　　　フィール　フリー　　トゥ　オーダー　　　ホワットゥエヴァー　　　ユーライク

イクラを頼みたいのですが、いいですか？　※魚の卵は egg ではなく roe と言います。

Can I have salmon roe?

キャナイ　　　ハヴ　　　サーモン　　ロウ

はい、少々お待ちください。

Certainly. Wait a moment, please.

サートゥンリィ　　　ウェイトゥ　ア　モウメントゥ　　　プリーズ

●ネタについて

今日は活きのいいマグロが入っていますよ。

We have fresh tuna today.

ウィー　ハヴ　　フレッシュ　トゥナ　　トゥデイ

関サバはいかがですか？

How about *Sekisaba*?

ハウアバウトゥ　　　　セキサバ

ネタは火を通したものや酢漬けにしたものもあります。

We also have cooked or pickled items.

ウィー　オールソゥ　ハヴ　　　クックトゥ　　オァ　ピックルドゥ　　アイテムズ

トロはマグロの脂がのっている部分です。

Toro is the fatty part of tuna.

トロ　　　イズ　ダ　　ファッティ　パート　オヴ　トゥナ

口の中でとろけます。

That will melt in your mouth.

ダットゥ　　ウィル　メルトゥ　イン　ユァ　　マウス

食べられない食材はありますか？

Is there anything you don't eat?

イズデア　　　エニィスィング　　　ユー　　ドントゥ　　イートゥ

貝は食べられますか?

Do you eat shellfish?
ドゥーユー　　　　イートゥ　シェルフィッシュ

わさびは、大丈夫ですか?

Are you OK with *wasabi*, Japanese horseradish?
アーユー　　オウケイ　ウィズ　ワサビ　　　　ジャパニーズ　　　　ホースラディッシュ

Plus ① さび抜きでおつくりしますよ。
We can make your *sushi* without *wasabi*.
ウィーキャン　メイク　ユア　スシ　　ウィズアウトゥ　ワサビ

このお酒は寿司によく合いますよ。

This sake goes well with *sushi*.
ディス　サケ　ゴウズ　　　ウェル　　ウィズ　　スシ

Point goes well は「よく合う、うまくいく」といった意味の慣用表現です。

●食べ方

醤油は、魚のほうにつけてください。

Dip the fish part in the soy sauce.
ディップ　ダ　　フィッシュ　パートゥ　イン　ダ　　ソイソース

そして、ひと口で食べ切ってください。

Then, please try to eat each piece in one bite.
デン　　　　ブリーズ　　トゥライ トゥ イートゥ イーチ　ピース　　イン ワン　バイトゥ

もちろん手で食べてもいいですよ。

Of course, you can eat it with your hand.
オヴコース　　　　　　ユーキャン　　イートゥ イットゥ ウィズ　ユア　　ハンドゥ

それには、すでに味がついています。

It has already been seasoned.
イットゥ ハズ　オルレディ　　ビィン　スィーズンドゥ

Point seasoned は、ここでは「味つけした」という意味で使われています。

そのままでお召し上がりください。

Please eat it as it is.
ブリーズ　　　イートゥ イットゥ アズ イットゥ イズ

Point as it is は英熟語で「現状で、このまま」という意味です。

●回転寿司店

自動チェックイン機を使ってお席にお着きください。

Please use the self-check-in machine to get a table.
プリーズ　ユーズ　ダ　セルフチェックイン　マシーン　トゥ　ゲットゥ ア テイブル

回っているお寿司からお好きなものをお取りください。

You can pick any *sushi* you'd like
ユーキャン　ピック　エニィ　スシ　ユードゥ　ライク

from a conveyor belt.
フロム　ア コンヴェイヤァ　ベルトゥ

多言語機能つきタッチパネルでご注文してください。

Please place orders using
プリーズ　プレイス　オーダーズ　ユーズィング

the multilingual touch screen.
ダ　モルティリングアル　タッチ　スクリーン

お寿司の値段は、皿の色によって異なります。

The price of *sushi* varies depending
ダ　プライス　オヴ　スシ　ヴァリィズ　デペンディング

on the color of the plate.
オン　ダ　カラー　オヴ ダ　プレイトゥ

空いた皿は投入口へ入れてください。

Please insert the empty plates into the pocket.
プリーズ　インサートゥ ディ　エンプティ　プレイツ　イントゥ ダ　ポケットゥ

お会計は自動的に計算されます。

Your bill will be calculated automatically.
ユァ　ビル　ウィルビィ　カルキュレイティッドゥ　オートマティカリィ

お会計時に、テーブル番号札をレジにお渡しください。

Please give the table number tag
プリーズ　ギヴ　ダ　テイブル　ナンバー　タグ

to the cashier when you pay.
トゥ ダ　キャッシィア　ウエン　ユー　ペイ

天ぷら屋

● 天ぷらについて

天ぷらは魚介類や野菜に軽く衣をつけて揚げたものです。

Tempura are pieces of lightly battered,
テンプラ　　　　　アー　ピースィズ　オヴ　ライトゥリィ　バタードゥ

deep fried seafood and vegetables.
ディープ　フライドゥ　スィーフードゥ　アンドゥ　ヴェジタブルズ

かき揚げは野菜や魚介類を刻んで揚げたものです。

Kakiage is deepfried battered seafood
カキアゲ　　イズ　ディープフライドゥ　バタードゥ　スィーフードゥ

mixed with minced vegetables.
ミックストゥ　ウィズ　ミンストゥ　ヴェジタブルズ

天丼はどんぶりご飯の上に天ぷらをのせたものです。

Tendon is a bowl of rice topped with *tempura*.
テンドン　　イズ　ア　ボウル　オヴ　ライス　トップトゥ　ウィズ　テンプラ

甘めの醤油だれがかかっています。

It's seasoned with a sweet soy sauce.
イッツ　スィーズンドゥ　　ウィズ　ア　スウィートゥ　ソイソース

● 注文を取る

このメニューの中からお好きな野菜や魚をお選びください。

Please choose any seafood or vegetables
プリーズ　　チューズ　エニィ　スィーフードゥ　オァ　ヴェジタブルズ

from the menu.
フロム　ダ　メニュー

何にしますか?

What would you like?
ホワットゥ　ウッジュー　ライク

エシャロットもおすすめです。

We also recommend shallot *tempura*.
ウィー　オールソゥ　リコメンドゥ　シャラットゥ　テンプラ

天ぷらは1つずつ注文をお受けします。

We serve *tempura* one piece at a time.
ウィー　サーヴ　テンプラ　ワン　ピース　アットゥ　ア　タイム

●食べ方

食べるときは、天つゆや塩を使います。

You eat the *tempura* with the dipping sauce
ユー　イートゥ　ダ　テンプラ　ウィズ　ダ　ディッピング　ソース

or with salt.
オア　ウィズ　ソールトゥ

天つゆは、醤油味の温かいつけ汁です。

Tentsuyu is a warm soy-based sauce for dipping.
テンツユ　イズ　ア　ウォーム　ソイベイスドゥ　ソース　フォー　ディッピング

大根おろしとおろしショウガを加えてください。

Add grated *daikon* radish and grated ginger.
アッドゥ　グレイティッドゥ　ダイコン　ラディッシュ　アンドゥ　グレイティッドゥ　ジンジャー

この塩には山椒を混ぜてあります。

This salt is mixed with Japanese pepper.
ディス　ソールトゥ　イズ　ミックストゥ　ウィズ　ジャパニーズ　ペッパー

(Point) Japanese pepper は「山椒」を指します。

こちらは揚げたてです。

This is freshly fried.
ディス　イズ　フレッシュリィ　フライドゥ

かき揚げがちょうど揚がりました。

Kakiage has just been fried.
カキアゲ　ハズ　ジャストゥ　ビィン　フライドゥ

温かいうちにお召し上がりください。

Please eat it while it's warm.
プリーズ　イートゥ イットゥ　ホワイル　イッツ　ウォーム

(Point) while it's warm は、「冷めないうちに」before it gets cold と言い替えることができます。

そば・うどん

● そば・うどんについて

> そばとうどんはどう違うのですか？
> What's the difference between *soba* and *udon*?
> ホワッツ　ダ　ディフェレンス　ビットゥウィーン　ソバ　アンドゥ　ウドン

 そばは、穀類のそばからつくった麺です。

Soba is a noodle made from buckwheat.
ソバ　イズ　ア　ヌードル　メイドゥ　フロム　バックウィートゥ

Plus ①　うどんは、小麦からつくった麺です。
Udon is a noodle made from wheat.
ウドン　イズ　ア　ヌードル　メイドゥ　フロム　ウィートゥ

....

冷たいそばのつけ汁は醤油の味が決め手です。

The taste of soy sauce determines
ダ　テイストゥ　オヴ　ソイソース　ディターミンズ

the cold *soba* dipping sauce.
ダ　コウルドゥ　ソバ　ディッピング　ソース

....

そばとうどん、どちらにしましょうか？

Would you like *soba* or *udon*?
ウッジュー　ライク　ソバ　オァ　ウドン

....

温かい麺と冷たい麺、どちらにしますか？

Do you want your noodles hot or cold?
ドゥーユー　ウォントゥ　ユァ　ヌードゥルズ　ハットゥ　オァ　コウルドゥ

....

イカ天そば、お待たせいたしました。

Squid *tempura soba* is ready.
スクイッドゥ　テンプラ　ソバ　イズ レディ

....

食べ終わったらトレイを食器返却口に戻してください。

When you are finished eating,
ウエン　ユーアー　フィニッシュツゥ　イーティング

please return the tray to the return counter.
プリーズ　リターン　ダ　トゥレイ　トゥ　ダ　リターン　カウンター

●食べ方

> どのように食べたらいいですか?
> # How do I eat it?
> ハウ　　　ドゥーアイ　イートウイットゥ

冷たいそばは、そばつゆにつけて食べます。〈ざるそばなど〉

Before eating, dip cold *soba* in the sauce.
ビフォア　　　　　イーティング　　　ディップ　コウルドゥ　ソバ　　　イン　ダ　　　ソース

ひと口分のそばを持ち上げて、つゆにつけてください。

You pick up a portion of *soba* and dip it
ユー　　　ピック　　　アップ　ア　ポーション　　　　　オヴ　ソバ　　　　アンドゥ　ディップ　イットゥ

in the sauce.
イン　ダ　　　ソース

わさびはそばつゆの中で溶かしてください。

Mix *wasabi* in the sauce.
ミックス　ワサビ　　　　イン　ダ　　　ソース

薬味のネギはそばつゆに入れます。
Put the spring onions in the sauce.
プットゥ　ダ　　　スプリング　　　アニィアンズ　イン　ダ　　ソース

麺をすするときに、つゆがはねないように気をつけてください。

When you slurp the noodles, please be careful
ウエン　　　ユー　　　スラープ　　　ダ　　　ヌードゥルズ　　　プリーズ　　　ビィ　ケァフル

not to splash the sauce on you.
ノットゥ　トゥ　スプラッシュ　ダ　　　ソース　　　オンユー

温かいそばには、お好みで七味唐辛子をふりかけて召し上がってください。

You can flavor hot *soba*
ユーキャン　　　　フレイヴァー　ハットゥ　ソバ

with the seven-flavor chili pepper.
ウィズ　　　ダ　　　セヴンフレイヴァー　　　チリ　　　ペッパー

すき焼き

すき焼き用の鉄鍋で牛肉や野菜を調理します。

Beef and vegetables are cooked
ビーフ　　アンドゥ　ヴェジタブルズ　　アー　　クックトゥ

in a *sukiyaki* iron pan.
インナ　スキヤキ　　　　アイアン　パン

すき焼き用のソースだれを、一般的に割り下と言います。

The sauce for *sukiyaki* is generally called *warishita*.
ダ　ソース　　フォー スキヤキ　　イズ ジェネラリィ　　　コールドゥ　ワリシタ

(Point) 日本語訳は能動態ですが、英文は受動態で表現するとよいでしょう。

割り下は醤油、砂糖、みりん、酒などの材料を混ぜて調合したものです。

Warishita is a mixture of soy sauce, sugar,
ワリシタ　　　　　　　イズ ア　ミクスチュアー　　オヴ ソイソース　　　　シュガー

mirin, sake, and other ingredients.
ミリン　　　サケ　　アンドゥ　アダー　　イングリディエンツ

焼いた肉や野菜を溶き卵につけて食べます。

When cooked, the pieces of meat and
ウエン　　　　クックトゥ　　ダ　ピースィズ　オヴ ミートゥ　アンドゥ

vegetables are eaten dipped in the raw egg.
ヴェジタブルズ　　　アー　イートゥン　デップトゥ　　イン ダ　　ローエッグ

もし生卵がダメでしたら、入れなくても召し上がれます。

If you don't eat raw egg, you can still eat
イフ ユー　ドントゥ　イートゥ ローエッグ　　　　ユーキャン　　スティル イートゥ

without using it.
ウィズアウトゥ　　ユーズィング イットゥ

(Point)「（お客様が）食べられない」と言う場合は、**can't**は使わず**don't**を使うほうがよいでしょう。

私がおつくりしましょうか?

Shall I cook it for you?
シャルアイ　　クック　　イットゥ フォーユー

うどんは最後に入れてください。

Please put *udon* in last.
プリーズ　　　プットゥ　ウドン　　　イン　ラーストゥ

お肉か野菜の追加注文はございますか？

Would you like more meat or vegetables?
ウッジュー　　　　　ライク　モァ　　　ミートゥ　オァ　ヴェジタブルズ

しゃぶしゃぶ

しゃぶしゃぶ鍋で薄切りの牛肉をすばやくお湯に通します。

Dip sliced beef quickly in boiling water
ディップ　スライストゥ　ビーフ　　クイックリィ　イン　ボイリング　　ウォーター

in a *shabu-shabu* pot.
インナ　シャブシャブ　　　　　　パットゥ

肉や野菜に火が通ったら、たれにつけて食べます。

When cooked, the pieces of meat
ウエン　　　クックトゥ　　　ダ　　ピースィズ　　オヴ　ミートゥ

and vegetables are eaten dipped in the sauce.
アンドゥ　ヴェジタブルズ　　アー　イートゥン　ディプトゥ　　イン　ダ　　ソース

ポン酢とごまだれの2つをご用意しています。

We serve both sauce with *ponzu* vinegar
ウィー　サーヴ　ボウス　ソース　　ウィズ　ポンズ　　ヴィネガー

and sesame sauce.
アンドゥ　セサミィ　　　ソース

こちらはとうがらし、わけぎ、大根おろしです。

They are hot pepper, green onion,
デイアー　　　　ハットゥ　ペッパー　　　グリーン　　アニィアン

and grated *daikon* radish.
アンドゥ　グレイテッドゥ　ダイコン　　ラディッシュ

これらを、お好きなようにたれに入れてください。

Please put them in the sauce as you like.
プリーズ　プットゥ　テム　　イン　ダ　　ソース　　アズ　ユー　　ライク

ステーキハウス

黒毛和牛のサーロインが人気です。

Japanese black beef sirloin steak is popular.
ジャパニーズ　ブラック　ビーフ　サーロイン　ステイク　イズ　ポピュラァ

(Point) 海外では黒毛和牛を**Japanese black beef**と言っています。最近では、*Kuroge wagyu*という表現でも伝わることが多くなってきました（次のフレーズも参照）。

黒毛和牛は濃厚なうまみと柔らかさが特徴です。

Kuroge wagyu is known for its rich flavor
クロゲワギュウ　　　イズ　ノウン　　　フォー　イッツ　リッチ　フレイヴァ

and tenderness.
アンドゥ　テンダァネス

お肉だけでなく新鮮な魚介と野菜もご賞味ください。

Please enjoy not only meat
プリーズ　　エンジョイ　ノットゥ　オンリィ　ミートゥ

but also fresh seafood and vegetables.
バットゥ　オールソゥ　フレッシュ　スィーフードゥ　アンドゥ　ヴェジタブルズ

当店は最高級Aランクの黒毛和牛を取り揃えました。

We serve the highest A rank Japanese beef.
ウィー　サーヴ　ダ　ハイエストゥ　エイランク　ジャパニーズ　ビーフ

お客様の前で調理します。

We cook it in front of you.
ウィー　クック　イットゥイン　フロントゥ　オヴ　ユー

ステーキの焼き加減はどうなさいますか?

How would you like your steak?
ハウ　ウッジュー　ライク　ユァ　ステイク

とても新鮮なので、レアで召し上がることをおすすめします。

It's so fresh that we recommend eating it rare.
イッツ　ソウ　フレッシュ　ダットゥ　ウィー　リコメンドゥ　イーティング　イットゥ　レア

焼き肉店

火をつけますね。

Let me light it.
レットゥミー　　　ライトゥ　　イットゥ

お客様ご自身で焼いてください。

Please cook it yourself.
プリーズ　　　　クック　　　イットゥ ユアセルフ

まず最初に、鉄板がしっかり加熱されるまでお待ちください。

Please wait for the iron griddle
プリーズ　　　　ウェイトゥ フォー ディ　　アイアン　グリドゥル

to heat up thoroughly first.
トゥ　ヒートゥ　　アップ サーロォゥリィ　　　　ファーストゥ

Point 焼肉店で使われている「焼き網」は mesh grill（メッシュグリル）、あるいは単に grill と言います。

肉や野菜を網に置いてください。

Place the meat and vegetables on the grill.
プレイス　ダ　　ミートゥ　　アンドゥ　ヴェジタブルズ　　　　オン　ダ　　　グリル

Plus ① 肉や野菜を網に乗せるときは、トングをお使いください。
Please use these tongs when placing meat or vegetables on the grid.
プリーズ　　ユーズ ディーズ　トングズ　ウエン　プレイスィング ミートゥ オァ ヴェジタブルズ　　　オン ダ　グリッドゥ

肉に火が通ったら、こちらのたれをつけて召し上がってください。

Enjoy the meat with this sauce
エンジョイ　ダ　　　ミートゥ　　ウィズ　　ディス　　ソース

when it's cooked.
ウエン　　　　イッツ　クックトゥ

サンチュという葉野菜で肉をくるんで食べます。

Sanchu is a vegetable leaf for wrapping meat.
サンチュ　　　イズ ア ヴェジタブル　　　リーフ フォー ラッピング　　　　ミートゥ

新しい網に交換いたします。

Let me replace the grill with a new one.
レットゥミー　　　リプレイス　　ダ　　　グリル　　ウィズ　ア ニュー　　　ワン

118

中華料理店・ラーメン店

お料理5品で、税込み5,000円のコースをおすすめします。

We recommend the five courses
ウィー　レコメンドゥ　　　　ダ　　ファイヴ　コースィズ

for five-thousand yen including tax.
フォー　ファイヴタウザンドゥ　　　　イェン　インクルーディング　タックス

少し脂っぽいです。大丈夫ですか?

It's a little oily. Is it all right?
イッツ　ア　リトゥル　オイリィ　イズィットゥ　オールライトゥ

醤油、塩、味噌味から選んでください。

Please select from soy sauce, salt,
プリーズ　セレクトゥ　フロム　ソイソース　　　　ソールトゥ

or *miso*-flavored ramen.
オァ　ミソフレイヴァードゥ　　　　ラーメン

麺は細麺、太麺から選ぶことができます。

You can choose thin noodles or thick ones.
ユーキャン　　　　チューズ　　　スィン　ヌードルズ　　　オァ　スィック　ワンズ

麺だけの追加オーダーができます。

You can order more noodles.
ユーキャン　　　オーダー　　モァ　ヌードルズ

当店の特製ギョウザはいかがですか?

How about our special dumplings?
ハウアバウトゥ　　　　アウァ　スペシャル　　　　ダンプリングズ

Plus ① 当店では焼き餃子、蒸し餃子、水餃子をご提供しています。
We offer pan-fried, steamed, and boiled *gyoza*.
ウィー　オファー　ペァンフライドゥ　　スティームドゥ　アンドゥ　ボイルドゥ　ギョーザ

お好みでコショウを使ってください。

You can flavor it with pepper.
ユーキャン　　　　フレイヴァー　イットゥ　ウィズ　　ペッパー

[言替単語] ●酢　**vinegar**（ヴィネガァ）
　　　　　　●ラー油　**hot sesame oil**（ハットゥ セサミ オイル）

3

飲食店

……

店・料理別フレーズ

対応

トラブル・クレームなど

● トラブル発生

> ちょっとすみません!
> # Excuse me!
> エクスキューズミー

はい。何かございますか?
Yes. What can I do for you?
イェス　ホワットゥ　キャナイ　ドゥ　フォーユー

● オーダーミス

> この料理は頼んでいません。
> # I didn't order this.
> アイ　ディドゥントゥ　オーダー　ディス

ご注文はテリヤキチキンセットではありませんか?
Isn't your order the *Teriyaki* chicken set?
イズントゥ　ユァ　オーダー　ダ　テリヤキ　チキン　セットゥ

◆ 「この料理は頼んでいません」と言うときの表現

外国のお客様が、注文したものと違う料理が出された際の言い方を、聞き取りの参考としていくつか紹介します。日本語での意味はほぼ同じと考えてよいでしょう。

I don't think I ordered this.
アイ ドントゥ スィンク アイ オーダードゥ ティス

This is not what I ordered.
ティス イズ ノットゥ ホワットゥ アイ オーダードゥ

This isn't mine.
ティス イズントゥ マイン

Sorry, but it's not mine.
ソーリィ バットゥ イッツ ノットゥ マイン

I think you got my order wrong.
アイ スィンク ユー ゴットゥ マイ オーダー ゥロング

たいへん申し訳ございません。注文を間違えておりました。

I'm very sorry. We made an order mistake.
アイム　ヴェリィ　ソーリィ　　ウィー　メイドゥ　　アン　オーダー　　ミステイク

ご注文の料理をすぐにお持ちします。

I'll bring your order right away.
アイル ブリング　ユァ　　オーダー　　ライトゥアウェイ

● **数の間違い**

> 頼んだのは2人分です。1人分しかないのですが。
> ## We ordered for two. There's only one.
> ウィー　オーダードゥ　フォー トゥー　　デァーズ　　オンリィ　ワン

失礼しました。数を間違えておりました。

I'm sorry.
アイム　ソーリィ

I got the numbers wrong on your order.
アイ ガットゥ　ダ　　ナンバーズ　　ゥロング　　オン　ユァ　　オーダー

● **料理の遅れ**

> 料理はまだですか?
> ## Where is my food?
> ウエァリズ　　　　マイ　　フードゥ
> 注文した料理がまだ来ません。
> ## My order hasn't come yet.
> マイ　　オーダー　　ハズントゥ　　カム　　　イェットゥ

確認してまいります。

I'll go and check.
アイル ゴウ　アンドゥ　チェック

Plus ① **I'll see what's happened.** ※同じ意味で使えます。
アイル スィー　ホワッツ　ハプンドゥ

見落としておりました。

We missed your order.
ウィー　ミストゥ　　ユァ　　オーダー

すぐにご注文の料理をお持ちします。

I'll be right back with your meal.
アイル　ビィ　ライトゥ　バック　ウィズ　ユァ　ミール

 Plus ① お客様のご注文はすぐにまいります。
Your order will be right out.
ユァ　オーダー　ウィルビィ　ライトゥ　アウトゥ

遅くなり申し訳ございません。

I'm sorry for the delay.
アイム　ソーリィ　フォー　ダ　ディレイ

● 料理や食器についての苦情

> スープが冷たいのですが。
> ## My soup is cold.
> マイ　スープ　イズ　コウルドゥ

 申し訳ございません。別のものをお持ちします。

I'm sorry. I'll bring you another one immediately.
アイム　ソーリィ　アイル　ブリング　ユー　アナダー　ワン　イミディエイトゥリィ

> ワイングラスにひびが入っています。
> ## This wine glass has a crack.
> ディス　ワイン　グラース　ハズ　ア　クラック

 申し訳ございません。別のワイングラスをお持ちします。

I'm sorry. I'll bring another wine glass.
アイム　ソーリィ　アイル　ブリング　アナダー　ワイン　グラース

> 髪の毛が入っています。
> ## There is a piece of hair in it.
> デアリズ　ア　ピース　オヴ　ヘァ　イン　イットゥ

 たいへん申し訳ありません。今すぐに、新しいものをお持ちいたします。

I'm terribly sorry. I'll bring a new one immediately.
アイム　テリブリィ　ソーリィ　アイル　ブリング　ア　ニュー　ワン　イミディエイトゥリィ

Point **terribly** は「たいへんに〜」という意味です。**very** よりフォーマルで丁寧かつより強いおわびの気持ちを表します。

3

飲食店

……

トラブル・クレームなど

● **飲み物をこぼされたり、食器を落とされたとき**

> すみません、飲み物をこぼしてしまいました。
> # Excuse me, I spilled my drink.
> エクスキューズミー　　アイ　スピルドゥ　　マイ　　ドゥリンク

お洋服は大丈夫ですか?
Are your clothes OK?
アーユア　　　　クローズ　　オウケイ

こちらをお使いください。〈タオルや布巾などをお渡しするとき〉
Please use this.
プリーズ　　ユーズ　ディス

> 箸を落としてしまいました。
> # I dropped my chopsticks.
> アイ　ドゥロップトゥ　　マイ　　チョップスティックス

すぐ新しいものをお持ちします。
I'll bring you some new ones right away.
アイル　ブリング　　ユー　　サム　　　ニュー　　ワンズ　　ライトゥアウェイ

● **テーブル移動**

> すみません。もっと静かな席に移動できませんか?
> # Excuse me.
> エクスキューズミー
> # Could you please move us to a quieter table?
> クッジュー　　　　　プリーズ　　ムーヴ　　アス　トゥ　ア　クワィエッター　テイブル

ほかにお席が空いているか確認してまいります。
Let me check if there are any tables available.
レットゥミー　　チェック　　イフデァラー　　エニィ　テイブルズ　　アヴェイラブル

Plus ① お席がございました。ご案内いたします。
There is one available. Please follow me.
デァリズ　　ワン　アヴェイラブル　　プリーズ　ファロウ　ミー

お飲み物とお食事をすぐにお持ちします。

I'll bring your drinks and food right away.
アイル　ブリング　　ユァ　　　　ドゥリンクス　　アンドゥ　フードゥ　　ライトゥアウェイ

●店内温度について

とても寒いのですが。エアコンを弱くしてくれませんか？

I'm really cold.
アイム　　リアリィ　　コウルドゥ

Can you turn down the air conditioner?
キャンユー　　　　　ターン　　ダウン　　　ティ　エアカンディッショナー

(Point)「エアコンを強くする（設定温度を上げる）」と言うときは **turn up**（ターン　アップ）を使います。

ひざかけ毛布をお持ちしましょうか？

Should I bring you a lap blanket?
シュッダイ　　　　ブリング　ユー　ア　ラップ　ブランケットゥ

あちらのテーブルに移動されますか？

Do you want to move to a different table?
ドゥーユー　　　　　ウォントゥー　　　ムーヴ　　トゥ　ア　ディフェレントゥ　　テイブル

(Point) **Should I** ～は丁寧でややフレンドリーな表現になります。また、よりフォーマルな表現を使うのであれば「提案」を表す **Shall I** ～を使ってもよいでしょう。

●予約ミス

申し訳ございませんが、お名前が見あたらないようです。

I'm afraid I can't find your name.
アイム　アフレイドゥ　アイ　キャントゥ　ファインドゥ　ユァ　　　ネイム

たいへん申し訳ありません。すぐにお席をご用意いたします。

I'm very sorry.
アイム　　ヴェリィ　　ソーリィ

We'll prepare your table right away.
ウィール　　プリペアー　　　　ユァ　　テイブル　　ライトゥアウェイ

少々お待ちいただけますでしょうか？

Would you please wait just a moment?
ウッジュー　　　　　　プリーズ　　　　ウェイトゥ　ジャストゥ　ア　モウメントゥ

● いろいろなおわび表現

ご迷惑をおかけして本当に申し訳ございません。

I sincerely apologize for your inconvenience.
アイ スィンスィアリィ　アパロジャイズ　　フォー　ユア　　　インコンヴィーニエンス

デザートを無料でサービスさせていただきます。

We'll bring you a dessert free of charge.
ウィール　　ブリング　　ユー　ア ディザートゥ　　フリー　オヴ チャージ

お出しできませんでした料理の代金はいただきません。

We won't charge you for the items
ウィー　ウォントゥ　　チャージ　　　ユー　　フォー ディ　アイテムズ

that weren't served.
ダットゥ　ワーントゥ　　サーヴドゥ

本日のお代は頂戴しません。

We won't charge you today.
ウィー　ウォントゥ　チャージ　　　ユー　　トゥデイ

● お客様への注意

恐れ入りますが、店内での携帯電話の使用はご遠慮ください。

We're sorry, but please refrain
ウィアー　　ソーリィ　　バットゥ ブリーズ　　リフレイン

from using your cell phone here.
フロム　ユーズィング ユア　　セル　フォウン　　ヒア

Point cell phoneはアメリカ英語。イギリス英語では、一般的にmobile phone（モバイル フォウン）と言います。

当レストランにはドレスコードがあります。

There is a dress code in our restaurant.
デアリズ　　　ア　ドゥレス　　コウドゥ　イン アウア　レストゥラントゥ

男性はジャケットとネクタイを、女性はスマートドレスをご着用ください。

Jacket and tie for men and smart dress for women.
ジャキットゥ アンドゥ タイ フォー メン　アンドゥ スマートゥ ドゥレス フォー ウィメン

Point smart dressは、会食やパーティー、場合によっては仕事で着用する装いを意味するドレスコードです。ファッショナブルでありながら派手になりすぎず、体にも楽な服装を指します。

125

Part 3 飲食店の接客・案内フレーズ

会計をする

● 会計の場所

> お会計をお願いします。
> # May I have the check, please?
> メイアイ　ハヴ　ダ　チェック　プリーズ

会計はお席で承ります。ただ今伝票をお持ちします。

Please pay at your table. I'll bring the check.
プリーズ　ペイ　アットゥ　ユア　テイブル　アイル ブリング　ダ　チェック

(Point) 会計の伝票のことを、一般的にアメリカ英語では **check**、イギリス英語では **bill**（ビル）と言います。

会計はレジでお願いします。

Please pay at the cashier.
プリーズ　ペイ　アットゥ ダ　キャッシィア

伝票をお持ちいただけますか?

Could you please bring the check?
クッジュー　プリーズ　ブリング　ダ　チェック

● お支払いについて

お会計はご一緒ですか?

Are you paying together?
アーユー　ペイイング　トゥギャダァ

お会計は別々ですか?
Will these be separate checks?
ウィル　ディーズビィ　セパレイトゥ　チェックス

> 会計を2人別々でお願いします。
> # Two separate bills, please.
> トゥー　セパレイトゥ　ビルズ　プリーズ

パスタセットの方は1,500円いただきます。

It comes to one thousand five hundred yen
イットゥ カムズ　　　トゥ　　ワン ダウザンドゥ　　　　　ファイヴ ハンドゥレッド　　　　イェン

for the pasta set.
フォー　ダ　　パァスタ　セットゥ

合計金額を4人で割ると、お1人1,800円となります。

Dividing the total price by four, it comes to
ディヴァイディング　ダ　　トゥタル　　プライス　　バイ　フォーァ　イットゥ カムズ　　　トゥ

one thousand eight hundred yen per person.
ワン タウザンドゥ　　　　　エイトゥ ハンドゥレッドゥ　　　イェン　　パァ　　パースン

●チップ・クーポン券

ありがとうございます。でも、チップは不要でございます。

Thank you, but tipping is unnecessary.
サンキュー　　　　バットゥ　ティッピング　　イズ アンネセサリィ

お支払い額にすべて含まれております。

Everything is included on the bill.
エヴリィスィング　　　　イズ インクルーディッドゥ　オン　ダ　　　ビル

このクーポンで次回のお食事が20%引きになります。

Please use this coupon
プリーズ　　　ユーズ　ディス　　キューポン

to get twenty percent off your next meal.
トゥ ゲットゥ トゥウェンティ　　パーセントゥ　　オフ　ユア　　ネクストゥ ミール

(Point) coupon は支払い額が割引される券やクーポンのこと。ちなみに、voucher（ヴァウチャー）は決められた商品やサービスなどが無料になる引換券のことです。

このプロモーションコードでお食事代が200円引きになります。

You can use this promo code to
ユーキャン　　　ユーズ　ディス　プロモコウドゥ　　　　　トゥ

get two hundred yen off your meal.
ゲットゥ　トゥー ハンドゥレッドゥ　　　イェン　オフ　ユア　　ミール

(Point) promo code は販売促進のために、商品やサービスをオンラインで割引販売するときに使われる文字コードのこと。promo は promotion の略です。

Part 3　飲食店の接客・案内フレーズ

お見送り

● お見送りのあいさつ

お食事はいかがでしたか？

How was everything?
ハウ　　ワズ　　エヴリィスィング

お食事はお楽しみいただけましたか？

Did you enjoy your meal?
ディッジュー　　エンジョイ　　ユァ　　ミール

喜んでいただけて嬉しいです。

I'm glad you liked it.
アイム　グラッドゥ　ユー　　ライクトゥ　イットゥ

またのお越しをお待ちしています。

We're looking forward to serving you again.
ウィアー　　ルッキング　　フォーワードゥ　トゥ　サーヴィング　ユー　アゲン

● 忘れ物

お忘れ物はございませんか？

Please make sure you have everything.
プリーズ　　メイク　　シューァ　ユー　ハヴ　エヴリィスィング

(Point) とても丁寧な表現です。

傘をお忘れにならないようお願いします。

Please don't forget your umbrella.
プリーズ　　ドントゥ　　フォーゲットゥ　ユァ　　アンブレラ

(Point) forget を用いる場合は、後ろに場所を表す語は使いません。

お客様、ここに手袋をお忘れですよ。

Excuse me, you left your gloves here.
エクスキューズミー　　ユー　　レフトゥ　ユァ　　グラーヴズ　　ヒァ

Part
4

販売店の
接客・案内フレーズ

販売店サービスのポイント

⑦ Part3 の構成と店頭販売サービスのポイント

小売店など販売業におけるサービスについて、本章では次のような流れに沿ってフレーズを紹介していきます。章の後半では、販売店や商品別のフレーズページも設けてあります。

迎える	お客様には明るくにこやかに声かけをしましょう。ただし、意味のない照れ笑いは避けます。店先に"welcome"など歓迎の言葉を掲げると、喜ばれます。

対 応

●**商品の説明**
使い方の説明が必要な商品や海外であまり使われていない商品には、あらかじめ使い方についての写真や説明書きを準備しておくと、伝えやすいでしょう。短い説明をPOPにしておくのも効果的です。

●**見本・試食**
見本品を置いておくと、お客様の安心感も増します。食料品売り場などでは、試食が喜ばれます。

●**商品名などの表記**
商品名は多言語で表記すると喜ばれます。「手を触れないでください」といった禁止表記も、英語を含めた多言語表記にするとよいでしょう。

●**価格について**
外国からのお客様の中には、値引きが当然と考えている方もいらっしゃいます。値引きができない場合は、笑顔ではっきりとできないと伝えることも大切です。
消費税や細かい値引き計算などの数字のやりとりは、間違いのないように、慌てず丁寧に発音するようにしましょう。発音ミスや言い間違いがトラブルのもとになる場合もあります。電卓を活用したり、数字を書いて示すなど、誤解を招かない工夫が必要です。

プレゼントを自分でラッピングをする文化のある国では、包装を有料と考えているお客様もいらっしゃるので、無料の場合はそのことを伝えましょう。

あいさつは積極的に

日本では、あまり干渉しないようにと、お客様に無理に声かけをしないことも多いのですが、外国からのお客様がいらした際は、Hello. やGood morning. など、簡単でよいので、ぜひ相手の顔を見ながら笑顔であいさつをしましょう。そうすることで、「自分に好意的だ」と安心してショッピングを楽しんでもらうことができます。

商品の説明は多言語表記が効果的。注意事項は、特定の言語だけでなく、英語や日本語とともに複数の言語を並列表記するようにしましょう。

店頭で

● お客様へのお声がけ

どうぞお入りください。

Hello. Please come in.
ヘロゥ　　　　ブリーズ　　　　カムイン

見るだけでもどうぞ。

Please look around.
ブリーズ　　　　ルック　　　　アラウンドゥ

何かお手伝いしましょうか?

Can I help you?
キャナイ　　　ヘルプ　　ユー

Point 商品を見比べて迷っているお客様を見かけたときなどに使うとよい表現。**Shall I help you?**は、棚の商品が取れない場合など、お客様の困っているときに使うとよいでしょう。**May I help you?**(➡P.34) は、ほぼどのような状況でも使えます。

ご用件はうかがっておりますか?

Is someone helping you?
イズ サムワン　　　　　　ヘルピング　　　ユー

Plus ① **Have you been helped?** ※同じ意味で使えます。
ハヴユー　　　ビィン　　ヘルプトゥ

何をお探しですか?

What kind of items are you looking for?
ホワットゥ　　カインドゥ オヴ アイテムズ　アーユー　　　ルッキング　　　フォー

どうぞご自由にご覧ください。

Please take your time and look around.
ブリーズ　　　テイク　　ユァ　　　タイム　　アンドゥ ルック　　アラウンドゥ

words **look around** 見て回る

Point 「お楽しみください」**Please enjoy.** と言い添えると、さらによいですね。

どうぞ商品を**お手に取ってみてください**。

Please feel free to pick up the items.
プリーズ　　　　フィール　フリィートゥ　　　ピック　　アップ ディ　　　アイテムズ

［言替単語］●試着してみてください　**try on items**（トゥライ オン アイテムズ）

● **声をかけられたら**

> ちょっと、すみません。
> # Excuse me.
> エクスキューズミー

すぐにおうかがいいたします。

I'll be with you in a minute.
アイルビィ　　ウィズユー　　　　インナ　ミニットゥ

> こちらに乾電池はありますか?
> # Do you have batteries here?
> ドゥーユー　　　ハヴ　　　バットゥリーズ　　ヒア

レジのすぐそばにあります。

They're beside the cashier.
デイアー　　　　ビサイドゥ　　　ダ　　キャッシィア

乾電池でしたら**あちらに**ございます。

You'll find batteries over there.
ユール　　　ファインドゥ バットゥリーズ　　オウヴァ　　デア

［言替単語］●棚の上に　**on the shelf**（オン ダ シェルフ）

それは奥の通路の、いちばん端にあります。

It's in the back at the end of the aisle.
イッツ　インダバック　　　　　アットゥ ディ　　エンドゥ　オヴ ディ　　アイル

words ▶ **in the back** （店などの）いちばん奥の（に）、後ろの（に）
at the end of ～ ～のいちばん端（はじ）に

ご案内します。こちらへどうぞ。

I'll show you. This way, please.
アイル ショウ　　　ユー　　　ディス　ウェイ　　プリーズ

商品についての基本的な対応

●購入目的について

お客様ご自身用ですか?

Is it for yourself?
イズィットゥ フォー　ユアセルフ

これはどなたへのものですか?

May I ask who this is for?
メイアイ　　アスク　フー　　ディスィズ　　フォー

プレゼント用ですか?

Is it a present for someone?
イズィットゥ ア　プレゼント　　　フォー　サムワン

Plus ① **Is it for a gift?** ※同じ意味で使えます。
イズィットゥ フォー ア ギフトゥ

その方 (贈り先) はおいくつですか?

How old is he?
ハウオウルドゥ　　　イズ　ヒー

Point 女性の場合は、**he** を **she** に変えます。

旅の記念品をお探しですか?

Are you looking for souvenirs?
アーユー　　　　ルッキング　　フォー スーヴェニァーズ

日常お使いになる品ですか?

Would you like everyday items?
ウッジュー　　　　ライク　エヴリィデイ　　　　アイテムズ

Point 日常使う商品は、「日用品」daily use items (デイリィ ユーズ アイテムズ) や「生活必需品」daily necessities (デイリィ ネセシティーズ) とも言います。

何か気に入ったものはありましたか?

Is there anything you like?
イズデア　　　エニィスィング　　　ユーライク

● デザイン・色などの希望について

特にお目当ての品はございますか?

Are you looking for anything in particular?
アーユー　　　　ルッキング　　　　フォー　エニィスィング　　　イン　パァティキュラー

どのようなデザインのものをお探しですか?

What type of design are you looking for?
ホワッタイプ　　　　オヴ　ディザイン　　　アーユー　　　　ルッキング　　　フォー

お客様は何色がお好きですか?

What color do you like?
ホワットゥ　　　カラー　　　ドゥーユー　　　ライク

ご希望のブランドはございますか?

Do you have any favorite brands?
ドゥーユー　　　　ハヴ　　　エニィ　　　フェイヴァリィットゥ　ブランズ

［言替単語］ ●メーカー　**manufacturer**（マニュファクチュラー）

● 在庫確認

在庫を確認してまいります。

Let me check if we have any more in stock.
レットゥミー　　　チェック　　　イフ　ウィー　ハヴ　　　エニィ　　モア　　　　イン　ストック

すぐに戻ります。少々お待ちください。

I'll be right back. Wait a moment, please.
アイル　ビィ　ライトゥバック　　　　　ウェイトゥ　ア　モウメントゥ　　　　ブリーズ

Plus ① すぐにお持ちします。（在庫がある場合）
I'll get that for you now.
アイル　ゲットゥ　ダットゥ　フォーユー　　ナゥ

お待たせいたしました。

Thank you for waiting.
サンキュー　　　　　　フォー　ウェイティング

これでよろしいですか?

Is this alright with you?
イズディス　　　オールライトゥ　　ウィズユー

こちらの商品は7月2日に入荷する予定です。

This item will arrive on July second.
ディス　アイテム　ウィル　アライヴ　オン　ジュライ　セカンドゥ

それは数日中に入荷する予定です。

It'll come in within a few days.
イトゥル　カムイン　ウィズイン　ア　フュー　デイズ

(Point) ここでの **come in** は、店員が「（商品が）お店に入る」という意味で使っています。

今、店頭に出ている品だけになります。

We only have the one on display.
ウィー　オンリィ　ハヴ　ダ　ワン　オン　ディスプレイ

これらの商品は現在品切れです。

These items are currently out of stock.
ディーズ　アイテムズ　アー　カレントゥリィ　アウトゥ　オヴ　ストック

Plus ① そちらは売り切れです。
They are all sold out.
デイアー　オールソウルドゥ　アウトゥ

お取り寄せができます。

We can back-order that for you.
ウィーキャン　バックオーダー　ダットゥ　フォーユー

明後日には入荷可能です。

It'll be available the day after tomorrow.
イトゥル　ビィ　アヴェイラブル　ダ　デイ　アフタァ　トゥマロウ

いかがなさいますか？

What would you like to do?
ホワットゥ　ウッジュー　ライク　トゥ　ドゥ

お取り置きしますか？

Would you like to set it aside?
ウッジュー　ライク　トゥ　セッティットゥ　アサイドゥ

申し訳ございませんが、当店では取り扱っておりません。

I'm sorry, but we don't have that.
アイム　ソーリィ　バットゥ　ウィー　ドントゥ　ハヴ　ダットゥ

● 予算について

ご予算はおいくらですか?

What's your price range?
ホワッツ　　　ユァ　　プライス　　レンジ

もう少し手頃なものがよろしいですか?

Would you like the less expensive one?
ウッジュー　　　　　ライク　ダ　　レス　　エクスペンスィヴ　　　ワン

こちらは品質がよく、値段も手頃です。

This is high-quality and reasonably priced.
ディスィズ　　　ハイクワリティ　　　　アンドゥ　リーズナブリィ　　　プライストゥ

● 値引きについて

値引きしていただけますか?

Can you give me a discount?
キャンユー　　　ギヴミー　　ア　ディスカウントゥ

そうですね、5%値引きできます。

Well, we can take off five percent.
ウェル　　ウィーキャン　テイクオフ　　　ファイヴ　パーセントゥ

現金払いでしたら10%引きにいたします。

If you pay in cash,
イフ ユー　　ペイ　イン キャッシュ

we can give you ten percent off.
ウィーキャン　ギヴユー　　　テン　パーセントゥ　　オフ

価格から500円お引きいたします。

We'll give you a five hundred yen discount.
ウィール　　ギヴ　　ユー　ア ファイヴ ハンドゥレッドゥ　　　イェン　ディスカウントゥ

申し訳ありませんが、値引きはできません。

I'm sorry, but we can't discount.
アイム　ソーリィ　　　バットゥ　ウィーキャントゥ　ディスカウントゥ

対応

商品をすすめる

● 品物を提案する

こちらはいかがでしょうか?

How about this one?

ハウアバウトゥ　　　　　　ディス　　ワン

素敵でしょう?

It's nice, isn't it?

イッツ　ナイス　　　イズントゥ　イットゥ

(Point) niceは、「軽い」light（ライトゥ）、「柔らかい」soft（ソフトゥ）、「香りがよい」nice fragrance（ナイス フレイグレンス）、「よい」good（グッドゥ）、「運びやすい」easy to carry（イーズィ トゥ キャリィ）、「豪華な、すばらしい」gorgeous（ゴージャス）など、いろいろな言葉に差し替えることができます。

色違いの商品もございます。

We have this in another color, too.

ウィー　ハヴ　　　ディス　イン アナダー　　　　カラー　　　トゥー

試着してみてください。（➡「試着」P.148）

Please try it on.

プリーズ　　　　　トゥライ イットゥ オン

(Point) 洋服や小物など身につけるものに使います。靴など2つで1組の場合はPlease try them on?（プリーズ トゥライ デム オン）と複数形にします。

お客様によくお似合いだと思いますよ。

I think it'll look good on you.

アイ スィンク　　　　イトゥル ルック　　　グッドゥ　　　オンユー

(Point) look good on youは「あなたにお似合い」という意味です。

ワンランク上のお品はいかがでしょう?

How about something a little nicer?

ハウアバウトゥ　　　　　　サムスィング　　　　ア　リトル　　　ナイサー

これに似たものがよろしいですか?

Do you want something similar to this?

ドゥーユー　　　ウォントゥ　サムスィング　　　　　スィミラー　　　トゥ　ディス

いかがでしょうか?

How do you like it?

ハウ　　　ドゥーユー　　ライクイットゥ

● 人気の商品について

人気の商品はどれですか?

Which one is a popular product?

ウイッチ　　　　ワン　　　イズ　ア　ポピュラァ　　　　プロダクトゥ

一番人気はこちらです。

This is the most popular one.

ディスイズ　　　ダ　　　モウストゥ　　ポピュラァ　　　　ワン

こちらは定番商品です。

It's our basic item.

イッツ　　アウァ　　ベイスィック　　アイテム

(Point) basic item は、regular item、standard item と言ってもよいでしょう。また、業界用語で staple product という言い方もあります。

今、もっとも話題の商品です。

It's the hottest item this season.

イッツ　ダ　　　ハッティストゥ　　アイテム　ディス　スィーズン

10代の方に人気の商品です。

It's popular especially for teenagers.

イッツ　ポピュラァ　　　　イスペシャリィ　　　　フォー　ティーンネイジャーズ

[言替単語]　●若い女性　young women（ヤング ウイメン）
　　　　　　●熟年の方　elderly people（エルダァリィ ピープル）
　　　　　　●学生　students（ストューデンツ）

今年流行しているカラーです。

This color is the most popular one this year.

ディス　　カラー　　イズ ダ　　　モストゥ　　ポピュラァ　　　ワン　　　ディス　イアー

● 新製品について

こちらは新製品です。

It's the latest model.
イッツ　ダ　　レイティストゥ　マドゥル

....

入荷したばかりの品です。

It has just arrived.
イットゥ ハズ　　ジャストゥ アライヴドゥ

Plus① 本日発売です。
It's on sale today.
イッツ オン セイル トゥデイ

● 希少価値のある品について

こちらは希少品です。

It's a limited item.
イッツ　ア リミティッドゥ　　アイテム

....

こちらは一点ものになります。

This is the only one of its kind.
ディスィズ　　ディ　　オンリィ　ワン　　オヴ イッツ カインドゥ

....

この商品は期間限定販売品です。

This one is on sale for a limited time offer.
ディス　　ワン　　イズ オン　セイル　フォー ア リミティッドゥ　　タイム　　オファー

Plus① これは数量限定商品です。
This is a limited quantity product.
ディスイズ　ア リミティッドゥ クォンティティー プロダクトゥ

これらの商品は、この地域の限定品です。
These products are limited to this region.
ディーズ　プロダクツ　　アー　リミティッドゥ トゥ ディス リージョン

....

最後の1点です。

This is the last one.
ディスィズ　ダ　　ラーストゥ ワン

....

品切れになりつつあります。

We're running out of stock.
ウィアー　　　ラニング　　　アウトゥ オヴ ストック

words run out （在庫品などが）つきる、終わる

● 値頃感をアピール

こちらは値下げ品です。

These are discounted items.
ディーズ　アー　ディスカウンティドゥ　アイテムズ

ワゴンの中はすべてセール品です。

All items in the cart are on sale.
オール　アイテムズ　イン ダ　カートゥ　アー　オン　セイル

お買い得品です。

It's a good deal.
イッツ　ア　グッドゥ　ディール

Point deal は、ここでは「取引」という意味で使われています。接客英語では「安い」cheap という語はあまり言いません。お客に対して失礼な言葉になりかねません。

Plus ① ただ今、お安くなっております。
It's reasonably priced now.
イッツ リィズナブリィ　プライストゥ ナゥ

表示価格からすべて30%引きです。

All the goods are thirty percent off the list price.
オールダ　グッズ　アー　サーティ　パーセントゥ　オフ ダ　リストゥ プライス

赤い札の商品がバーゲン価格です。

The goods with red tags are bargain priced.
ダ　グッズ　ウィズ　レッドゥ　タッグズ　アー　バーゲン プライストゥ

まとめてご購入の場合は値引きします。

Discounts available for bulk purchase.
ディスカウンツ　アヴェイラブル　フォー　バーク　パーチェス

words bulk　ひとまとめ、一括にすること

Plus ① 3点で 1,000 円です。
It's three for one thousand yen.
イッツ スリー　フォー ワン　タウザンドゥ　イェン

これらの商品は**展示品**ですので、値引きいたします。

These items are on display and will be discounted.
ディーズ　アイテムズ アー　オン　ディスプレイ　アンドゥ ウィルビィ　ディスカウンティッドゥ

［言替単語］ ●旧モデル　**old model** (オウルドゥ マドゥル)

日本の最高級ブランドです。

It's a Japanese leading brand.
イッツ　ア ジャパニーズ　　　リーディング　　　ブランドゥ

これらは高級品です。

These are luxury items.
ディーズ　　　アー　　ラグジュアリィ　アイテムズ

本当に強くて丈夫です。

It's very strong and tough.
イッツ　ヴェリィ　ストゥロング　アンドゥ タフ

［言替単語］ ●長持ちする　durable（デュラブル）

(Point) **strong and tough** は、ものや体などが「強い、丈夫、頑丈」であることを表す慣用的な言い回しです。

安全に関する国際基準を満たしています。

This product meets the international safety standards.
ディス　プロダクトゥ　ミーツ　ディ　インタァナショナル　　　セイフティ スタンダーズ

一生ものです。

It'll last a lifetime.
イトゥル ラーストゥ ア ライフタイム

words last 続く、継続する

Plus ① この商品は長持ちします。
This product is long-lasting.
ティス　　プロダクトゥ　　イズ ロングラスティング

それは取り扱いが簡単です。

It's easy to handle.
イッツ　イーズィトゥ　　　ハンドゥル

Plus ① これは使いやすいですよ。
This is easy to use.
ティスィズ　イーズィ　トゥ ユーズ

定期的なメンテナンスは簡単です。

Regular maintenance is easy.
レギューラ　　　　メントゥナンス　　　　イズ イーズィ

軽くて簡単に持ち歩けます。

It's light and easy to carry around.
イッツ　ライトゥ　アンドゥ　イーズィ　トゥ　キャリィ　　アラウンドゥ

どの年齢層の方にもお使いいただけます。

It can be used for all age groups.
イットゥ　キャンビィ　　　　ユーズドゥ　フォー　オール　エイジ　　グループス

● プレゼントとしておすすめする

定番のギフト商品です。

It's our standard gift item.
イッツ　　アウァ　　スタンダードゥ　　　　ギフトゥ　アイテム

当店の売れ筋のギフト商品です。

This is our best-selling gift item.
ディスィズ　　　　アウァ　　ベストゥセリング　　　　　　ギフトゥ　アイテム

きっと彼に喜ばれますよ。

I'm sure he will like this gift.
アイム　シューァ　ヒィ　ウィル　ライク　ディス　ギフトゥ

● 製法について

こちらはハンドメイドです。

It's handmade.
イッツ　　ハンドゥメイドゥ

原料にこだわりました。

We use only quality material.
ウィー　　ユーズ　オンリィ　クワリティ　　マテリァル

伝統的な製法でつくられています。

It's produced through traditional methods.
イッツ　プロデューストゥ　　　スルー　　　　　トゥラディッショナル　　　メソッズ

words produce　（作品などを）つくり出す

防水加工が施されています。

It's a waterproof product.
イッツ　ア　ウォータープルーフ　　　　プロダクトゥ

お買い上げと会計

対応

● お買い上げ商品の確認

お買い物は、以上でよろしいですか?

Will that be all?
ウィル　ダットゥビィ　オール

Plus ① これらで全部ですか?
Are these all?
アーディーズ　オール

お会計してもよろしいですか?

Are you all set?
アーユー　オールセットゥ

ほかにも何かご覧になりますか?

Is there anything else you would like to see?
イズデア　エニィスィング　エルス　ユーウッドゥ　ライク　トゥ　スィー

お品物をお預かりしておきましょうか?

Shall I keep your goods?
シャルアイ　キープ　ユァ　グッズ

● 会計への案内

すみません。キャッシャーはどこですか?

Excuse me. Where is the cashier?
エクスキューズミー　ウエアリズ　ダ　キャッシィア

Point cashier を、**checkout**（チェックアウトゥ）や **check-out counter**（チェックアウトゥ カウンター）、あるいは、**till**（ティル：イギリス英語）とも言います。

キャッシャーは、あちらの¥マークがついているカウンターです。

The cashier is the counter
ダ　キャッシィア　イズ ダ　カウンター

with the YEN symbol over there.
ウィズ　ディ　イェン　スィンボル　オウヴァ　デア

4

販売店

お買い上げと会計

キャシャーへご案内します。

I'll show you to the cashier.
アイル ショウ　ユー　トゥ　ダ　キャッシィア

(Point) **I'll** を **Let me** に言い替えてもよいでしょう。

Plus ① こちらへどうぞ。(➡ P.35)
This way, please.
ディス　ウェイ　プリーズ

ご案内します。
Please follow me.
プリーズ　ファロウ　ミー

こちらにお並びください。

Please wait in line over here.
プリーズ　ウェイトゥ　イン　ライン　オウヴァ　ヒア

(Point) **wait in line** を「列に並ぶ」**line up** と言い替えることができます。 意味は同じです。

Plus ① ここでお待ちください。
Please wait here.
プリーズ　ウェイトゥ ヒア

● 返品・交換の説明

どの商品も、購入された日から1週間以内に返品してください。

Please bring any items back
プリーズ　ブリング　エニィ　アイテムズ　バック

within one week from the date of purchase.
ウィズイン　ワン　ウィーク　フロム　ダ　デイトゥ　オヴ バーチェス

レシートを保管して、忘れずにお持ちください。

Please be reminded to keep the receipt and
プリーズ　ビィ　リマインディッドゥ　トゥ キープ　ダ　リスィートゥ　アンドゥ

bring it with you.
ブリング　イットゥ ウィズユー

● お見送り

本日はご来店ありがとうございました。

Thank you very much for coming today.
サンキュー　ヴェリィ　マッチ　フォー カミング　トゥデイ

(Point) 「本日はお買い上げありがとうございました」という意味でも使えます。

本日は当店でのお買い上げありがとうございます。

Thank you for shopping at our store today.
サンキュー　フォー ショッピング　アットゥ アウァ　ストーア　トゥデイ

145

対応

店・商品別フレーズ

洋品店

● 希望をたずねる

どのようなお洋服をお探しですか?

What type of clothes are you looking for?
ホワッタイプ　　　　オヴ　クローズ　　　アーユー　　　ルッキング　　　フォー

夏ものの洋服を探しています。
I'm looking for clothes
アイム　ルッキング　　　フォー　クローズ

for summer wear.
フォー　サマー　　　　ウェア

(Point)「夏(冬)ものの洋服」は、summer (winter) clothesという言い方もあります。こちらのほうが、形式ばらない気軽な表現です。

お好みの洋服はどんなタイプですか?

What type of clothes do you like?
ホワッタイプ　　　　オヴ　クローズ　　　ドゥーユー　　　ライク

どのような素材の服がお好きですか?

What type of fabric do you like for clothes?
ホワッタイプ　　　　オヴ　ファブリック　ドゥーユー　　　ライク　フォー　クローズ

どのような色がお好みですか?

What color do you like?
ホワットゥ　　　カラー　　　　ドゥーユー　　　ライク

[言替単語]　●柄　**kind of patterns** (カインドゥ オヴ パターンズ)

●柄・色・素材について

> 花柄のブラウスを探しているのですが。
> # I'm looking for a blouse
> アイム　　ルッキング　　　フォー　ア　ブラウス
> # with a floral pattern.
> ウィズ　　ア　フローラル　　パターン

はい。今流行している柄ですね。

Yes. This pattern is in fashion.
イェス　　ディス　　パターン　　　イズ イン ファッション

words in fashion　流行の

もっと**明るい**色のほうがいいですか?

Do you like brighter ones?
ドゥーユー　　　ライク　ブライター　　ワンズ

[言替単語] ●派手な　**flashy** (フラッスィー)　●地味な　**plain** (プレイン)
　　　　　● (色が) 薄い　**light** (ライトゥ)　● (色が) 濃い　**dark** (ダーク)

色違いのものをお見せしましょうか?

Shall I show you one in a different color?
シャルアイ　ショウ　　　ユー　　ワン　　インナ　ディファレントゥ　カラー

> それの色違いはありますか?
> # Does it come in other colors?
> ダズイットゥ　　カムイン　　　アダー　　カラーズ

Point come in other colors はよく使われる口語です。

はい。このお品で黒色がございます。

Yes. We have this one in black.
イェス　　ウィー　ハヴ　　ディスワン　　イン　ブラック

Plus ① いろいろな色のものございます。
We have it in various colors.
ウィー　ハヴ　　イットゥイン　ヴァリアス　　カラーズ

とても肌触りがいいですよ。触ってみてください。

It's very smooth.　Feel it.
イッツ　ヴェリィ　スムードゥ　　　　フィール イットゥ

147

それは**絹**製です。

It's made of silk.
イッツ　メイドゥ　　オヴ　スィルク

[言替単語] ●綿　**cotton**（カットゥン）　　　●麻、亜麻　**linen**（リネン）
　　　　　　●ナイロン　**nylon**（ナイラーン）　●レーヨン　**rayon**（レイアーン）

化学染料はいっさい使っておりません。

It has no chemical dye.
イットゥ　ハズ　　ノウ　ケミカル　　　ダイ

(Point) **dye**は「染料」の意味。なお、**chemical dye**は「化学染料」の意味になります。

軽くて柔らかい素材です。

The material is light and soft.
ダ　　　マテリアル　　　イズ　ライトゥ　　アンドゥ　ソフトゥ

[言替単語]　●シワにならない　**wrinkle-free**（リンクルフリー）

しっかり織られて厚みのある織物素材です。

The fabric is tightly-woven and thick.
ダ　　　ファブリック　イズ タイトゥリィウォーヴン　　　　アンドゥ　スィック

● サイズについて

サイズにはS、M、Lがあります。

There are small, medium and large sizes.
デアラー　　　　　　スモール　　　ミディアム　　　アンドゥ　ラージ　　サイズィズ

これは**フリーサイズ**です。

This is a one-size-fits-all.
ディスィズ　ア　ワン サイズ フィッツ オール

[言替単語]　●サイズ調整可能　**adjustable size**（アジャスタブル サイズ）

(Point) 「フリーサイズ」は和製英語なので注意してください。

もっと**短い**ものがよろしいですか?

Would you like the shorter one?
ウッジュー　　　　　　ライク　ダ　　　ショーター　　　ワン

[言替単語]　●長い　**longer**（ロンガー）

こちらですと大きなサイズもございます。

We have this in a larger size.
ウィー　ハヴ　　　ディス　　インナ　ラージャー　　サイズ

お洋服のサイズをうかがってもよろしいですか?

May I ask what size you are?
メイアイ　　　アスク　ホワットゥ　サイズ　　ユーアー

これがお客様のサイズに近いものです。

This is about your size.
ディスィズ　　　アバウトゥ　　ユァ　　　サイズ

サイズを測ってみましょう。

Let me measure you.
レットゥミー　　　メジュアー　　　　ユー

このサイズでどこかきついところがありますか?

Is there a tight spot at this size?
イズデア　　　ア　タイトゥ　　スパットゥ　アットゥディス　　サイズ

着心地はよいですか?

Is it comfortable?
イズィットゥ　カンファタブル

words comfortable　気持ちよい、快適な

きつい (苦しい) ですか?

Does it feel tight?
ダズ　　　イットゥ フィール　タイトゥ

カップとアンダーバストのサイズをおうかがいできますか?

What is your cup size and band size?
ホワットゥ　　イズ　ユァ　　　　カップ　　サイズ　　アンドゥ　　バンドゥ　　　サイズ

お召しになる方のサイズをご存じですか?

Do you know his size?
ドゥーユー　　　　ノウ　　　　ヒズ　サイズ

(Point) 実際に着る人が女性の場合は、**he** を **she** に言い替えます。

● おすすめする

こちらのものはいかがでしょうか？

How about this one?
ハウアバウトゥ　ディス　ワン

どんな服にも合わせやすいですよ。

You can wear it with anything.
ユーキャン　ウェア　イットゥ ウィズ　エニィスィング

体にぴったりフィットするデザインです。

It's a tight-fitting design.
イッツ　ア　タイトゥフィッティング　ディザイン

こちらはゆったりとしたシルエットの品です。

This is a loose silhouette item.
ディスィズ　ア　ルース　スィルウエットゥ　アイテム

鏡をお使いください。

You can use the mirror.
ユーキャン　ユーズ　ダ　ミラー

お気に召しましたか？

Did you like it?
ディッジュー　ライクイットゥ

お似合いですよ。

It looks good on you.
イットゥ ルックス　グッドゥ　オンユー

● 試着

ご試着なさいますか？

Would you like to try it on?
ウッジュー　ライク　トゥ　トゥライ イットゥ オン

試着室をお使いください。

Please use the fitting room.
プリーズ　ユーズ　ダ　フィッティングルーム

Point 「試着室」は dressing room とも言います。

150

4

販売店

店・商品別フレーズ

一度に試着室にお持ち込みになれるのは、3点まででございます。

You can take only three items
ユーキャン　　　　　テイク　オンリィ　スリー　　アイテムズ

in the dressing room at a time.
イン ダ　　ドゥレッスィング　　ルーム　　アッㇳゥア タイム

もう1つ大きいサイズをお持ちしましょうか?

Shall I bring one size larger?
シャルアイ　　ブリング　ワン　　サイズ　ラージャー

● お直し

ズボンのお直しをいたしましょうか?

Shall I alter your pants?
シャルアイ　アルタァ　ユァ　　　パンツ

words alter （部分的に）変える

(Point) **Shall I** ～はイギリスで多く使われ、とても丁寧な表現です。**Shall** を **Should** に替えて **Should I** ～とすると、ややカジュアルになり、アメリカで日常的に使われる自然な表現になります。

裾上げをいたしましょうか?

Would you like to take up the hem?
ウッジュー　　　　　　ライク トゥ テイク　アップ ダ　　　ヘム

(Point) 「裾を直す（裾上げ）」は、**fix the hems**（フィックス ダ ヘムズ）とも表現します。

服の具合はちょうどいいですか?

Are the clothes fitting you right?
アー　　ダ　　クローズ　　　フィッティングユー　　ライトゥ

丈はこのくらいでよろしいでしょうか?

Is the length OK for you?
イズ ダ　　レンクス　　　オウケイ フォーユー

(Point) **length** の「ク」の音は、非常に小さく発音します。

脱ぐときに、マチ針に注意してください。

Be careful of the marking pins when taking it off.
ビィケアフル　　　オヴ ダ　　マーキング　　　ピンズ　ウエン　テイキング　イッㇳゥ オフ

バッグ

どのようなバッグをお探しですか?

What kind of bags are you looking for?
ホワットゥ　カインドゥ　オヴ　バッグズ　アーユー　ルッキング　フォー

どんな素材のものがよろしいですか?

What kind of material would you like?
ホワットゥ　カインドゥ　オヴ　マテリアル　ウッジュー　ライク

こちらは**本革**です。

This is made of real leather.
ディスィズ　メイドゥ　オヴ　リィアル　レダー

［言替単語］ ●合成皮革　**synthetic leather**（スィンテティック レダー）

どのくらいの大きさのバッグをお探しですか?

What size of bag are you looking for?
ホワットゥ　サイズ　オヴ　バッグ　アーユー　ルッキング　フォー

どのような用途にお使いですか?

What would you use it for?
ホワットゥ　ウッジュー　ユーズ　イットゥ　フォー

お仕事用ですか?

For business?
フォー　ビズィネス

Point 「旅行用バッグ」は一般的に**traveling bag**（トゥラヴェリング バッグ）と言います。

こちらはたくさん入りますよ。

It carries many things.
イットゥ キャリィズ　メニィ　スィングズ

内側に機能的なポケットがあります。

It has functional pockets inside.
イットゥ ハズ　ファンクショナル　ポケッツ　インサイドゥ

ストラップは取り外しができます。

The strap is detachable.
ダ　ストゥラップ　イズ　ディタッチャブル

靴

どのような靴をお探しですか?

What type of shoes do you want?
ホワッタイプ　　　　オヴ　シューズ　　　ドゥーユー　　　ウォントゥ

お客様の靴のサイズはいくつですか?

What is your shoe size?
ホワットゥ　イズ　ユア　　　シューサイズ

Point 足の大きさ(サイズ)は、「靴のサイズ」shoe sizeとしてたずねます。

お客様の靴のサイズは、日本では27(センチ)です。

Your shoe size in Japan is twenty-seven centimeters.
ユア　　　シューサイズ　　イン　ジャパン　　イズ トゥウェンティセヴン　　　センティミーターズ

少し歩いてみてください。

Please try walking around.
プリーズ　　　　トゥライ　ウォーキング　　　アラウンドゥ

履き心地はよろしいでしょうか?

Are you comfortable in the shoes?
アーユー　　　　　カンファタブル　　　　　イン　ダ　　シューズ

中敷きを入れましょうか?

Would you like to put in insoles?
ウッジュー　　　　　ライク　トゥ　　プットゥ　イン　インソウルズ

つま先がきついですか?

Does it feel tight in the toes?
ダズ　　　イットゥ フィール　タイトゥ　　イン　ダ　　　トゥズ

[言替単語] ●足の甲 instep(インステップ) ●足の幅 width(ウィズ)

かかとはきついですか?

Is the heel of the foot tight?
イズ　ダ　　　ヒール　　オヴ　ダ　　　フットゥ　タイトゥ

こちらは履きやすいですよ。

They are very comfortable.
デイアー　　　　　ヴェリィ　　カンファタブル

4
販売店
……
店・商品別フレーズ

153

お客様のジャケットにこちらのスカーフはいかがですか？

How about this scarf with your jacket?
ハウアバウトゥ　　　　ディス　スカーフ　ウィズ　ユア　ジャキットゥ

こちらは大判サイズです。

This is a massive size scarf.
ディスィズ　ア　マッスィヴ　　サイズ　スカーフ

今お召しになっている服によくお似合いですね。

It matches well with your clothes.
イットゥ　マッチィズ　　　ウェル　ウィズ　ユア　　クローズ

マフラーと手袋はセットになっています。

The scarf and gloves are sold as a pair.
ダ　　スカーフ　アンドゥ　グラーヴズ　アー　ソウルドゥ　アズ　ア　ペァ

［言替単語］●ニット帽　knit cap（ニットゥキャップ）　●シャツ　shirt（シャートゥ）
　　　　　　●ネクタイ　necktie（ネクタイ）

こちらのサングラスはUV（紫外線）カット・タイプです。

These glasses filter out UV rays.
ディーズ　　　グラースィズ　フィルタァ　アウトゥ　ユーヴィー　レイズ

日傘もございますよ。

We also have parasols.
ウィー　オールソゥ　ハヴ　　パラソールズ

こちらもかわいいですよ。

This one is also cute.
ディズ　　ワン　　イズ　オールソゥ　キュートゥ

この帽子をそのスカーフに合わせるとオシャレです。

If you pair this hat with the scarf,
イフユー　　ペァ　　ディス　ハットゥ　ウィズ　ダ　　スカーフ

it becomes fashionable.
イットゥ　ビカムズ　　　　ファッショナブル

アクセサリー

その指輪が見たいのですが? 〈ショーケースの中を示して〉

Can I see that ring?
キャナイ　　スィー　　ダットゥ　リング

ショーケースからお出ししましょうか?

Shall I show you something in the showcase?
シャルアイ　　ショウ　　ユー　　サムスィング　　　イン　ダ　　ショーケイス

お客様の指輪のサイズはおいくつですか?

What's your ring size?
ホワッツ　　ユア　　リング　　サイズ

シルバーと18金がございます。

We have it in silver and eighteen-karat gold.
ウィー　ハヴ　　イットゥイン　スィルヴァ　　アンドゥ　エイティーンキャレットゥ　　　ゴウルドゥ

Plus ① こちらの石はタンザナイトです。
It's a tanzanite stone.
イッツ ア タンザナイトゥ　ストウン

ネックレスもセットでいかがでしょう?

How about a necklace with it?
ハウアバウトゥ　　　ア ネックリス　　　　ウィズ　　イットゥ

同じシリーズのピアスもあります。

We also have pierced earrings of the same line.
ウィー　オールソゥ ハヴ　　ピアーストゥ　　イァリングズ　　オヴ ダ　　セイム　　ライン

 words same line　同列、同系

お客様に合わせて、指輪のサイズは調整いたします。

We'll adjust the ring size for you.
ウィール　　アジャストゥ　ダ　　リング　　サイズ　フォーユー

この指輪には鑑定書がつきます。

This ring comes with a certificate of authenticity.
ディスリング　　カムズ　　　ウィズ　ア　サティフケットゥ　　　オヴ オースンティスィティー

Point authenticityは「信頼性」という意味。宝石などの品質を保証する際に使われます。

口紅をお試しになりませんか?

Would you like to try a lipstick?
ウッジュー　　　　　ライク　トゥ　トゥライ　ア　リップスティック

お客様がお使いの口紅のブランドと色（名）を教えていただけますか?

Could you tell me the brand and shade
クッジュー　　　　テル　ミー　ダ　ブランドゥ　アンドゥ　シェイドゥ

# of your lipstick?
オヴ　ユァ　リップスティック

こちらは今年の新色です。

This is a brand-new color of this year.
ディスィズ　ア　ブランドゥニュー　カラー　オヴ　ディス　イァー

唇の乾燥を防ぎます。

It prevents the drying of your lips.
イットゥ　プリヴェンツ　ダ　ドゥライイング　オヴ　ユァ　リップス

Plus ① 唇のうるおいを守ります。
It keeps the moisture of your lips.
イットゥ　キープス　ダ　モイスチュアー　オヴ　ユァ　リップス

ふだんは、どの色合いのファンデーションをお使いですか?

May I ask what shade of foundation you're wearing?
メイアイ　アスク　ホワットゥ　シェイドゥ　オヴ　ファウンデーション　ユーァ　ウェアリング

Point shade of foundation は 「ファンデーションの色合い」 という意味です。

こちらのクリームは、ベタつかずなめらかです。

This cream is not sticky but smooth.
ディス　クリーム　イズ　ノットゥ　スティッキー　バットゥ　スムードゥ

汗、水、涙でにじみません。

It won't fade with sweat, water or tears.
イットゥ　ウォントゥ　フェイドゥ　ウィズ　スウェットゥ　ウォーター　オァ　ティアーズ

とっても似合っていて素敵です。

It looks lovely on you.
イットゥ　ルックス　ラヴリィ　オンユー

ドラッグストア（衛生用品）

これはニキビを効果的に防ぐ洗顔クリームです。

This is a cleansing cream that effectively
ディスィズ　ア　クレンズィング　　クリーム　　　ダットゥ　イフェクティヴリィ

prevents pimples from forming.
プリヴェンツ　　　　ピンプルズ　　　フロム　　　フォーミング

words pimple　ニキビ　　effectively　効果的に、実際に

日焼けによる肌荒れを防ぎます。

It prevents skin irritation caused by sunburn.
イットゥ プリヴェンツ　　スキン　イレテイション　　コーズドゥ　　バイ　サンバーン

これらは、ゆったりとした着け心地の使い捨てマスクです。

They are loose-fitting disposable masks.
デイアー　　　　ルースフィッティング　　　ディスポウズブル　　　マスクス

Plus ① 3D 立体マスクなので、ぴったり合います。
It's a 3Dshaped mask, so it fits perfectly.
イッツ　ア スリーディーシェイプトゥ マスク　ソウ イットゥ フィッツ パーフェクトゥリイ

オーラルケアのコーナーはこちらです。

Here's the oral care section.
ヒアーズ　　　ディ　　オーラル ケア　　セクション

歯ブラシは、柔らかめと硬めがあります。

We have toothbrushes with soft bristles
ウィー　ハヴ　トゥースブラッシズ　　　　ウィズ　ソフトゥ　ブリスルズ

and hard ones.
アンドゥ　ハードゥ　ワンズ

Point 「ふつうの硬さの歯ブラシ」は medium bristles と言います。bristle は、ここでは「ブラシの毛」のことです。

この歯ブラシは奥歯に届くようにつくられています。

This toothbrush is designed
ディス　　トゥースブラッシュ　　　イズ ディザインドゥ

to reach the back teeth effectively.
トゥ　リーチ　　ダ　　バック　　ティース　　イッフェクティブリィ

薬局（医薬品）

● 胃痛のお客様に

> 胃薬を探しています。
> # I need a stomach medicine.
> アイ ニードゥ ア スタマック メディスン

どのような症状ですか?

Can you describe the symptoms?
キャンユー ディスクライブ ダ スィンプトゥムズ

> チクチク痛みます。
> # It feels like a bee sting.
> イットゥフィールズ ライク ア ビー スティング

> 食べすぎました。
> # I ate too much.
> アイ エイトゥ トゥー マッチ

［言替単語］ ●飲みすぎ **drank too much**（ドゥランク トゥー マッチ）

吐き気はありますか?

Do you feel nauseous?
ドゥーユー フィール ノーシャス

痛みはひどいですか?

Do you have severe pain?
ドゥーユー ハヴ スィヴィア ペイン

いつからですか?

When did it start?
ウエン ディドゥ イットゥ スタートゥ

Since when?
スィンス ウエン

その症状でしたら、こちらがおすすめです。

This would be good for that.
ディス ウッドゥ ビィ グッドゥ フォー ダットゥ

何かアレルギーはありますか?

Do you have any allergies?
ドゥーユー　　ハヴ　　エニィ　アラァジイズ

アスピリンのアレルギーがあります。
I'm allergic to aspirin.
アイム　アラァジック　トゥ　アスピリン

［言替単語］●抗生物質　**anti-biotics**（アンタイバイオティクス）

● 発熱したお客様に

熱があるようです。
I have a fever.
アイ ハヴァ　　　フィーヴァー

それはお気の毒ですね。ほかに症状はありますか?

I'm sorry. Any other problems?
アイム　ソーリィ　エニィ　アダー　　プロブレムズ

くしゃみが出ます。
I have a fit of sneezing.
アイ ハヴァ　　フィットゥ オヴ　スニーズィング

［言替単語］●咳　**coughing**（カッフィング）

関節は痛みますか?

Do you have pain in the joints?
ドゥーユー　　ハヴ　　ペイン　イン ダ　　ジョインツ

両肩の関節が痛みます。
My shoulder joints ache.
マイ　ショウルダー　　ジョインツ　エイク

こちらは解熱剤です。

It's an antipyretic.
イッツ　アン　アンタイパイァレティック

いちおう、お医者さんに診てもらうとよいと思います。

I think you should see a doctor just in case.
アイ スィンク　　ユーシュッドゥ　　　スィー ア ドクタァ　　ジャストゥ イン ケイス

頭痛にはこちらの薬がいいでしょう。

This medicine would be good
ディス　　メディスン　　　　ウッドゥビィ　　　　グッドゥ

for your headache.
フォー　ユア　　　ヘッデック

この薬はよく効きます。

This medicine works well.
ディス　　メディスン　　　ワークス　　ウェル

(Point) 「薬が効く」は、**works**という表現を使います。

この薬は眠くなりません。

This medicine doesn't cause drowsiness.
ディス　メディスン　　　　ダズントゥ　　　コーズ　　ドゥラウズネス

▌words▐ rowsiness　眠気、睡魔

錠剤と顆粒の２つのタイプがあります。

There are two types, tablet and powder form.
デァラー　　　　　トゥー　　タイプス　　　タブレットゥ　　アンドゥ　バウダァ　　　　　フォーム

こちらは胃にやさしい薬です。

The medicine is gentle on the stomach.
ダ　　　メディスン　　　イズ ジェントゥル　　オン　ダ　　スタマック

おとなは１回４錠です。

For adults, take four tablets at a time.
フォー　アダルツ　　　　テイク　　フォーァ　タブレッツ　　　アットゥ ア タイム

Plus① 食後に２錠を１日３回お飲みください。
Please take two tablets three times a day after meals.
プリーズ　　　テイク　トゥー　タブレッツ　　スリータイムズ　　ア デイ　アフタァ　ミールズ

空腹時の服用は避けてください。

Please avoid taking it on an empty stomach.
プリーズ　　　　アヴォイドゥ　テイキング　　イットゥ オン　アン　エンプティ　スタマック

● 外用薬

ばんそうこう
絆創膏は各種の形とサイズがございます。

We have various kinds of shapes
ウィー　ハヴ　ヴェァリアス　カインズ　オヴ　シェイプス

and sizes of bandages.
アンドゥ　サイズィズ　オヴ　バンデジーズ

虫刺されには、このかゆみ止めがよく効きます。

For insect bites, this anti-itch cream works well.
フォー　インセクトゥバイツ　ディス　アェンタイイッチ　クリーム　ワークス　ウェル

(Point) イギリス英語では、**anti** は「アェンティ」と発音される場合があります。

捻挫にはこの湿布薬が効きます。

For sprains, this poultice medicine works.
フォー　スプレインズ　ディス　ポーウルティス　メディスン　ワークス

words sprain　捻挫　　poultice　湿布

これらの薬は擦り傷と切り傷に効きます。

These medicines work for abrasions and cuts.
ディーズ　メディスンズ　ワーク　フォー　アブレイジュン　アンドゥ　カッツ

words abrasions　擦り傷　　cuts　切り傷

患部に1日2回お塗りください。

Apply an ointment to your wound twice a day.
アプライ　アン　オイントゥメントゥ　トゥ　ユア　ウーンドゥ　トゥワイス　ア　デイ

● 心遣いのひとこと

お大事に。

Please take care.
プリーズ　テイク　ケァ

たっぷり睡眠を取ることが大事です。

It's important to get enough sleep.
イッツ　インポータントゥ　トゥ　ゲットゥ　イナフ　スリープ

 Plus ① ビタミンの補給をなさってください。
Please take vitamins.
プリーズ　テイク　ヴィタミンズ

電気店

● 製品をすすめる

どちらのメーカー品をご希望ですか？

What company's products do you like?
ホワットゥ　　カンパニィズ　　　　　プロダクツ　　　　ドゥーユー　　　ライク

どのような機能をご希望されていますか？

What functions do you need?
ホワットゥ　　ファンクションズ　　　ドゥーユー　　ニードゥ

Plus ①
どれくらいの大きさのものをご希望ですか？
What size are you looking for?
ホワットゥ　サイズ　アーユー　　ルッキング　フォー

このモデル（機種）はたいへん品質がよいものです。

This is an especially good quality model.
ディスィズ　　アン　イスペシャリィ　　　グッドゥ　　クワリティ　　　マドゥル

手頃なお値段です。

This model is reasonably priced.
ディス　　マドゥル　　イズ リーズナブリィ　　　プライスドゥ

省エネ設計になっております。

This is an energy-saving product.
ディスィズ　　アン　エナジィセイヴィング　　　　　プロダクトゥ

Plus ①
環境に配慮した設計です。
This item is designed as an eco-friendly product.
ディス　アイテム　イズ　ディザインドゥ　　アズ　アン　エコッフレンドゥリィ　　プロダクトゥ

持ち歩きが便利で、使い方がとても簡単です。

It's handy and easy.
イッツ　ハンディ　　　アンドゥ　イーズィ

乾電池でも使用できます。

You can even use batteries.
ユーキャン　　　　　イーヴン　　ユーズ　バットゥリーズ

（Point）充電式は **rechargeable**（リチャージャブル）と言います。
　　　　［例］　**This is a rechargeable razor.**（これは充電式の髭剃りです。）

● デジタルカメラ

とても軽くてコンパクトです。

It's very light and compact.
イッツ　ヴェリィ　ライトゥ　アンドゥ　コンパクトゥ

このモデルは20倍ズームレンズがついています。

This model has a twenty-time optical
ディス　マドゥル　　ハズ　ア　トゥウェンティタイム　　　　オプティカル

zoom lens.
ズーム　　　レンズ

(Point) twenty times は、20xとも表記されます。

手ぶれ補正機能がついています。

It features image stabilization.
イットゥ フィーチュアーズ　イミッジ　　ステイビリィゼイション

タッチパネルで操作します。

You can operate it on the touchscreen.
ユーキャン　　オペレイトゥ　イットゥ オン ダ　　タッチスクリーン

これは4,000万画素のデジタルカメラです。

This is a Forty mega pixels digital camera.
ディスィズ　ア フォーティ　メガ　　　ピクセルズ　ディジタル　キャメラ

このカメラでビデオ動画を撮れます。

You can record a video with this camera.
ユーキャン　　　レコードゥ　ア ヴィディオ　ウィズ　ディス　キャメラ

(Point) record a video は「ビデオ動画を撮る」という意味です。shoot a video（シュートゥ ア ヴィディオ）あるいは take a video（テイク ア ヴィディオ）と言い替えてもよいでしょう。

SDカードは別売りです。

SD cards are sold separately.
エスディーカーズ　　アー　　ソウルドゥ セパレイトゥリィ

バッテリーは附属品です。

The battery is attached.
ダ　　　バットゥリィ　　イズ アタッチトゥ

この商品は海外仕様モデルです。

This item is an overseas model.
ディス　アイテム　イズ アン　オウヴァスィーズ　　マドゥル

画質のよさには定評があります。

This one has a good reputation
ディス　　ワン　　ハズ　ア グッドゥ　　リビュテイション

for picture quality.
フォー　ピクチュア　　クワリティ

クリアで原音に近い音再生です。

It delivers clear sound close to the original.
イットゥ ディリィヴァーズ　　クリア　　サウンドゥ　　クロース　　トゥ ディ　　オリジナル

これらは新製品です。

These are the new products.
ディーズ　　アー　ダ　　ニュー　　プロダクツ

(Point) **products** を「配達」**deliveries** に替えると、「新しく入荷」という表現になります。

最新のOSを搭載しております。

It's equipped with the latest OS.
イッツ　イクイップトゥ　　　ウィズ　ダ　レイティストゥ オウエス

処理速度が大きく改善されました。

The processing speed has greatly improved.
ダ　　プロセッスィング　　　スピードゥ　　ハズ　　グレイトゥリィ　インプルーヴドゥ

これが今、平均的なノートパソコンです。

This laptop is decent and the most current.
ディス　　ラップトップ　　イズ ディーセントゥ　アンドゥ ダ　　モウストゥ　カレントゥ

パソコンの使用用途は何ですか?

What are the uses of a PC?
ホワットゥ　　アー　ダ　　ユースィズ オヴ ア ビィスィー

(Point) 文中の **use** は名詞として使われていますので、発音は「ユース」となります。

● 説明書と保証について

取扱説明書は英語ですか？

Is the user's manual written in English?
イズ ディ ユーザーズ マニュアル リトゥン イン イングリッシュ

はい、英語と日本語で書かれています。

Yes. It's written in English and Japanese.
イェス イッツ リトゥン イン イングリッシュ アンドゥ ジャパニーズ

すみません。日本語表記だけです。

I'm afraid not. It's only in Japanese.
アイム アフレイドゥ ノットゥ イッツ オンリィ イン ジャパニーズ

英語の説明書はネットからダウンロードしてください。

Please download the English manual online.
プリーズ ダウンロードゥ ディ イングリッシュ マニュアル オンライン

保証は日本国内でのみ有効です。

The warranty is valid only in Japan.
ダ ウォランティ イズ ヴァリィッドゥ オンリィ イン ジャパン

保証書の原本とレシートを一緒に保管してください。

Please keep the original warranty certificate
プリーズ キープ ディ オリジナル ウォランティ サーティフィケットゥ

and receipt together.
アンドゥ リスィートゥ トゥギャダア

保証書は購入日から**1年間**有効です。

The warranty is valid for one year
ダ ウォランティ イズ ヴァリィッドゥフォー ワン イァー

from the date of purchase.
フロム ダ デイトゥ オヴ パーチェス

［言替単語］ ●6か月間 **for six months**（フォー スィクス マンツ）

こちらの海外仕様の製品には、保証が適用されます。

The warranty covers this overseas model.
ダ ウォランティ カヴァーズ ディス オウヴァスィーズ マドゥル

地元の特産品を買いたいのですが。

I'd like to buy the local specialty products.
アイドゥ ライク トゥ バイ ダ ロウカル スペシャルティ プロダクツ

陶器が有名です。

Ceramics are famous here.
スィラミクス アー フェイマス ヒア

[言替単語] ●銀製品 **Silverware is** (スィルヴァーウェア イズ)
●民芸品 **Folk craft goods are** (フォーク クラフトゥ グッズ アー)

湯のみやお猪口はいかがでしょうか?

How about tea cups or small sake cups?
ハウアバウトゥ ティー カップス オァ スモール サケ カップス

1,000円くらいから買えますよ。

You can buy it from about one thousand yen.
ユーキャン バイ イットゥ フロム アバウトゥ ワン タウザンドゥ イェン

「伊勢屋」というお店に行けば、いろいろな品がありますよ。

The shop called "ISEYA" has a variety of goods.
ダ ショップ コールドゥ イセヤ ハズ ア ヴァライエティ オヴ グッズ

ふだん使いの品なら、ショッピングセンターでも買えますよ。

You may find some products for daily use
ユー メイ ファインドゥ サム プロダクツ フォー デイリィ ユース

at shopping malls.
アットゥ ショッピングモールズ

これは江戸時代に描かれた版画のレプリカです。

This is a replica of a woodcut in the *Edo* era.
ディスィズ ア レプリカ オヴ ア ウッドゥカットゥ イン ディ エドゥ エラ

こちらの漆塗り盆はすべて手づくりです。

These lacquered trays are all handmade.
ディーズ ラッカードゥ トゥレイズ アー オール ハンドゥメイドゥ

漢字をあしらったTシャツはこちらにございます。

T-shirts featuring Japanese kanji are
ティーシャーツ　　フィーチュアリング　　ジャパニーズ　　　　カンジ　　アー

over here.
オウヴァ　ヒァ

浮世絵の絵柄の携帯電話ケースとメモ帳もあります。

We have cell phone cases and memo pads
ウィー　ハヴ　　　セルフォウン　　　　ケイスィズ　アンドゥ メモゥ　　　　パッズ

with the pictures of *Ukiyo-e* paintings.
ウィズ　　ダ　　　ピクチュアーズ　　オヴ ウキヨエ　　　　ペインティング

ハチマキはどうですか？　日本のヘッドバンドです。

How about a *hachimaki*, a Japanese headband.
ハウアバウトゥ　　　　ア ハチマキ　　　　　ア ジャパニーズ　　　ヘッドゥバンドゥ

このハチマキには、日本の漢字で「勝利」と書かれています。

This *hachimaki* is inscribed
ディス　　ハチマキ　　　　　　　イズ インスクライブドゥ

with the characters victory in Japanese kanji.
ウィズ　　ダ　　キャラクタァズ　　　ヴィクトリィ　　イン ジャパニーズ　　　カンジ

Point inscribeは「刻む、記す」という意味です。ここでは過去分詞を使って「〜された」と受け身の表現になっています。

Plus ① この法被（はっぴ）には、漢字で「祭」と書かれています。
This *happi* coat is written in kanji as festival.
ディス　　ハッピ　　コウトゥ イズ リトゥン　　イン カンジ　　アズ フェスティヴァル

浴衣はおみやげに喜ばれますよ。

A yukata would be a great gift.
ア ユカタ　　　　　　ウッドゥビィ　　ア グレイトゥ　　ギフトゥ

これは日本の伝統的な模様です。

This is a Japanese traditional pattern.
ディスィズ　　ア ジャパニーズ　　　　トゥラディッショナル　　パターン

浴衣と一緒に下駄や帯もいかがですか？

How about *geta* and a sash with the *yukata*?
ハウアバウトゥ　　　　ゲタ　　　アンドゥ ア サッシュ　　ウィズ　　ダ　ユカタ

書店

英語の本をお探しですか?

Are you looking for books in English?
アーユー　　　　ルッキング　　　フォー　ブックス　　イン　イングリッシュ

こちらが英語本のコーナーになります。

Here is the English book section.
ヒアリズ　　　　ディ　　イングリッシュ　　ブック　　セクション

英語版の日本のマンガもございますよ。

We have English versions of Japanese *mangas*.
ウィー　ハヴ　　　イングリッシュ　　ヴァージョンズ　オヴ ジャパニーズ　　　マンガズ

あいにく、当店では洋書を扱っておりません。

I'm afraid we have no foreign language books.
アイム　アフレイドゥ　ウィー　ハヴ　　ノウ　フォーリン　　ラングウィッジ　　　ブックス

書籍カバーはおつけしますか?　これは無料ですよ。

Would you like a book jacket? It's for free.
ウッジュー　　　　　ライク　ア　ブック　　　ジャキットゥ　　　イッツ　フォー　フリー

村上春樹の全作品がこちらの棚にございます。

All of Haruki Murakami's works are on this shelf.
オールオヴ　ハルキ　　　ムラカミズ　　　　ワークス　　アー　オン　ディス　シェルフ

Plus ① 多くの英語訳本が発行されています。
Many English translations have also been published.
メニィ　　　イングリッシュ　トゥランスレイションズ　ハヴ　オールゾゥ ビィン　パブリッシュトゥ

コンビニ・スーパー・デパ地下

お次の方、どうぞ。

Next, please.
ネクストゥ　　フリーズ

店内で召し上がる場合は、値段が変わります。

If you eat it in the store, the price will change.
イフユー　　イーティットゥ　イン ダ　　ストーァ　　ダ　　　プライス　ウィル　チェインジ

こちらは温めますか?

Would you like me to heat this up?
ウッジュー　　　　　ライク　ミー　トゥ　ヒートゥ　ディス　アップ

［言替単語］●お弁当　your bento（ユァ ベントゥ）

お箸をおつけしましょうか?

Would you like some chopsticks?
ウッジュー　　　　　ライク　サム　　　　チョップスティックス

［言替単語］●フォーク　a fork（ア フォーク）●スプーン　a spoon（ア スプーン）

 お箸は何膳ご入り用ですか?

How many chopsticks do you need?
ハウメニィ　　　　チョップスティックス　ドゥーユー　　ニードゥ

レジ袋は必要ですか?

Do you need a plastic bag?
ドゥーユー　　　　ニードゥ　ア　プラスティックバッグ

こちらは有料です。

It'll be charged.
イトゥル ビィ　チャージドゥ

 1枚5円ですが、よろしいですか?

It's five yen for each bag.　Is that OK?
イッツ ファイブ イェン フォー イーチ　バッグ　イズダットゥ オウケイ

すぐにお使いになりますか?〈傘を買われたお客様に〉

Are you going to use it now?
アーユー　　　　　ゴウイング　トゥ　ユーズ　イットゥ ナウ

カップ麺用のお湯はサービスです。

Boiled water for instant noodles is free of charge.
ボイルドゥ　　ウォーター　フォー インスタントゥヌードゥルズ　　　イズ フリー　オヴ　チャージ

ラップ（包装など）を取りましょうか?

Would you like me to unwrap it?
ウッジュー　　　　　ライク　ミー　トゥ　アンゥラップ　　　イットゥ

コピーはセルフサービスです。

The copy machine is self-service.
ダ　　　コピーマシーン　　　　イズ セルフサーヴィス

コーヒーマシンの操作方法はわかりますか?

Do you know how to use the coffee machine?
ドゥーユー　　ノウ　　ハウトゥ　　ユーズ　ダ　カーフィーマシーン

すみません。今、コーヒーマシンが使用できません。

I'm sorry. The coffee machine is currently
アイム　ソーリィ　ダ　カーフィーマシーン　　イズ　カレントゥリィ

out of service.
アウトゥオヴ　　サーヴィス

words currently　今は、現在は　　out of service　使用休止中

試食してみませんか?　　どうぞ。

Would you like to try a sample? Please.
ウッジュー　　　　ライク　トゥ　トゥライ ア　サンプル　　プリーズ

保冷剤をおつけしますね。

I'll put on an ice pack with this.
アイル　プットゥ　オン　アン　アイスパック　　ウィズ　ディス

Plus ① 2時間くらいは持ちますよ。
It'll last for about two hours.
イトゥル　ラーストゥ　フォー　アバウトゥ　トゥー　アワァズ

傷みやすいものなので、本日中にお召し上がりください。

It's perishable, so please eat it today.
イッツ　ペリッシュアブル　　ソゥ　プリーズ　　イーティットゥトゥデイ

words perishable　傷みやすい、腐りやすい

Plus ① 2週間以内にお召し上がりください。
Please eat them within two weeks.
プリーズ　イートゥ デム　　ウィズイン　トゥー　ウィークス

お惣菜は量り売りになります。

We sell delicatessen by the gram.
ウィー　セル　デリカテッスン　　バイ ダ　グラム

何グラムお包みしましょうか?

How many grams would you like?
ハウメニィ　　　　グラムズ　　ウッジュー　　　ライク

免税の手続き

それは免税でご購入いただけます。

You can get that tax-free.
ユーキャン　　　　ゲットゥ　ダットゥ　　タックスフリー

Point tax free と duty free は異なる免税処置です。tax free は、消費税（付加価値税。海外では value added tax と言われています）のみが免税になります。一方、空港などの duty free shop ではその国の税金がいっさいかからないので、消費税および関税を支払う必要がありません。

この商品は免税対象品ではございません。

This one is not exempt from taxation.
ディス　　ワン　　イズ ノットゥ　エグゼンプトゥ　　フロム　　　　タクスィゼイション

Point exempt from ～は「～から免除する」、taxation は「課税」の意味です。これらの語を組み合わせて、「免税」という意味になります。

すみませんが当店では免税でのお買い物はできません。

We are afraid tax-free shopping is not
ウィーアー　　　アフレイドゥ　タックスフリー　　ショッピング　　　　イズ ノットゥ

available here.
アヴェイラブル　　ヒア

レシートと買われた品物とパスポートを持って、タックスフリーカウンターに行ってください。

Please go to the tax-free counter with your receipt,
プリーズ　　　ゴウ トゥ ダ　　タックスフリー　　カウンター　　　　ウィズユア　　　リスィートゥ

purchased items, and your passport.
パーチェストゥ　　　アイテムズ　アンドゥ ユア　　パスポートゥ

袋づめしたものは、日本を出国するまで開けないでください。

Please don't open the packaging
プリーズ　　　ドントゥ　　オウプン　　ダ　　　パッキング

until you have left Japan.
アンティル ユー　　ハヴ　　レフトゥ ジャパン

Part 4 販売店の接客・案内フレーズ

包装と配送

● 商品の包装

これはご自身用ですか、それともどなたかへの贈り物ですか?

Is it for you or a gift for someone else?
イズィットゥ フォーユー　オァ ア ギフトゥ フォー サムワン　エルス

よろしければ無料の箱もございます。

We have free boxes for this if you like.
ウィー ハヴ　フリーバックスィズ　フォー ディス イフユー　ライク

有料になりますが、質も見ばえもよい箱がございます。

We offer upgraded boxes for an additional cost.
ウィー オファー　アップグレイディッドゥ バックスィズ フォー アン アディショナル　コストゥ

別々にお包みいたしましょうか?

Shall I wrap them individually?
シャルアイ　ラップ　デム　インディヴィジュアリィ

 小分け用の袋はいくつご入り用ですか?
How many extra gift bags do you need?
ハウメニィ　　エクストゥラ ギフトゥバッグズ　ドゥーユー　ニードゥ

リボンはおかけしますか?

Would you like it tied with a ribbon?
ウッジュー　　ライク イットゥ タイドゥ　ウィズ　ア リボン

ラッピングができましたらお呼びいたします。

I'll call you when the wrapping is done.
アイル コール ユー　ウエン　ダ　ラッピング　イズ ダン

ほかの袋もこちらに入れて、ひとまとめにしますか?

Would you like to put your other bags into this one?
ウッジュー　　ライク トゥ プットゥ ユァ　アダー　バッグズ イントゥ ディス ワン

● 荷物の配送

配送になさいますか?

Would you like it delivered?
ウッジュー　　　　　　ライク　イットゥ ディリィヴァードゥ

配送先はどちらになりますか?

Where would you like to send it?
ウエァ　　　　　ウッジュー　　　　　　ライク　トゥ　センドゥ　　イットゥ

どちらのホテルにお泊まりですか?

Which hotel are you staying at?
ウイッチ　　　ホウテル　　アーユー　　　ステイング　　　アットゥ

ここにお部屋番号を書いてください。

Please write your room number here.
プリーズ　　ライトゥ　　ユァ　　　ルーム　　ナンバァ　　　ヒアー

配送のサービスはございません。

We don't have delivery service.
ウィー　ドントゥ　ハヴ　　ディリィヴァリィ　　サーヴィス

到着まで1週間ほどかかります。

It takes about one week.
イットゥ テイクス　　アバウトゥ　　ワン　　ウィーク

料金は850円です。

The delivery costs eight hundred yen.
ダ　　ディリィヴァリィ　コスツ　　エイトゥ ハンドゥレッドゥ　　イェン

こちらの伝票にご記入いただけますか?

Could you fill out this slip?
クッジュー　　　　　　フィルアウトゥ　ディス　スリップ

こちらが伝票の控えです。

This is for your record.
ディスィズ　　フォー　ユァ　　レコードゥ

Part 4 販売店の接客・案内フレーズ

商品の交換・修理

● **商品の状態やレシートの有無を確認**

これを交換したいのですが?
I'd like to exchange this.
アイドゥ ライク トゥ イクスチェインジ ディス

いつお買い求めになりましたか?
When did you buy it?
ウエン ディッジュー バイ イットゥ

(ご購入後に)ご使用になりましたか?
Have you used it?
ハヴ ユー ユーズドゥ イットゥ

拝見できますか?
Can I take a look?
キャナイ テイク ア ルック

結構です。ありがとうございました。〈商品を確認したあとで〉
OK. Thank you.
オウケイ サンキュー

パッケージは開封なさいましたか?
Have you opened the package?
ハヴ ユー オウプンドゥ ダ パッケイジ

Plus① 一度開封されているものは交換できません。
You can't exchange goods if you have opened them once.
ユー キャントゥ イクスチェインジ グッズ イフユー ハヴ オウプンドゥ デム ワンス

レシートをお持ちですか?
Do you have the receipt with you?
ドゥーユー ハヴ ダ リスィートゥ ウィズユー

すみませんが、レシートなしでは商品の交換ができません。

I'm sorry, but we don't accept the exchange
アイム　ソーリィ　　　バットゥ　ウィー　ドントゥ　　　アクセプトゥ　ディ　　イクスチェインジ

# of goods without a receipt.
オヴ　グッズ　　　ウィズアウトゥ　ア　リスィートゥ

［言替単語］●商品の返品　**return of goods** (リターン オヴ グッズ)

●交換・返品

新しいものと交換いたします。

We'll replace it with a new one.
ウィール　　リプレイス　　　イットゥ ウィズ　　ア　ニューワン

別のサイズの品と交換いたします。

We'll exchange it for one in a different size.
ウィール　イクスチェインジ　　イットゥ フォー　ワン　　インナ　ディファレントゥ　　サイズ

別の商品とは交換できません。

We don't exchange for different items.
ウィー　ドントゥ　　　イクスチェインジ　　フォー　ディファレントゥ　　アイテムズ

同じものでしたら交換できます。

We can exchange it for the same item.
ウィーキャン　　イクスチェインジ　　イットゥ フォー　ダ　セイム　　アイテム

こちらには在庫がないので、交換できません。

We can't exchange it because it's out of stock.
ウィー　キャントゥ　イクスチェインジ　　イットゥ ビコーズ　　　イッツ　アウトゥ　オヴ　ストック

差額をいただければ、ほかの商品と交換できます。

You can exchange it for another item
ユーキャン　　　イクスチェインジ　　イットゥ フォー　アナダー　　　　アイテム

by paying the difference.
バイ　ペイング　　ダ　ディフェレンス

セール品（特売品）は返品できません。

You can't return a sale item.
ユー　　キャントゥ　リターン　　ア セイル　　アイテム

175

代金の払い戻しをいたします。

I'll refund the money for it.

アイル　リファンドゥ　　ダ　　マニィ　　　　フォー　イットゥ

● 修理

どのようにしてこうなったか教えていただけませんか?

Could you tell me how it happened?

クッジュー　　　　　テル　ミー　ハウ　　イットゥ ハプンドゥ

修理に少し日にちがかかりますが、よろしいですか?

It'll take a while to fix it. Is that OK?

イトゥル　テイク　ア　ホワイル　トゥ　フィックス イットゥ　イズ　ダットゥ　オウケイ

これは保証の対象外です。

This isn't covered by the warranty.

ディス　　イズントゥ　カヴァードゥ　　バイ　ダ　　ウォランティ

無料で修理いたします。

The repair is free of charge.

ダ　　　リペア　　イズ フリー　オヴ チャージ

[言替単語]　●有料で　**extra charge**（エクストゥラ チャージ）

修理代は約5,000円かかります。

The repair cost will be about five thousand yen.

ダ　　　リペア　　コストゥ　ウィルビィ　アバウトゥ　ファイヴ タウザンドゥ　　　イェン

(Point)　例文のように**will**を使った場合、修理代が5,000円ほどで済むという意味が込められています。これを**would**に替えると、「修理代は5,000円、もしくはそれ以上かかるかもしれない」という不確実な要素を含む表現になります。

メーカーに修理費の見積もりを問い合わせてみます。

I'll ask the manufacturer

アイル アスク　ダ　　マニュファクチュアラー

about the estimated repair cost.

アバウトゥ　ダ　エスティメイテッドゥ　　リペア　　　コーストゥ

words　**manufacturer**　メーカー、製造者

estimate　見積る、見積り書をつくる

Part

5

宿泊施設の
接客・案内フレーズ

宿泊施設での接客ポイント

😊 Part5 の構成と宿泊施設サービスのポイント

Part5では、ホテル、旅館などの宿泊時の接客フレーズを、サービスの流れに沿って、次の順に紹介しています。

迎える ▶ **対応** ▶ **会計** ▶ **見送る**

迎える　宿泊の問い合わせや予約、チェックインまでの対応を紹介しています。日にちや人数など、数字のやりとりには特に注意を払いましょう。

対応
●**お客様から多い問い合わせ**
日本の宿泊施設に慣れていないことを想定して、畳の部屋の使い方、浴衣の着方、入浴時間、外出や門限、持ち帰り可能な備品などを記したプリントを用意して、チェックインの際に渡すとよいでしょう。外国からのお客様の場合、インターネット接続の可否やATMの場所についての問い合わせが多いようです。

●**温泉**
共同浴場の使い方をチェックイン時に渡すほか、目につくところに掲示しておきましょう（「付録 すぐに使えるPOP・案内表示」に収められた How to use a Public bathのページをもご活用してください）。また、温度が高いお湯が苦手な方もいらっしゃいますので、温度を摂氏（℃）と華氏（℉）で表示しておくとよいでしょう。

● 摂氏（℃）と華氏（℉）の概算表

摂氏	0	10	20	30	35	40	45	100
華氏	32	50	68	86	95	104	113	212

※摂氏から華氏への計算方法は ℃×（9÷5）+ 32 ＝℉ です。

会計　チェックアウト後のお客様の予定を考え、お待たせしないようにしましょう。ここでも、笑顔での対応が大切です。精算後、お客様が引き続き無事に旅を楽しまれるよう、最後のあいさつをお忘れなく。

| 見送る | お迎えのときと同様に、温かくお見送りをしましょう。お客様が忘れ物をされていないかなどの確認をすることも大切です。 |

😖 丁寧な案内と説明でトラブルを回避

温泉旅館などでのトラブルは、習慣の違いが原因の場合がほとんどです。親しみやすいイラストが入った印刷物や貼り紙などを活用して、理解してもらうようにしましょう。

浴衣の着付けをレクチャーすると喜ばれるお客様も多いので、その際に着くずれしにくい着方や着くずれした際の直し方とともに、浴衣で出入りができる場所などもしっかり説明します。

また、温泉の効能なども温泉の利用法や注意点と一緒に説明するとよいでしょう。

箸の使い方など食事作法の説明や、メニューの説明書きを料理に添えるのもおすすめです。日本食に興味を持っている人も多いので、話題を提供することができます。

Part 5 宿泊施設の接客・案内フレーズ

ホテルへの問い合わせと予約 (→ P.40)

● 電話を受ける

おはようございます。「ホテル大江戸」の鈴木です。

Good morning, "Hotel Oedo". Suzuki speaking.
グッドゥ　モーニング　ホウテル　オーエド　スズキ　スピーキング

ご用件を承ります。

How may I help you?
ハウ　メイアイ　ヘルプ　ユー

Plus ① **May I help you?** (→ P.34)
メイアイ　ヘルプ　ユー

> 予約をしたいのですが。
> ## I'd like to make a reservation.
> アイドゥ ライク　トゥ　メイク　ア　リザァヴェイション

フロントに代わります。

Let me put you through to the front desk.
レットゥミー　プットゥ　ユー　スルー　トゥ　ダ　フロントゥ　デスク

予約係、渡辺でございます。

Reservations, Watanabe speaking.
リザァヴェイションズ　ワタナベ　スピーキング

● 日程の確認

チェックインはいつがご希望ですか?

When would you like to check in?
ウエン　ウッジュー　ライク　トゥ　チェックイン

[言替単語] ●チェックアウト **check out** (チェック アウトゥ)

> 7月14日です。
> ## July fourteenth.
> ジュライ　フォーティーンス

180

何泊のご利用ですか?

How many nights would you like to stay?
ハウメニィ　　　　　ナイツ　　　　ウッジュー　　　　ライク　トゥ　ステイ

> 2泊です。
> # Two nights.
> トゥー　　ナイツ
>

7月14日金曜日から16日日曜日、2泊でよろしいですね。

Two nights, from Friday, July fourteenth
トゥー　　ナイツ　　フロム　フライデイ　ジュライ　フォーティーンス

to Sunday the sixteenth. Is that correct?
トゥ　サンデイ　　ダ　　スィックスティーンス　イズ ダットゥ　コレクトゥ

●部屋の確認

何部屋のご利用ですか?

How many rooms do you need?
ハウメニィ　　　　ルームズ　　ドゥーユー　　ニードゥ

どのようなお部屋がご希望ですか?

What type of room would you like?
ホワッタイプ　　　オヴ ルーム　　ウッジュー　　　　ライク

> ツインルームをお願いします。
> # A twin room, please.
> ア　トゥウィン　ルーム　　ブリーズ
>

(Point) ツインルームは、**twin-bed room**や**room with twin beds**という言い方もあります。

洋室と和室どちらがよろしいですか?

Would you like a Western-style room
ウッジュー　　　　ライク　ア　ウェスターンスタイル　　　ルーム

or Japanese-style?
オァ　ジャパニーズスタイル

和室は4名様までお泊りになれます。

Our Japanese-style room can accommodate
アウァ　ジャパニーズスタイル　　　ルーム　　キャン　アカモデイトゥ

four guests.
フォーァ　ゲスツ

words accommodate　収容する、泊める

スタッキングベッドを使って、1室3名様までご利用できます。

Three people can stay in a room
スリー　　　ピープル　　キャン　ステイ　インナ　ルーム

with a stacking bed.
ウィズ　ア　スタッキング　　　ベッドゥ

(Point) スタッキングベッドは客室のベッドの下などに収納されており、利用時に引き出して使います。**stacking** を **bunk**（バンク）に替えると「二段ベッド」の意味になります。

和室にベッドを置いたお部屋もございます。

We also have Japanese-style rooms with beds.
ウィー　オールソゥ　ハヴ　　ジャパニーズスタイル　　　ルームズ　　ウィズ　　ベッズ

お部屋にはバスタブがついております。

The room has a bathtub.
ダ　　　ルーム　　　ハズ　ア　バスタブ

バスつきとバスなしのお部屋、どちらになさいますか?

Would you like a room with a bath or no bath?
ウッジュー　　　ライク　ア　ルーム　　　ウィズ　ア　バス　　オァ　ノウ　バス

［言替単語］●喫煙と禁煙のお部屋　**a smoking room or non-smoking room**（ア スモウキング ルーム オァ ナンスモウキング ルーム）

●ベッドについて

> エキストラベッドはありますか?
> # Do you have any extra beds?
> ドゥーユー　　　ハヴ　　　エニィ　エクストゥラ　　ベッズ

はい、1台につき1泊4,000円です。

Yes. It's four thousand yen per bed per night.
イェス　　イッツ　フォーァ タウザンドゥ　　　イェン　パァ　ベッドゥ　パァ　ナイトゥ

1部屋2台まで利用できます。

You can use two beds in one room.

ユーキャン　　　　ユーズ　トゥー　　　ベッズ　　イン　ワン　　ルーム

ベビーベッドはありますか?

Do you have a crib?

ドゥーユー　　　　　ハヴァ　　　　クリブ

(Point) 「ベビーベッド」は、英語では crib または Baby Cot（ベイビィ コットゥ）と呼ぶほうがよいでしょう。

ベビーベッドは無料でご利用になれます。

We have crib service available for free.

ウィー　　ハヴ　　　クリブ　　　サーヴィス　　　アヴェイラブル　　　フォー　フリー

●宿泊人数について

皆様は、何名様ですか?

How many people in your party?

ハウメニィ　　　　　　　ピープル　　　イン　ユァ　　　パーティ

How many people? (何名様ですか?)
ハウメニィ　　　　　ピープル

お子様はいらっしゃいますか?

Do you have any children?

ドゥーユー　　　　ハヴ　　　エニィ　チュードゥレン

乳幼児用の各種補助具の貸し出しサービスがあります。

We have rental service for infant care items.

ウィー　　ハヴ　　　レンタル　　サーヴィス　　フォー　インファントゥ　ケア　　　アイテムズ

乳幼児用の補助便座、歯ブラシとコップ、使用済みオムツ入れがございます。

We have infant toilet seats, toothbrushes

ウィー　ハヴ　　　インファントゥ トイレットゥ　スィーツ　　　トゥースブラッシズ

with drink cups, and diaper buckets.

ウィズ　　ドゥリンク　　カップス　　アンドゥ　ダイアパー　　バケッツ

● 料金について

当ホテルの平日料金は、1泊お1人18,000円でございます。

Our weekday rate is eighteen thousand yen
アウア　ウィークデイ　　レイトゥ　イズ エイティーン タウザンドゥ　　　　　　　　　イェン

per room per night.
パァ　　ルーム　　パァ　　ナイトゥ

Plus ①

週末は 20,000 円になります。
It's twenty thousand yen on weekends.
イッツ トゥウェンティ タウザンドゥ　　　　イェン オン　ウィークエンズ

....

部屋ではなく、お1人のご利用料金です。

The rate applies to each person not to each room.
ダ　　レイトゥ　アプライズ　　トゥ イーチ　　バースン　　ノットゥ トゥ イーチ　　ルーム

....

お子様は、お1人8,000円になります。

Eight thousand yen for one child.
エイトゥ タウザンドゥ　　　　　イェン　フォー　ワン　　チャイルドゥ

....

合計で、32,000円です。

That would be thirty two thousand yen in total.
ダットゥ　　ウッドゥ　　ビィ サーティ トゥー タウザンドゥ　　　　　イェン　　イントウタル

....

料金のほか、10%のサービス料と税金がかかります。

A ten percent service charge and tax will be charged.
ア テン　　　パーセントゥ　　サーヴィス　　チャージ　　　アンドゥ タックスウィルビィ　チャージドゥ

....

朝食と夕食の料金が含まれます。

The rate includes breakfast and dinner.
ダ　　レイトゥ　インクルーズ　　ブレックファストゥ　　アンドゥ　ディナー

....

朝食代は1,000円です。

Breakfast is available for one thousand yen.
ブレックファストゥ　　　イズ アヴェイラブル　　フォー　ワン タウザンドゥ　　　　　イェン

....

素泊まりの場合は、7,000円になります。

It's seven thousand yen with no meals.
イッツ　セヴン タウザンドゥ　　　　　イェン　　ウィズ　　ノウ　　ミールズ

● 空き室を確認する

（空き室を）お調べしますので、そのままお待ちください。

I'll check it for you. Hold the line, please.
アイル チェックイットゥ　フォーユー　　ホウル　ダ　　ライン　　プリーズ

部屋をお取りできます。

We have rooms available for you.
ウィー　ハヴ　　ルームズ　　アヴェイラブル　　フォーユー

申し訳ございませんが、シングルルームは埋まっております。

We're sorry, but all the single rooms are booked.
ウィアー　ソーリィ　バットゥ オール ダ　スィングル　ルームズ　アー　ブックトゥ

本日は満室です。

We have no rooms available for tonight.
ウィー　ハヴ　ノウ　ルームズ　　アヴェイラブル　　フォー トゥナイトゥ

Plus ① 7月いっぱいまで埋まっております。
We're fully booked till the end of July.
ウィアー　フゥリィ　ブックトゥ　ティルゥ ディ　エンドゥ オヴ ジュライ

キャンセル待ちなさいますか？

Would you like to be on a waiting list?
ウッジュー　　　　　ライク　トゥ　ビィ　オン　ア ウェイティング　リストゥ

> いいえ。考えてみてまた電話します。
> # No. I'll think about it and call again.
> ノウ　アイル シンク　アバウトゥイットゥ　アンドゥ　コール　アゲン

承知いたしました。ご連絡をお待ちしております。

All right. Please call us again.
オールライトゥ　　　プリーズ　　コール　アス　アゲン

当ホテルのホームページからも予約できます。

You can also make a reservation
ユーキャン　　　オールソゥ メイク　ア リザァヴェイション

from our website.
フロム　　アウァ　ウェブサイトゥ

（お客様の）お名前をお願いいたします。

May I have your name, please?
メイアイ　　ハヴ　　　ユァ　　　ネイム　　　プリーズ

［言替単語］　●電話番号　**phone number**（フォウン ナンバー）

> はい。マリア・フリーマンです。
> # Yes. My name is Maria Freeman.
> イェス　　マイ　　ネイム　　イズ マリア　　　フリーマン

フリーマン様、名字のスペル（綴り）をお願いいたします。

Ms. Freeman, could you spell out
ミズ　　フリーマン　　　　クッジュー　　　　　スペル　　　アウトゥ

your last name?
ユァ　　ラーストゥ ネイム

Point「名字」**last name** は **family**（ファムリィ ネイム）と言ってもよいでしょう。また、お客様の名前をうかがったのちは、なるべく名前で呼びかけるようにすると好感度がアップします。

> F, R, E, E, M, A, N.
> # F, R, E, E, M, A, N.
> エフ　　アール　イー　　イー　　エンム　エイ　エンヌ

どちらの国からお電話をおかけですか？

Which country are you calling from?
ウイッチ　　　カウントゥリィ　　アーユー　　　コーリング　　フロム

Eメールのアドレスをうかがってもよろしいですか？

Could I have your email address?
クッダイ　　ハヴ　　　ユァ　　　イーメイル　　アドゥレス

予約確認メールをお送りいたします。

I'll send you the booking confirmation
アイル センジュー　　　　ダ　　　ブッキング　　　カンファメイション

by email.
バイ　イーメイル

お部屋確保のために、クレジットカード番号をうかがえますか?

May I have your credit card number
メイアイ　　ハヴ　　　ユア　　　クレジットゥカードゥ　　　ナンバー

to complete your reservation?
トゥ　コンプリートゥ　　　ユア　　リザァヴェイション

Plus ① カードの有効期限はいつまでですか?
What's the expiration date?
ホワッツ　　ティ　エクスパァレイション デイトゥ

● 予約確認とキャンセル料金

フリーマン様、予約内容を確認いたします。

Ms. Freeman, let me confirm your reservation.
ミズ　　フリーマン　　　レットゥミー　　カンファーム　　ユア　　　リザァヴェイション

どのホテル予約サイトからご予約をされましたか?

From which hotel booking site did you
フロム　　ウイッチ　　　ホウテル　　ブッキングサイトゥ　　　　ディッジュー

make a reservation?
メイク　　ア　リザァヴェイション

2名様でツインルーム、7月14日から18日までの4泊ですね。

A twin bed room for two people,
ア　トゥウィン　ベッドゥルーム　　　　フォー　トゥー　　ピープル

from July fourteenth to eighteenth
フロム　　ジュライ　フォーティーンス　　　トゥ　エイティーンス

for four nights.
フォー　フォーア　ナイツ

以上でお間違いはございませんでしょうか?

Is that correct, ma'am?
イズ　ダットゥ　　コレクトゥ　　　メァーム

予約番号は1234Jです。

Your confirmation number is one two three four J.
ユア　　カンファメイション　　　　ナンバー　　イズ ワン　　トゥー　　スリー　　　フォーア ジェイ

ご到着2日前まででしたらキャンセル料はかかりません。

A cancel charge would not be applied
ア　キャンスル　　　チャージ　　　　ウッドゥ　　　ノットゥ　ビィ　アプライドゥ

until two days prior to your arrival.
アンティル　トゥー　デイズ　　プライアー　トゥ　ユァ　　アライヴァル

前日にキャンセルの場合は、お部屋代の30%をキャンセル代として申し受けます。

When you cancel the day before,
ウエン　　　ユー　　キャンスル　ダ　　デイ　ビフォア

we charge thirty percent of the room fee
ウィー　チャージ　　　サーティ　パーセントゥ　　オヴ　ダ　　ルーム　フィー

as a cancellation fee.
アズ　ア　キャンスレイション　　　フィー

［言替単語］　●当日　on the day（オン　ダ　デイ）

事前連絡なしで当日お越しにならない場合は、無断キャンセルとして全額を申し受けます。

You'll be charged in full as a no show
ユールビィ　　チャージドゥ　　イン　フル　アズ　ア　ノウ　ショウ

when you don't show up without advance notice.
ウエン　　ユー　ドントゥ　ショウアップ　　ウィズアウトゥ　アドゥヴァンス　　ノウティス

words▶ advance　事前の、あらかじめ

変更またはキャンセルのご連絡は、お早めにお願いいたします。

Please inform us beforehand when you
プリーズ　　　インフォーム　アス　ビフォアハンドゥ　　　ウエン　　ユー

cancel or change your reservation.
キャンスル　　オァ　チェインジ　　ユァ　　リザァヴェイション

Plus① ▶ キャンセルは、前日の午後6時までにお願いいたします。
Cancellation must be made by six p.m. on the day before.
キャンスレイション　　マストゥビィ　メイドゥ　バイ　スィックスピィエム　オン　ダ　デイ　ビフォア

● ホテルへの道案内

そちらのホテルには、どのように行ったらいいですか？

How can I get to your hotel?
ハウ　　キャナイ　　ゲットゥー　　ユァ　　ホウテル

電車ですか、お車ですか？

By train or by car?
バイ　トゥレイン　オァ　バイ　カー

ホテルは、池袋駅の近くにございます。

Our hotel is near Ikebukuro station.
アウァ　ホウテル　イズ　ニァ　イケブクロ　ステイション

東京駅からは、JR線か地下鉄丸の内線をご利用ください。

Please take the JR line or Tokyo Metro
プリーズ　テイク　ダ　ジェイアール　ライン　オァ　トウキョウ　メトゥロ

Subway Marunouchi line from Tokyo station.
サブウェイ　マルノウチ　ライン　フロム　トウキョウ　ステイション

A4出口から徒歩5分ほどです。

It takes about five minutes on foot
イットゥ テイクス　アバウトゥ　ファイヴ　ミニッツ　オン　フットゥ

from Exit A four.
フロム　イグズィットゥ　エイ　フォーァ

駅からタクシーで10分ほどです。

About ten minutes from the station by taxi.
アバウトゥ　テン　ミニッツ　フロム　ダ　ステイション　バイ　タクスィ

詳細は、当ホテルのホームページ英語版でご確認ください。

For more information, please look at
フォー　モァ　インフォメイション　プリーズ　ルック　アットゥ

our website for English directions.
アウァ　ウェブサイトゥ　フォー　イングリッシュ　ディレクションズ

5

宿

泊

……

ホ
テ
ル
へ
の
問
い
合
わ
せ
と
予
約

Part 5 宿泊施設の接客・案内フレーズ

迎える

チェックイン

● お客様がご到着

こんにちは。 いらっしゃいませ。

Good afternoon. How may I help you?
グッドゥ　　アフタァヌーン　　　ハウ　　メイアイ　　ヘルプ　　ユー

チェックインでございますか?

Would you like to check in?
ウッジュー　　　　　ライク　トゥ　チェックイン

Plus ① チェックインはお済みですか?
Have you checked in?
ハヴユー　　　チェックトゥイン

ご予約をいただいておりますでしょうか?

Do you have a reservation?
ドゥーユー　　　　ハヴァ　　　リザァヴェイション

自動精算機でチェックインをしてください。

Please check in with the self-check-in kiosk.
プリーズ　　　　チェックイン　　　ウィズ　ダ　セルフチェックイン　　　　キーオスク

(Point) self-check-in kiosk は、空港やホテルなどに設置されている「自動精算 (チェックイン) 機」のことです。

● 予約しているお客様

お名前をいただけますか?

May I have your name, please?
メイアイ　　ハヴ　　ユァ　　ネイム　　　プリーズ

予約したジム・ブレントですが、お願いします。

Reservation for Jim Brent, please.
リザァヴェイション　　　フォー　ジム　　ブレントゥ　　プリーズ

ブレント様、お待ちしておりました。

Yes, Mr. Brent. We were expecting you.
イェス　ミスター ブレントゥ　　ウィー　ワー　　　エクスペクティング　　ユー

ご予約を確認いたします。

Let me confirm your reservation.
レットゥミー　　カンファーム　　ユァ　　　リザァヴェイション

Plus ① 予約確認番号をお願いできますか?
May I have your reservation number?
メイアイ　ハヴ　　ユァ　　リザァヴェイション　　ナンバー

ダブルルームで2泊のご予約ですね。よろしいですか?

A reservation for a double bed room
ア　リザァヴェイション　　　フォー　ア　ダブル　　　　ベッドゥルーム

for two nights. Is that correct?
フォー　トゥー　　ナイツ　　イズ ダットゥ　　コレクトゥ

● 予約なしのお客様

空き室はありますか?　予約していないのですが。
Do you have any vacancies?
ドゥーユー　　　ハヴ　　エニィ　　ヴェイカンスィーズ

I don't have a reservation.
アイ　ドントゥ　ハヴァ　　　リザァヴェイション

はい、承ります。お部屋をご用意いたします。

Certainly. We have a room for you.
サートゥンリィ　　　ウィー　ハヴァ　　ルーム　　フォーユー

申し訳ありませんが、本日はいっぱいでございます。

I'm afraid we're fully booked tonight.
アイム　アフレイドゥ　ウィアー　　フゥリィ　ブックトゥ　　トゥナイトゥ

近くの旅館をご紹介いたしましょうか?

Shall I introduce a neighboring inn?
シャルアイ　　イントゥロデュース　　ア　ネイバァリング　　　　インン

Point innは、「旅館、小ホテル」の意味です。**B and B**(ビィ アンドゥ ビィ) / **bed and breakfast**(ベッドゥ アンドゥ ブレックファストゥ)という表現も、外国のお客様にイメージが伝わりやすいでしょう。

● 書類への記入をお願いする

この用紙にご記入をお願いします。

Please fill in this form.
プリーズ　　　フィルイン　ディス　フォーム

(Point) fill inは、fill out（➡P.173）と同様「記入する」という意味で、イギリス英語としてよく使われます。アメリカ英語ではどちらも使われます。

パスポートのコピーを取らせていただけますか?

May I make a copy of your passport, please?
メイアイ　　メイク　　ア　コピー　　オヴ　ユア　　パスポートゥ　　　プリーズ

クレジットカードをお借りできますか?

May I have your credit card, please?
メイアイ　　ハヴ　　ユア　　クレディットゥカードゥ　　プリーズ

この時点ではまだ課金されておりません。

It has not been charged at this moment.
イットゥ ハズ　　ノットゥ ビィーン　　チャージドゥ　　アットゥ ディス　　モウメントゥ

チェックインは午後3時からです。

The check-in time is three p.m.
ダ　　チェックイン　　タイム　　イズ スリー　　ピィエム

［言替単語］●チェックアウト　The check-out（ダ チェックアウトゥ）

● 支払いについて

お支払いはどのようになさいますか?

How would you like to pay?
ハウ　　　ウッジュー　　　　ライク トゥ ペイ

お支払いはチェックアウトのときにお願いします。

Please pay when you check out.
プリーズ　　ペイ　　ウエン　　ユー　　チェックアウトゥ

現金払いの際は、事前に10,000円お預かりしてよろしいですか?

May I kindly ask for a ten-thousand-yen
メイアイ　　カインドゥリィ　アスク　フォー ア　テン タウザンドゥ イェン

deposit for cash payments?
ディパズィットゥ　　フォー　キャッシュ　ペイメンツ

192

お支払いは前払いでお願いしております。

We kindly request that you pay in advance.
ウィー　カインドゥリィ　リクウェストゥ　ダットゥ　ユー　ペイ　イン　アドゥヴァンス

words in advance　前金で、あらかじめ

● フロントについての説明

何かございましたらフロントまでご連絡ください。

Please, if you need anything, call the front desk.
ブリーズ　イフユー　ニードゥ　エニィスィング　コール　ダ　フロントゥ　デスク

(Point) front は reception（レセプション）とも言われていて、どちらも「（ホテルなどの）受付、フロント」の意味で使われます。

ご用の際は、こちらのベルを鳴らしてください。〈卓上ベルなどを示して〉

Please ring the bell when you need help.
ブリーズ　リング　ダ　ベル　ウエン　ユー　ニードゥ　ヘルプ

ホテルの門限は0時です。

The hotel entrance doors will be closed at midnight.
ダ　ホウテル　エントゥランス　ドアーズ　ウィルビィ　クロウズドゥ　アットゥ　ミッドゥナイトゥ

(Point) 「午前0時」は、midnightまたは12:00a.m.（トゥエルヴ エィ エム）と言います。英語では、0:00a.mとは言いません。

Curfew is midnight.（門限は0時です。）
カーフュー　イズ　ミッドゥナイトゥ

お帰りが遅れる際はお電話をお願いします。

Please call us when you come back late.
ブリーズ　コール　アス　ウエン　ユー　カムバック　レイトゥ

0時以降はインターホンを鳴らしてください。
Please call us on the intercom after midnight.
ブリーズ　コール アス オン ダ　インタァカム　アフタァ　ミッドゥナイトゥ

何かご不明な点はございますか?

Do you have any questions?
ドゥーユー　ハヴ　エニィ　クエスチョンズ

よろしければチェックインまでお荷物をお預かりします。

We'll keep your luggage until check-in if you'd like.
ウィール　キープ　ユア　ラッゲッジ　アンティル チェックイン　イフユードゥ　ライク

Part 5 宿泊施設の接客・案内フレーズ

宿泊の説明

● 部屋番号と鍵

お部屋は、8階の801号室です。

Your room number is eight zero one
ユァ　　　ルーム　　　ナンバー　　　イズ エイトゥ　　ズィロゥ　　ワン

on the eighth floor.
オン　ディ　エィス　　　フローァ

(Point) 会話では、数字の0（zero）を「オー（o）」と言う場合もあります。

··

お客様のお部屋は「桔梗の間」でございます。

You'll stay in The "Kikyo room".
ユール　　　ステイ　イン ダ　　　　キキョウ　　ルーム

··

こちらはカードキーです。

Here is your card key.
ヒァリズ　　　ユァ　　　カードゥ　キー

 お部屋には鍵がございません。
The room doesn't have a lock.
ダ　　ルーム　　ダズントゥ　ハヴァ　　　ロック

··

外出の際は、カードキーをお持ちください。

When you go out, please take your card key with you.
ウエン　　ユー　　ゴウ アウトゥ プリーズ　テイク　ユァ　　　カードゥキー　　ウィズユー

 外出の際は、フロントに鍵をお預けください。
When you go out, please leave the key at the front desk.
ウエン　　ユー　　ゴウアウトゥ プリーズ　リーヴ　ダ　キー　アットゥダ　フロントゥ デスク

● 食事について

こちらは朝食券です。

This is a breakfast ticket.
ディスィズ　ア　ブレックファストゥ　ティケットゥ

(Point) ticketは、voucher（➡P.127）やcouponと言い替えることができます。

朝食は何時からですか？

What time does breakfast start?

ホワッタイム　　　　　ダズ　　　　ブレックファストゥ　　スタートゥ

朝食は、6時から10時まででございます。

Breakfast is served from six to ten a.m.

ブレックファストゥ　　イズ　サーヴドゥ　　フロム　　スィックス トゥ　テン　エィエム

2階のレストラン「日の出」にお越しください。

Please come to the restaurant "Hinode"

プリーズ　　　　カム　　トゥ　ダ　　レストゥラントゥ　　　ヒノデ

on the second floor.

オン　ダ　　セカンドゥ　　フローァ

(Point) 「2階に」on the second floor のように「○階」を表す場合は、階数の前に on を置きます。

（レストランの）受付に食券をお渡しください。

Please give your meal voucher to the reception.

プリーズ　　　ギヴュァ　　　　ミールヴァウチャー　　　トゥ　ダ　　レセプション

お食事はお部屋にお運びいたします。

Meals will be served in your room.

ミールズ　　　ウィルビィ　サーヴドゥ　　イン ユァ　　ルーム

何時頃がよろしいでしょうか？

What time would you like?

ホワッタイム　　　　　ウッジュー　　　ライク

朝食は無料です。〈ビジネスホテルなどで〉

You can eat breakfast for free.

ユーキャン　　　　イートゥ ブレックファストゥ　　フォー フリー

Plus ① **You have complimentary breakfast.** ※同じ意味で使えます。
ユー　ハヴ　コンプリメンタリィ　　ブレックファストゥ

ルームサービスは24時間ご利用いただけます。
（➡P.218「ルームサービスの注文」）

We have twenty-four-hour room service.

ウィー　ハヴ　　トゥウェンティフォーァ アワァ　　　ルーム　　サーヴィス

ヴェジタリアン料理はありますか?

Do you serve a vegetarian meal?

ドゥーユー　　　サーヴ　　ア　ヴェジタリアン　　　ミール

別料金でご準備できます。

We do for an extra charge.

ウィー　ドゥー　フォー　アン　エクストゥラ　チャージ

お肉をお魚に変更できます。

You can change a meat dish to fish.

ユーキャン　　　チェインジ　　　ア　ミートゥ　　ディッシュ トゥ　フィッシュ

魚のだしは大丈夫ですか?

Are you OK with fish broth?

アーユー　　　　　オウケイ　ウィズ　　フィッシュ ブロース

［言替単語］　●料理酒　cooking sake（クッキング サケ）

●靴脱ぎとスリッパ（旅館で）

こちらで靴をお脱ぎいただけますか?

Would you take off your shoes here?

ウッジュー　　　　　テイク　オフ　ユァ　　シューズ　　ヒア

words take off （衣類などを）脱ぐ

こちらのスリッパをお履きください。

Please put on the slippers.

プリーズ　　　プットゥ　オン　ダ　　　スリッパーズ

words put on （衣類を）着る、（靴などを）履く

館内では、スリッパをお使いください。

Please wear slippers in the building.

プリーズ　　　　ウェア　　スリッパーズ　　　イン ダ　　　ビルディング

（脱いだ）靴はそのままでけっこうです。

Please leave your shoes there.

プリーズ　　　リーヴ　　ユァ　　シューズ　　デア

靴は下駄箱にお入れください。

Please place your shoes in the shoe rack.
プリーズ　　　　プレイス　　　ユァ　　　シューズ　　　イン ダ　　シュー　　　ラック

お部屋に上がる前にスリッパをお脱ぎください。

Please take off your slippers here
プリーズ　　テイク　　オフ　　ユァ　　スリッパーズ　　ヒァ

before entering your room.
ビフォァ　　　エンタァリング　　ユァ　　ルーム

Plus ① 畳の部屋ではスリッパを履くことはできません。
You can't wear the slippers in *tatami* rooms.
ユー　　キャントゥ ウェア　ダ　スリッパーズ　イン タタミ　ルームズ

これはトイレ用のスリッパです。

Here are the slippers for the bathroom.
ヒァラー　　　ダ　　スリッパーズ　　フォー　ダ　　バスルーム

Point bathroom の代わりに toilet（トイレットゥ）も使えます。

トイレではこちらのスリッパをお履きください。

Please put on these slippers in the bathroom.
プリーズ　　　プットゥオン　　ディーズ　　スリッパーズ　　インダ　　バスルーム

● カプセルホテルなどで

お荷物はロッカーへどうぞ。

Please keep your baggage in the locker.
プリーズ　　キープ　　ユァ　　バギッジ　　イン ダ　　ロッカァ

スーツケースをフロントでお預かりします。

We'll keep your suitcase at the front desk.
ウィール　　キープ　　ユァ　　スートゥケイス　アットゥ ダ　フロントゥ　デスク

Plus ① 貴重品をお預かりできます。
We can keep your valuables.
ウィーキャン　　キープ　　ユァ　　ヴァリュァブルズ

ロッカーの中の館内着、タオル、歯ブラシをお使いください。

Please use a gown, a towel, and a toothbrush
プリーズ　　　ユーズ　ア ギャウン　　ア タウワァル　アンドゥ ア トゥースブラッシュ

from the locker.
フロム　　ダ　　ロッカァ

よろしければ、こちらの館内着でリラックスしてください。

Please relax in this gown if you'd like.
ブリーズ　　　　リラックス　イン　ディス　ギャウン　イフ　ユードゥ　　ライク

お風呂とトイレは共同です。

The bathroom and toilet are shared.
ダ　　バスルーム　　　　　アンドゥ　トイレットゥ　アー　　シェアードゥ

それぞれの部屋にテレビ、ラジオ、目覚まし時計が設置されています。

Each room is equipped with a TV,
イーチ　　　ルーム　　　イズ イクイップトゥ　　　　ウィズ　ア ティーヴィー

radio, and alarm clock.
レイディオウ　アンドゥ　アラーム　　クロック

ルームサービスをお願いできますか？

May I make a room service order?
メイアイ　　　メイク　　　ア　ルーム　　サーヴィス　　　オーダー

申し訳ございませんが、ルームサービスはございません。

I'm sorry, but we don't provide room service.
アイム　ソーリィ　　バットゥ　ウィー　ドントゥ　プロヴァイドゥ　ルーム　サーヴィス

お茶、コーヒーはご自由にどうぞ。

Please help yourself to tea and coffee.
ブリーズ　　　　ヘルプ　　　ユアセルフ　　　　トゥ　ティー　アンドゥ カーフィー

●部屋へのご案内

お部屋の準備が整うまでロビーでお待ちください。

Please wait in the lobby until your room is ready.
ブリーズ　　ウェイトゥ インダ　　ロビィ　　アンティルユア　　ルーム　イズ レディ

おかけになってお待ちください。

Please have a seat while waiting.
ブリーズ　　　　ハヴァ　　　　スィートゥ　ホワイル　　ウェイティング

お部屋にお通しする前に、お茶をお召し上がりください。

Please have some tea before we take you to your room.
ブリーズ　ハヴ　サム　ティー ビフォア　ウィーテイク　ユー　トゥ ユア　ルーム

5

宿

泊

‥‥‥

宿
泊
の
説
明

係の者がお部屋までご案内いたします。

The porter will show you to your room.
ダ　ポーター　ウィル　ショウ　ユー　トゥ ユア　ルーム

お部屋までお荷物をお運びいたします。

I'll bring your baggage to your room.
アイル ブリング　ユア　バギッジ　トゥ ユア　ルーム

お客様のお部屋を担当する佐藤と申します。

My name is Sato, and I'll be your chambermaid.
マイ　ネイム　イズ サトウ　アンドゥ アイル ビィ　ユア　チェインバァメイドゥ

お部屋にご案内いたします。どうぞこちらへ。

I'll show you to your room. This way, please.
アイル ショウ　ユー　トゥ ユア　ルーム　ディス　ウェイ　ブリーズ

お足もとにご注意ください。

Please watch your step.
ブリーズ　ウォッチ　ユア　ステップ

Plus ①
こちらに段差がございます。
There is a step here.
デアリズ　ア ステップ ヒァ

こちらがお客様のお部屋です。

This is your room.
ディスィズ　ユア　ルーム

お客様のお部屋からの眺めは、とても美しいですよ。

The view from your room is very beautiful.
ダ　ヴィユー　フロム　ユア　ルーム　イズ ヴェリィ　ビューティフル

どうぞくつろいでお過ごしいただき、ご滞在をお楽しみください。

Please make yourself at home and enjoy your stay.
ブリーズ　メイク　ユアセルフ　アットゥホウム　アンドゥ エンジョイ　ユア　ステイ

Part 5 宿泊施設の接客・案内フレーズ

施設の説明

● 建物の説明

こちらは**本館**です。

This is the main building.
ディスィズ　ダ　メイン　ビルディング

[言替単語]　●別館　**annex**（アネックス）　●新館　**new building**（ニュー ビルディング）

・「別館」を意味する **annex** の発音は、最初の **a** にアクセントを置く場合と、**nex** にアクセントを置く場合がある。

当ホテルは全館禁煙となっています。

Smoking is prohibited in the whole building.
スモウキング　イズ プロヒビテドゥ　イン ダ　ホウル　ビルディング

Plus ① 喫煙コーナーが、建物の脇にございます。
We have a smoking area next to the building outside.
ウィー ハヴァ　スモウキング　エァリア　ネクストゥー　ダ　ビルディング　アウトゥサイドゥ

エレベーターはつきあたりにあります。

The elevator is at the end of the hallway.
ディ　エレヴェイター　イズ アットゥ ディ　エンドゥ　オヴ ダ　ホールウェイ

Point エレベーターが2台以上設置されている場合は、**elevators are** ～と複数形にします。

階段は左手にあります。

The stairs are on the left side.
ダ　ステァーズ　アー　オン ダ　レフトゥ サイドゥ

非常口は各階の端にあります。

There are emergency exits at the end of each floor.
デァラー　イマージェンスィー　イグズィッツ アットゥディ エンドゥ オヴ イーチ　フローァ

あちらにAEDを設置しております。

We have an AED over there.
ウィー　ハヴァン　エイイー ディー オウヴァ　デァ

カクテルラウンジは午後11時まで営業しております。

The cocktail lounge is open until eleven p.m.
ダ　　カックテイル　　ラウンジ　　イズ　オウプン　　アンティル　イレヴン　　　　　ピィエム

大浴場は地下1階になります。（➡P.224「入浴・温泉」）

The large public bath is
ダ　　ラージ　　パブリック　　バス　　イズ

on the first basement floor.
オン　ダ　　ファーストゥ ベイスメントゥ　　　　　フローア

(Point) 大浴場にサウナ施設がある場合は、**hot spring and sauna**（ハットゥ スプリング アンドゥ ソーナ）と言うとよいでしょう。

24時間使えるコインランドリーがございます。

We have a twenty-four-hour laundromat.
ウィー　　ハヴァ　　トゥウェンティー フォーア アワア　　　　　ローンドゥロマットゥ

(Point)「コインランドリー」は和製語です。**laundromat**（ローンドゥロマットゥ：米語）や **launderette**（ローンドゥレットゥ：イギリス英語）と言います。

●託児施設

託児サービスセンターがあります。

We have a day-care center for children.
ウィー　　ハヴァ　　デイケア　　　センター　　フォー　チュードゥレン

（当センターでは）1歳から6歳のお子様をお預かりいたします。

We take care of children aged one to six.
ウィー　テイク　ケア　オヴ　チュードゥレン　エイジドゥ　ワン　トゥ　スィックス

事前のご予約が必要です。

A reservation in advance is necessary.
ア　リザヴェイション　　　イン　アドゥヴァアンス　　　イズ ネセサリィ

ミルクやおやつ、おむつはご持参いただけますか？

Would you bring milk with snacks
ウッジュー　　　　　ブリング　ミルク　　ウィズ　スナックス

and diapers for your child?
アンドゥ　ダイアパーズ　　フォー　ユア　　チャイルドゥ

words diaper （赤ちゃん用の）おむつ

● 売店・自動販売機

売店は1階にございます。

We have a gift shop on the first floor.
ウィー　ハヴァ　　ギフトゥショップ　オン　ダ　　ファーストゥ　フローァ

売店は午前8時から午後8時まで営業しております。

The gift shop is open from eight a.m. to eight p.m.
ダ　　ギフトゥショップ　イズ　オウプン　フロム　エイトゥ　エィエム　トゥ　エイトゥ　ピィエム

飲み物の自販機は各階に備えられています。

There is a vending machine for drinks on every floor.
デァリズ　　ア　ヴェンディング　　マシーン　　　　フォー　ドゥリンクス　オン　エヴリィ　　フローァ

製氷機は自販機の近くにございます。

The ice maker is near the vending machine.
ディ　　アイスメイカァ　　イズ　ニァ　　ダ　　　ヴェンディング　　マシーン

● 娯楽・スポーツ

ゲームコーナーがございます。

We have a game corner.
ウィー　ハヴァ　　ゲイムコーナー

[言替単語]　●卓球場　table tennis room（テイブル テニス ルーム）

カラオケを個室でお楽しみいただけます。

You can enjoy karaoke in a private room.
ユーキャン　　エンジョイ　キャラオキィ　インナ　プライヴェイトゥ　ルーム

> フィットネスジムは使えますか?
> # May I use the fitness gym?
> メイアイ　　ユーズ　ダ　　フィットゥネス　　ジム

はい、有料でご利用いただけます。

Yes, you can use it for a charge.
イェス　　ユーキャン　　ユーズ　イットゥ　フォー　ア　チャージ

words for a charge　有料で

シューズは借りられますか？
Do you rent shoes?
ドゥーユー　　　レントゥ　シューズ

はい、シューズの貸し出しは無料です。
Actually we can lend you a pair of shoes
アクチュアリィ　　　ウィーキャン　　レンドゥ　ユー　　ア　ペア　　オヴ シューズ

free of charge.
フリー　　オヴ チャージ

プールはいつ使えますか？
When can I use the swimming pool?
ウエン　　　キャナイ　　ユーズ　　ダ　　スウィミング　　　　プール

午前7時から午後8時までです。
From seven a.m. to eight p.m.
フロム　　　セヴン　　　エィエム　トゥ エイトゥ　　ピィエム

水着の貸し出しはありますか？
Do you rent swimming suits?
ドゥーユー　　　レントゥ　スウィミング　　　スーツ

いいえ。ですが、売店でご購入できます。
No.　But you can buy one in our shop.
ノウ　　バットゥ ユーキャン　　バイ　　ワン　　イン アウァ　ショップ

マッサージをお願いできますか？
May I get a massage?
メイアイ　　　ゲットゥ　ア　マッサージ

承知いたしました。マッサージルームのご予約をお取りします。
Certainly.　I'll book a massage room for you.
サートゥンリィ　　　アイル ブック　　ア　マッサージ　　　　ルーム　　フォーユー

Plus ① マッサージコースを選んでいただけますか？
Would you select a massage course?
ウッジュー　　　セレクトゥ　ア　マッサージ　　　コース

203

● Wi-Fi・無線 LAN について （→ P.222「ビジネスサポート」）

部屋でWi-Fi（ワイファイ）は使えますか？

Is Wi-Fi available in the room?
イズ　ワイファイ　アヴェイラブル　　　イン　ダ　　ルーム

[言替単語]　●無線LAN　**Wireless LAN**（ワイアレス ラン）

全室でご利用いただけます。

It's available in all the rooms.
イッツ　アヴェイラブル　　　イン オール ダ　　　ルームズ

. . . .

これがWi-Fi用のパスワードです。

This is the password for the Wi-Fi.
ディス　イズ ダ　　パスワードゥ　　　　フォー ダ　　　ワイファイ

● 電源について

日本の電源アダプタはありますか？

May I have a Japanese plug adapter?
メイアイ　　ハヴァ　　　　ジャパニーズ　　　　ブラグ　アダプタァ

変圧器はご入り用ですか？

Do you need a converter?
ドゥーユー　　　ニードゥ　　ア コンヴァーター

. . . .

電圧は50Hzの交流100Vですのでご確認ください。

Please make sure your appliance is compatible
プリーズ　　メイク　　シューア ユア　　アプライアンス　　イズ コンパタブル

with AC one hundred Volts and fifty Hertz.
ウィズ　エイスィー ワン ハンドゥレッドゥ　　　ヴォルツ　アンドゥ フィフティ ハーツ

(Point) 東日本では50Hz、西日本では60Hzの交流100Vが使われています。

. . . .

ロビーに電源ソケットとUSB差し込み口を設けております。

In the lobby, we have charging outlets with USB ports.
インダ　　ロビー　　ウィー ハヴ　　チャージング　　アウトゥレッツ ウィズ　ユーエスビー ポーツ

(Point)「電源」は、**outlet**のほか、**power supply, power source**と表現することもあ
ります。また、「充電用のUSB差し込み口」は、**USB power port** や **USB
power source**、**USB power supply** などとも表現します。

●バリアフリー

館内で車椅子を使えますか?

Is your building wheelchair accessible?
イズユア　　　　　ビルディング　　　　ウィールチェア　　　　　　アクセスィブル

公共スペースはすべてバリアフリーです。

The public spaces are all barrier-free.
ダ　　　パブリック　　　スペイスィズ　　　アー　　オール　ベァリィアフリー

お客様への車椅子のご準備がございます。

Wheelchairs are available for our guests.
ウィールチェアズ　　　　　　アー　　　アヴェイラブル　　　フォー　アウア　ゲスツ

車椅子ご利用のお客様用のお部屋がございます。

We have guest rooms for wheelchair users.
ウィー　　ハヴ　　　　グェストゥルームズ　　　　　フォー　ウィールチェア　　　　ユーザーズ

どうぞ、車椅子をお使いのままで、お食事やお買い物をお楽しみください。

Please explore restaurants and shops
プリーズ　　　　　エクスプロァー　　　レストゥランツ　　　　アンドゥ　ショップス

while staying in your wheelchair.
ホワイル　　　ステイング　　　イン　ユア　　　ウィールチェア

Point explore は、本来「探検する」などの意味がありますが、ここでは、「いろいろと見て回って楽しむ」という意味を込めた表現になっています。

申し訳ありませんが、当ホテルは車椅子に対応しておりません。

I'm afraid our hotel is not wheelchair accessible.
アイム　アフレイドゥ　アウア　ホウテル　イズ　ノットゥ　ウィールチェア　　　　　アクセスィブル

安全のために、手すりを各所に設けております。

Handrails are everywhere for safety.
ハンドゥレイルズ　　　アー　　エヴリィウェア　　　　　フォー　セイフティー

部屋の説明

● 部屋の設備など

こちらがお客様のお部屋です。

This is your room.
ディスィズ　　ユア　　ルーム

お荷物はこちらに置いてよろしいですか?

May I put your luggage here?
メイアイ　　プットゥ　ユア　　ラゲッジ　　ヒァ

エアコンのスイッチはこちらです。

Here is the switch for the air conditioner.
ヒァリズ　　ダ　　スウィッチ　フォー　ディ　　エアコンディショナー

[言替単語]　●リモコン　the remote control (ダ リモウトゥ コントゥロール)

貴重品はセーフティボックス (金庫) にお入れください。

Please keep valuables in the safe.
プリーズ　　キープ　　ヴァリュアブルズ　　イン ダ　　セイフ

何かございましたら、内線8番にご連絡ください。

If you need anything, please dial eight
イフ ユー　　ニードゥ　エニィスィング　　プリーズ　　ダイアル エイトゥ

for the front desk.
フォー　ダ　　フロントゥ　デスク

冷蔵庫の中にお飲み物がございます。

Beverages are available in the fridge.
ベヴリッジズ　　アー　アヴェイラブル　　イン ダ　　フリッジ

当館 (当ホテル) の施設については、説明書をお読みください。

Please read instructions for the hotel facilities.
プリーズ　　リードゥ　インストゥラクションズ　フォー ダ　ホウテル　ファスィリティズ

館内および敷地内は、全面禁煙でございます。

No smoking allowed on the premises.
ノウ　スモウキング　　アラウドゥ　　　オン　ダ　　プレミスィズ

words on the premises　敷地内、構内、館内

室内は喫煙が可能です。

You can smoke in the room.
ユーキャン　　　スモウク　　イン　ダ　　ルーム

(Point) 喫煙ができない場合は、**You can't** 〜または、**You cannot**と否定形にします。

非常階段はドアを出て左側の奥にあります。

The emergency stairs are located on the far left.
ディ　イマージェンスィー　　ステアーズ　アー　ロウケイティッドゥ オン　ダ　　　ファー　レフトゥ

富士山があちらに見えます。

You'll see Mt. Fuji over there.
ユール　　スィー　マウントゥフジ　オウヴァ　デア

夜には、花火を見てお楽しみいただけます。

At night, you can watch and enjoy the fireworks.
アットゥナイトゥ　　　ユーキャン　　　ウォッチ　　アンドゥ エンジョイ　ダ　　ファイアワークス

●モーニングコール

> モーニングコールをお願いできますか?
> # Can you give me a wake-up call?
> キャンユー　　　　ギヴ　　ミー　ア　ウェイクアップ　　コール

モーニングコールは、電話を使ってご自分で設定できます。

You can set a wake-up call on the phone by yourself.
ユーキャン　セットゥ ア ウェイクアップ　コール オン　ダ　　フォウン　　バイ ユアセルフ

(Point) 「モーニングコール」は和製英語なので気をつけましょう。

承知いたしました。何時にいたしましょうか?

Certainly. What time would you like?
サートゥンリィ　　ホワッタイム　　　ウッジュー　　　ライク

対応

旅館で

・・・・・・・・・・・

●和室の案内

こちらの座ぶとんにお座りください。

Please use this cushion.
プリーズ　　　　　ユーズ　ディス　　クッション

座椅子をお使いください。

Please use the legless chair.
プリーズ　　　　　ユーズ　ダ　　レッグレス　　　チェア

足を伸ばしてゆっくりとくつろげます。

You can stretch your legs out and relax.
ユーキャン　　　　ストゥレッチ　　ユァ　　レッグズ　アウトゥ　アンドゥ　リラックス

お茶とお菓子をご用意しております。

Tea and sweets are complimentary.
ティー　　アンドゥ　スウィーツ　　アー　　コンプリメンタリィ

words Complimentary （敬意を表して）無料の、招待の

Point 「用意」という言葉から **ready for** 〜と使いがちです。この場合はストレートに「〜は無料です」という意味の **complimentary** を使うとよいでしょう（➡P.31）。

ご自由にお召し上がりください。

Please help yourself at any time.
プリーズ　　　ヘルプ　　ユァセルフ　　　アットゥ エニィ　　タイム

お菓子をご自由にお召し上がりください。
Please help yourself to the sweets.
プリーズ　　ヘルプ　ユァセルフ　　トゥ ダ　　スウィーツ

ご入り用でしたら椅子と机をご用意できます。

We can provide you a chair and a desk if needed.
ウィーキャン　　　プロヴァイドゥ　　ユー　ア　チェア　　アンドゥ ア デスク　イフ ニーディッドゥ

夕食のご準備ができるまで、おくつろぎください。

Please relax till dinner is ready.
プリーズ　　リラックス　ティル　ディナー　　イズ　レディ

足りないものがあれば、お申しつけください。

Let us know if you need anything.
レットアス　　ノウ　　イフ ユー　　ニードゥ　エニィスィング

タオルやバスタオルの持ち帰りはご遠慮ください。

Please refrain from taking the towels
プリーズ　　リフレイン　　フロム　　テイキング　　ダ　　タウワァルズ

and bath towels home.
アンドゥ　バスタウワァルズ　　　ホウム

words refrain from 〜 ing　〜することを控える、慎む

アメニティー類はご自由にお持ち帰りください。

You're welcome to take home the amenities.
ユーア　　　ウェルカム　　トゥ テイク　ホウム　ディ　アメニティーズ

Point You are welcome to 〜で、「〜することをどうぞご自由に」という表現になります。

● 浴衣

浴衣とぞうりをご用意しております。

A *yukata* and *zouri* are provided.
ア ユカタ　　　アンドゥ ゾウリ　　アー　　プロヴァイディッドゥ

よろしければ、どうぞお使いください。

Please wear these if you like.
プリーズ　　　ウェア　　ディーズ　イフ ユー　ライク

寝間着の代わりにお使いください。

Please use them as pajamas.
プリーズ　　ユーズ デム　アズ パジャーマズ

お好みの柄をお選びください。〈浴衣の柄が選べる場合〉

Please choose your favorite design.
プリーズ　　チューズ　　ユァ　　フェイヴァリットゥ ディザイン

大きいサイズを持ってまいります。

I'll bring a larger one.
アイル ブリング ア ラージャー ワン

浴衣を着て当館の周りでのお食事や、近くを散策することもできます。

You can wear it around the *ryokan*
ユーキャン ウェア イットゥ アラウンドゥ ダ リョカン

to meals and even for a short walk nearby.
トゥ ミールズ アンドゥ イーヴン フォーア ショートゥ ウォーク ニアバイ

(Point) **a short walk nearby** は「近くをちょっと散歩」といったニュアンスの表現です。

（浴衣を）着るのをお手伝いしましょうか？

May I help you put it on?
メイアイ ヘルプ ユー プットゥ イットゥ オン

●食事とふとんの上げ下げ

失礼いたします、夕食をお持ちしました。〈部屋の外からの呼びかけ〉

Excuse me, I've brought your dinner.
エクスキューズミー アイヴ ブロートゥ ユァ ディナー

夕食後にふとんを敷きますね。〈部屋で食事の場合〉

I'll set out the *futons* after dinner.
アイル セットゥアウトゥ ダ フトンズ アフタァ ディナー

Plus ① 夕食後に係のものがふとんを敷きにまいります。
Our staff will come and set out the *futons* after dinner.
アウァ スタッフ ウィル カム アンドゥ セットゥアウトゥ ダ フトンズ アフタァ ディナー

大広間でお食事をされている間に、ふとんを敷いておきます。

I'll set out the *futons* while you're
アイル セットゥアウトゥ ダ フトンズ ホワイル ユーア

in the dining room.
イン ダ ダイニング ルーム

朝食の前にふとんを上げにまいります。〈部屋で食事の場合〉

I'll fold up the *futons* before breakfast.
アイル フォウルドゥアップ ダ フトンズ ビフォァ ブレックファストゥ

何時にご起床の予定ですか？

What time are you planning to wake up?

ホワッタイム　　　　アーユー　　　プラニング　　　トゥ　ウェク　　　アップ

ご朝食は何時になさいますか？

What time would you like your breakfast?

ホワッタイム　　　　　　ウッジュー　　　　　ライク　ュァ　　ブレックファストゥ

> 8時にお願いします。
> # Eight o'clock, please.
> エイトゥ　　オクロック　　　ブリーズ

かしこまりました。その前にふとんを上げにまいります。

Certainly. I'll come and fold up the *futons*

サートゥンリィ　　　アイル　カム　　　アンドゥ　フォウルドゥアップ　ダ　　フトンズ

before then.

ビフォァ　　　　　デン

失礼いたします、客室係でございます。入ってもよろしいですか？

Excuse me, house keeping. May I come in?

エクスキューズミー　　　ハウスキーピング　　　　メイアイ　　　カムイン

おはようございます。ふとんを上げてよろしいでしょうか？

Good morning. Can I fold up the *futons*?

グッドゥ　　　モーニング　　　キャナイ　フォウルドゥアップ　ダ　　フトンズ

夕べはよく眠れましたか？

Did you sleep well last night?

ディッジュー　　スリープ　　ウェル　ラーストゥ ナイトゥ

● 掃除

1時から3時までの間にお部屋を掃除します。

We'll clean your room between one and three p.m.

ウィール　クリーン　ュァ　ルーム　ビトゥウィーン　ワン　アンドゥ スリー　ピィエム

掃除不要の場合はお知らせください。

Please tell us if you don't need your room cleaned.

ブリーズ　　テル　アスイフユー　ドントゥ　ニードゥ　ュァ　　ルーム　クリーンドゥ

Part 5 宿泊施設の接客・案内フレーズ

フロントでのサポート

●あいさつ・会話のきっかけ

おはようございます。よくお休みになれましたか？

Good morning. Did you rest well?
グッドゥ　モーニング　ディッジュー　レストゥ　ウェル

今日の調子はいかがですか？

How's your day going?
ハウズ　ユァデイ　ゴウイング

楽しい午後をお過ごしください！

Enjoy your afternoon!
エンジョイ　ユァ　アフタァヌーン

(Point) 直訳は「よい一日を（お過ごしください）！」。連泊のお客様を送り出すときなどにも、明るく声かけしましょう。

こんばんは、楽しくお時間を過ごされましたか？〈お客様が戻られたときに〉

Good evening. Did you have a good time today?
グッドゥ　イーヴニング　ディッジュー　ハヴァ　グッドゥタイム　トゥデイ

●メッセージ・電話

何か私宛てのメッセージはありますか？

Are there any messages for me.
アーデァ　エニィ　メッセージィズ　フォーミー

お客様にメッセージが届いております。

Here is a message for you.
ヒアリズ　ア　メッセージ　フォーユー

［言替単語］　●ファクス　a fax（ア ファックス）

Plus ①

青山様からお電話がありました。

There was a phone call for you from Ms. Aoyama.
デァワズ　ア　フォウン　コール フォーユー　フロム　ミズ　アオヤマ

5

宿

泊

……

フロントでのサポート

はがきを投函してもらえますか?

Can you post a postcard for me?

キャンユー　　ポウストゥ　ア　ポウストゥカードゥ　フォーミー

承知いたしました。本日中に投函いたします。

Certainly. I'll post it by the end of the day.

サートゥンリィ　アイル　ポウストゥイットゥ　バイ　ディ　エンドゥ　オヴ　ダ　デイ

[言替単語] ●すぐに　**right away**（ライトゥアウェイ）

日本国内の無料通話番号は0120で始まります。

Toll-free numbers in Japan
トールフリー　　　ナンバーズ　　　イン ジャパン

begin with zero one two zero.
ビギン　　　ウィズ　　ズィロ　ワン　トゥー　ズィロ

Point toll-freeやfree-callはアメリカ英語、イギリス英語ではfreephoneと言います。

Plus ① この無料通話番号へはお客様の携帯からかけられます。
You can use your cell phone to call this toll-free number.
ユーキャン　ユーズ ユア　セルフォウン　　トゥ コール ディス トールフリー　ナンバー

●交通機関の案内と手配

タクシーを呼んでいただけますか?

Would you call a taxi for me?
ウッジュー　　　　コール　ア　タクスィ　フォーミー

承知いたしました。何時にここをご出発されますか?

Certainly. What time would you like to leave here?
サートゥンリィ　　　ホワッタイム　　ウッジュー　　　ライク トゥ リーヴ　ヒァー

タクシーは10分でまいります。

Your taxi is coming in ten minutes.
ユア　　　タクスィ イズ カミング　　　イン テン　ミニッツ

バスの時刻をお調べします。

I'll check the bus times for you.
アイル チェック　ダ　バスタイムズ　　　フォーユー

Point なお、列車や電車の「時刻（時刻表）」はtrain times（timetable）と言います。
また、「始発電車」first train、「終電」はlast trainと言います。

●ホテル周辺の案内

ホテルの近くをめぐるツアーはありますか?
Are there any tours to join around this hotel?
アーデア　エニィ　トゥアーズ　トゥ　ジョイン　アラウンドゥ　ディス　ホウテル

コンシェルジュデスクでツアーの予約が可能です。
You can book tours at the concierge desk.
ユーキャン　ブック　トゥアーズ　アットゥ　ダ　コンスィエアージュ　デスク

この近くに書店はありますか?
Is there a bookstore around here?
イズデア　ア　ブックストーア　アラウンドゥ　ヒア

はい、当ホテルの向かいにございます。
Yes, one is in front of this hotel.
イェス　ワン　イズ イン フロントゥ オヴ ディス　ホウテル

着物はどこで買えますか?
Where can I buy a *kimono*?
ウエア　キャナイ　バイ　ア　キモーノ

近くの着物店をご案内します。
I can introduce a *kimono* store nearby.
アイキャン　イントゥロデュース　ア　キモーノ　ストーア　ニアバイ

近くでお金をおろすことができますか?
Can I get some cash near here?
キャナイ　ゲッツ　サム　キャッシュ　ニア　ヒア

近所のコンビニATMでお金をおろせます。
You can withdraw cash from an ATM
ユーキャン　ウィズドゥロウ　キャッシュ フロム　アン　エイティーエム
at a nearby convenience store.
アットゥ ア　ニアバイ　コンヴィーニエンス　ストーア

Point ここでの **withdraw** は、「(現金などを) 引き出す」という意味で使われています。

214

この地図のここを見てください。〈地図を使って説明するときに〉

Please look here on this map.
ブリーズ　　　ルック　　ヒア　　オン　ディス　マップ

私たちはここです。そのコンビニはここです。

We are here. This is the convenience store.
ウィーアー　　ヒア　　ディスィズ　ダ　　コンヴィーニエンス　　　ストーア

どうぞこの地図をお持ちください。

Please bring this map with you.
ブリーズ　　　ブリング　　ディス　マップ　　ウィズユー

●レストラン紹介

> 近くのいいレストランを教えていただけますか？
> ## Can you tell me a nice restaurant nearby?
> キャンユー　　　テル　　ミー　ア　ナイス　レストゥラントゥ　　　ニアバイ

どのような料理がご希望ですか？

What kind of food would you like?
ホワットゥ　　カインドゥ　オヴ　フードゥ　　ウッジュー　　　　ライク

> 地元の料理がいいですね。
> ## I'd like local food.
> アイドゥ　ライク　ロウカル　　フードゥ

私ども（当ホテル）の日本料理店はいかがでしょうか？

How about our own Japanese restaurant?
ハウアバウトゥ　　　アウァ　オウン　ジャパニーズ　　　レストゥラントゥ

焼き鳥のおいしいお店があります。

There is a nice *yakitori* restaurant.
デアリズ　　　　ア　ナイス　ヤキトーリィ　　レストゥラントゥ

ご予約をお取りしましょうか？

Shall I make a reservation for you?
シャルアイ　　メイク　　ア　リザァヴェイション　　　フォーユー

Part 5 宿泊施設の接客・案内フレーズ

クローク

お荷物をお預かりいたしましょうか？

May I take your bag?
メイアイ　テイク　ユァ　バッグ

こちらですべてですか？

Is that everything?
イズ ダットゥ　エヴリィスィング

中に何か貴重品は入っていますか？

Is there anything valuable inside?
イズデア　　エニィスィング　　ヴァリュァブル　　インサイドゥ

当ホテルでは、貴重品はお客様の責任で管理していただきます。

In our hotel, guests are responsible
イン　アウァ　ホゥテル　　グェスツ　　アー　レスポンスィブル

for managing their own valuables.
フォー　マネイジング　　デァ　オウン　　ヴァリュァブルズ

申し訳ありませんが、こちらはお預かりできません。

I'm afraid we can't keep this one.
アイム　アフレイドゥ　ウィー　キャントゥ　キープ　ディス　ワン

引き換え札です。

Here is your claim tag.
ヒァリズ　　ユァ　　クレイム　　タッグ

(Point) **claim tag**は**claim check**（クレイム チェック）とも言います。紙の場合は**deposit receipt**（ディパズィットゥ リスィートゥ）と言います。

引き換え札を拝見できますか？

May I have your claim tag, please?
メイアイ　　ハヴ　　ユァ　　クレイム　　タッグ　　プリーズ

両　替

ご宿泊のお客様でいらっしゃいますか?

Are you staying with us?
アーユー　　　　　ステイング　　　ウィズ　　アス

ドルから円への両替でよろしいですか?

Would you like to exchange dollars to yen?
ウッジュー　　　　　　ライク　トゥ　イクスチェインジ　　ダラーズ　　　トゥ　イェン

[言替単語] ●元　yuan (ユアン)　●ウォン　won (ワン)　●ユーロ　Euro (ユーロゥ)

おいくら両替いたしましょうか?

How much would you like to exchange?
ハウマッチ　　　　　　ウッジュー　　　　　ライク　トゥ　イクスチェインジ

Plus ① 本日のレートはこちらでございます。
This is today's exchange rate.
ディスィズ　トゥデイズ　イクスチェインジ　レイトゥ

100アメリカドルは、日本円で14,000円ほどに換算されます。

One hundred US dollars converts to
ワン ハンドゥレッドゥ　　　　　　ユーエスダラーズ　　　　　コンヴァーツ　　　　トゥ

around fourteen thousand Japanese yen.
アラウンドゥ　　　フォーティーン　　　タウザンドゥ　　　ジャパニーズ　　　　イェン

words convert　換算する、両替する

お金とレシートでございます。

Here's your money and receipt.
ヒアーズ　　　ユァ　　　マニィ　　　アンドゥ　リスィートゥ

申し訳ありませんが、両替所はございません。

Sorry. We can't exchange foreign currency.
ソーリィ　　　ウィー　キャントゥ　イクスチェインジ　　　フォーリン　　　カレンスィー

客室サービス

●ルームサービスの注文

ルームサービスです。ご用件は何でしょうか?

Room service. How can I help you?
ルーム　サーヴィス　ハウ　キャナイ　ヘルプ　ユー

> ピザをお願いしたいのですが。
> # I'd like to order a pizza.
> アイドゥ　ライク　トゥ　オーダー　ア　ピッツァ
>
>

かしこまりました。すぐ手配いたします。

Certainly. I'll take care of it right away.
サートゥンリィ　アイル　テイク　ケア　オヴ　イットゥ　ライトゥアウェイ

何名様でお召し上がりですか?

How many people will be dining?
ハウメニィ　ピープル　ウィルビィ　ダイニング

お部屋番号をお願いできますか?

Could I have your room number?
クッダアイ　ハヴ　ユァ　ルーム　ナンバー

 What's the room number?（お部屋番号は?）
ホワッツ　ダ　ルーム　ナンバー

20分ほどお時間がかかります。よろしいでしょうか?

It'll take about twenty minutes. Is that all right?
イトゥル　テイク　アバウトゥ　トゥウェンティ　ミニッツ　イズ　ダットゥ　オールライトゥ

Plus ① お食事は何時頃お持ちいたしましょうか?
What time should we bring your meal?
ホワッタイム　シュッドゥ　ウィー　ブリング　ユァ　ミール

ほかに何かございますか?

Anything else we can do for you now?
エニィスィング　　エルス　　ウィーキャン　　ドゥー　フォーユー　　ナゥ

●食事を運ぶ

ルームサービスです。 入ってもよろしいでしょうか?

Room service. May I come in?
ルーム　　　サーヴィス　　メイアイ　　カム　　　イン

テーブルはこちらにご用意してよろしいでしょうか?

May I set the table here?
メイアイ　　セットゥ ダ　　テイブル　ヒア

食器はドアの外に置いてください。

Please leave the dishes outside the door.
プリーズ　　　　リーヴ　　ダ　　ディッシュイズ アウトゥサイドゥ　ダ　　　ドーア

words leave　置いておく

●部屋のクリーニング

ハウスキーピングです。 入ってもよろしいですか?

Housekeeping. May I come in?
ハウスキーピング　　　　　　メイアイ　　カムイン

お部屋の掃除をしてもよろしいでしょうか?

May I clean your room?
メイアイ　　　クリーン　　ユァ　　　ルーム

[言替単語]　●ベッドメイク　**make the bed**（メイク ダ ベッドゥ）

もう少しあとにしてもらえますか?
Can you do it later?
キャンユー　　　　ドゥ　イットゥ レイタァ

では、のちほどまいります。

All right. I'll come back later.
オールライトゥ　　アイル カムバック　　　　　レイタァ

Plus ① お部屋の掃除をご希望の際に、お電話でお知らせください。
Please call us when you'd like your room cleaned.
プリーズ　　コール アス ウエン　　ユードゥ　ライク ユァ　　ルーム　　クリーンドゥ

219

対応

ランドリーサービス

● クリーニングの問い合わせ

クリーニングはどのようにお願いすればいいですか?
How can I use the laundry service?
ハウ　　キャナイ　　ユーズ　ダ　　ローンドゥリィ　　サーヴィス

洗濯物は、ランドリーバッグにお入れください。
Please place your laundry in the laundry bag.
プリーズ　　プレイス　ユァ　ローンドゥリィ　イン ダ　ローンドゥリィ　バッグ

ランドリーリストにご記入ください。
Please fill in the laundry list.
プリーズ　　フィルイン ダ　ローンドゥリィ　リストゥ

明日の朝までにお願いできますか?
Can I have it back tomorrow morning?
キャナイ　　ハヴ　　イットゥ バック　トゥマロウ　　モーニング

明日の朝7時までに仕上がります。
It'll be ready by seven a.m. tomorrow.
イットゥル ビイ　レディ　　バイ セヴン　　エィエム　トゥマロウ

翌日仕上げになります。
It'll be ready the next day.
イットゥル ビイ　レディ　ダ　ネクトゥ　デイ

Plus ① 当日仕上げをご希望ですか?
Would you like it returned today?
ウッジュー　　ライク イットゥ リターンドゥ　トゥデイ

洗濯物は午後11時までにお預けください。
Please drop off your laundry by eleven p.m.
プリーズ　　ドゥロブオフ　ユァ　ローンドゥリィ　バイ イレヴン　ピィエム

客室係が取りにうかがいます。

The maid will come and collect your laundry.
ダ　　メイドゥ　　ウィル　　カム　　　アンドゥ　コレクトゥ　　ユァ　　　　ローンドゥリィ

洗濯物はフロントまでお持ちください。

Please bring your laundry to the front desk.
ブリーズ　　　　ブリング　　ユァ　　ローンドゥリィ　　トゥ　　ダ　　　フロントゥ　デスク

洗濯のサービスはございません。

We don't have laundry service.
ウィー　ドントゥ　　ハヴ　　ローンドゥリィ　　　サーヴィス

● コインランドリー

洗濯機はこちらです。

Here's the washing machine.
ヒアーズ　　　ダ　　　　ウォッシング　　　マシーン

［言替単語］ ●乾燥機 **dryer**（ドゥライアー）

Plus ① 洗剤は無料でお使いいただけます。
Detergents are available for free.
ディタージェンツ　　アー　　アヴェイラブル　　フォー フリー

洗濯物はこちらに干すことができます。

You can hang your laundry here.
ユーキャン　　　　ハング　　ユァ　　ローンドゥリィ　ヒア

> パンツプレス（ズボンプレッサー）はありますか?
> # Do you have a pants press?
> ドゥーユー　　　ハヴァ　　　　パンツ　　　プレス

(**Point**) **pants press** は、イギリス英語では **trouser press**（トゥラウザァ プレス）と言います。

お部屋のクローゼット内にございます。

Yes, it's in the closet in the room.
イェス　　イッツ　イン　ダ　　クローズィットゥ イン ダ　　ルーム

アイロンも無料でご利用いただけます。

You can use an iron for free.
ユーキャン　　　ユーズ　アン　アイアン　フォー　フリー

Part 5 宿泊施設の接客・案内フレーズ

ビジネスサポート

● コピーを取る

> コピーを取っていただけますか?
> **Could you photocopy these for me, please?**
> クッジュー　　　　　　フォトコピー　　　　ディーズ　　フォーミー　　プリーズ

かしこまりました。1枚ずつでよろしいですか?

Certainly. One for each?
サートゥンリィ　　　　ワン　　フォー　イーチ

> 3枚ずつお願いできますか?
> **Please make three photocopies of these.**
> プリーズ　　　メイク　　スリー　　フォトコピーズ　　　　オヴ　ディーズ

1枚10円です。合計120円になります。

It's ten yen per page.
イッツ　テン　　エン　パァ　ベイジ

The total is one hundred twenty yen.
ダ　　　トウタル　　イズ ワン ハンドレットゥ　　　　トゥエンティ　エン

● ビジネスセンター

ビジネスセンターは2階にございます。

The business center is available on the second floor.
ダ　　ビズィネスセンター　　　イズ アヴェイラブル　　オン ダ　セカンドゥ　　　フローァ

ロビーにインターネット用のパソコンをご用意しております。

Desktop PCs for the Internet are available in the lobby.
デスクトップ ピスィーズ フォーダ　　　インターネット　アー　アヴェイラブル　インダ　　　ロビィ

ご自由にお使いください。無料です。

You can use them anytime. They're free.
ユーキャン　　　ユーズ　デム　　　エニィタイム　　　ディアー　　　フリー

有料でノートパソコンの貸し出しサービスがあります。

We have a laptop rental service for a charge.
ウィー　ハヴァ　　　ラップトップ　レンタル　　サーヴィス　　フォー　ア　チャージ

インターネットのご利用は1日2,000円です。

The Internet access fee is two thousand yen
ディ　　インタァネットゥ　アクセス　　フィー　イズ　　　トゥー タウザンドゥ　　イェン

per day.
パァ　　デイ

このパスワードを入力してください。

Enter this password.
エンタァ　　　ディス　　パスワードゥ

プリントアウトはできますか?

Can I print the data out?
キャナイ　　プリントゥ　ダ　　　デイタ　　アウトゥ

はい、こちらにプリンタがございます。

Yes, we have a printer here.
イェス　　ウィー　ハヴァ　　　プリンタァ　　ヒァ

どこならWi-Fiがつながりますか?

Where can I connect with Wi-Fi?
ウエァ　　　　キャナイ　　コネクトゥ　　　　ウィズ　　ワイファイ

<u>ロビー</u>でご利用いただけます。（➡P.204「Wi-Fi・無線LANについて」）

It's available <u>at the lobby.</u>
イッツ　アヴェイラブル　　　アットゥ ダ　　ロビー

[言替単語]　●このあたりで　**around here**（アラウンドゥ ヒァ）
　　　　　　●全館で　**in the whole building**（イン ダ ホウル ビルディング）

携帯電話の充電用ケーブルも、無料で貸し出しております。

We also provide free rental of mobile phone
ウィー　オールソゥ　プロヴァイドゥ　　フリー　　レンタル　　オヴ　モバイルフゥォン

charging cables.
チャージング　　　ケイブルズ

Part 5 宿泊施設の接客・案内フレーズ

入浴・温泉

● 浴場の種類

こちらが当館の大共同風呂で、「大浴場」と呼ばれています。

This is our large common bath. It's called *daiyokujo*.
ディスイズ アウァ ラージ カーメン バス イッツ コールドゥ ダイヨクジョウ

words common 公共の、共有の

大浴場は男女で分かれています。

The large common bath is separated by gender.
ダ ラージ カーメン バス イズ セパレイティッドゥ バイ ジェンダー

この町にはいくつか混浴の温泉があります。

There are some mixed gender hot springs in this town.
デラーラー サム ミックストゥ ジェンダー ハットゥスプリングズ インディス タウン

Point mixed gender は一般的に「男女混合」と訳されます。最近では、一部の公共施設などに for all genders と表記され、これを「男女共用」としているところもあります。genders と表記された場合は、「男」「女」2つの性別を言うのではなく、自己の多様な性別について含むものです。性への認識の多様化により、さまざまな表現が出てきています。

サウナが併設されております。

We also have a sauna.
ウィー オールソゥ ハヴァ ソーナ

サウナ室の横にあるのは水風呂です。

There is a cold bath next to the sauna room.
デアリズア コウルドゥ バス ネクストゥー ダ ソーナ ルーム

大浴場の入浴の時間は午前8時から午後11時までです。

The main bath is open
ダ メイン バス イズ オウプン

from eight a.m. to eleven p.m.
フロム エイトゥ エィエム トゥ イレヴン ピィエム

5
宿
泊
‥‥‥
入
浴
・
温
泉

24時間ご利用できます。

It's open for twenty-four hours.
イッツ　オウプン　フォー　トゥウェンティー フォーア　　アワァズ

Plus ①　温泉は24時間かけ流しです。
The hot spring is constantly refreshed twenty-four hours a day.
ダ　　ハットゥ スプリング　イズ コンスタントゥリィ　リフレッシュツトゥ　トゥウェンティー フォーア アワァズ　ア デイ

家族風呂もご予約いただけます。

You can reserve a family bath.
ユーキャン　　リザーヴ　　ア ファムリィ　　バス

[言替単語]　●貸切風呂　**a private bath**（プライヴェィト バス）

時間制で、ご家族だけでお使いいただけます。

It can be rented by the hour for family use.
イットゥ キャンビィ　　レンティッドゥ バイ　ディ　　アワァ　　フォー ファムリィ　　ユース

1時間ごとの予約制でございます。

It can be used by the hour by reservation.
イットゥ キャンビィ　　　ユーズドゥ　バイ ディ　　アワァ　　バイ　リザァヴェイション

温泉の露天風呂もございます。

We also have an open-air hot spring bath.
ウィー　オールソウ ハヴァン　　　オウプンエア　　　ハットゥ　スプリング　　バス

●料金について

入浴料は800円です。

The entrance fee to the bath is
ディ　　エントゥランス　　フィー トゥ ダ　　バス　　　イズ

eight hundred yen.
エイトゥ ハンドゥレッドゥ　　　　　イェン

お泊りの方は無料です。

It's free for our guests.
イッツ　フリー　　フォー アウァ ゲスツ

日帰り入浴も可能です。

The hot spring is available for day trip visitors.
ダ　　ハットゥ スプリング　　イズ アヴェイラブル　　フォー デイ　トゥリップ ヴィズィターズ

225

シャンプー、リンス、せっけんはご自由にお使いください。

Please feel free to use shampoo,
ブリーズ　　　フィール　フリー　トゥ　ユーズ　シャンプー

conditioner, and soap.
コンディショナー　　　　　アンドゥ　ソウプ

タオルはお部屋からお持ちいただけますか?

Would you bring the towels from your room?
ウッジュー　　　　　　ブリング　ダ　タウワルズ　フロム　ユァ　ルーム

タオルの貸し出しをしています。

We offer a towel rental service.
ウィー　オファー　ア　タウワァル　レンタル　サーヴィス

このタオルはサービスです。（➡ P.31「お客様への対応⑥」）

Towels are complimentary.
タウワルズ　　　アー　　コンプリメンタリィ

脱衣所で服を脱いでください。

Please get undressed in the dressing room.
ブリーズ　　　　ゲットゥ　アンドゥレストゥ　　イン　ダ　ドゥレッスィング　ルーム

服はこちらのカゴに入れてください。

Please put your clothes in the basket.
ブリーズ　　　プットゥ　ユァ　　クローズ　　　イン　ダ　　バスケットゥ

ロッカーは有料です。

There is a charge for using lockers.
デアリズ　　　　ア　チャージ　　　フォー　ユーズィング　ロッカァズ

使用済みタオルはこちらへ入れてください。

Please put the used towels here.
ブリーズ　　　プットゥ　ダ　　ユーズドゥ　タウワァルズ　ヒァ

● 入浴時の注意

まず体を流してから、湯船にお入りください。

Please rinse your body first,
ブリーズ　　　　リンス　　ユァ　　バディ　　ファーストゥ

and then soak yourself in the bathtub.
アンドゥ　デン　　ソゥク　　ユァセルフ　イン　ダ　　バスタブ

words soak（水などの液体に）浸す、つける

湯船で体を洗わないでください。

Please don't wash your body in the bathtub.
ブリーズ　　ドントゥ　　ウォッシュ　ユァ　　バディ　　イン　ダ　　バスタブ

(Point) 口語表現になりますが、**Rinsing the body first and then soaking in the bathtub.**
「まず体を流す、そして湯船に入る」と、標語的に伝えるのもよいでしょう。

タオルを湯船に入れないでください。

Please avoid soaking towels in the bathtub.
ブリーズ　　アヴォイドゥ　ソゥキング　　タウワルズ　イン　ダ　　バスタブ

words avoid ～ ing（～するのを）避ける

写真撮影はご遠慮ください。

Please don't take photographs.
ブリーズ　　ドントゥ　　テイク　　フォトグラァフズ

湯船の中では泳がないでください。

Please don't swim in the bathtub.
ブリーズ　　ドントゥ　　スウィム　イン　ダ　　バスタブ

栓は抜かないでください。

Please don't unplug the tub.
ブリーズ　　ドントゥ　　アンプラグ　　ダ　　タブ

浴室内でのご飲食は禁止です。

Drinking and eating are prohibited
ドゥリンキング　　　アンドゥ　イーティング　　アー　　プロヒビテドゥ

in the bath.
イン　ダ　　バス

words prohibit　禁止する、禁じる

水着を着て入ってもいいですか?

Can I wear a swimming suit
キャナイ　ウェア　ア　スウィミング　スートゥ

in the bathtub?
イン　ダ　バスタブ

水着の着用はご遠慮ください。

Please don't wear a swimming suit.
プリーズ　ドントゥ　ウェア　ア　スウィミング　スートゥ

申し訳ありませんが、お部屋のお風呂をお使いください。

We're sorry, but would you use
ウィアー　ソーリィ　バットゥ　ウッジュー　ユーズ

the bathtub in your room?
ダ　バスタブ　イン　ュァ　ルーム

● 温泉の説明

当温泉は硫黄泉（いおう）です。

We have sulfur springs.
ウィー　ハヴ　サルファ　スプリングズ

words sulfur　硫黄

［言替単語］　● 炭酸　carbonated（カーボナティッドゥ）
　　　　　　● アルカリ性単純　alkalin simple（アルカリン シンプル）

高血圧によく効くと言われています。

People say that it's effective
ピープル　セイ　ダットゥ　イッツ　イフェクティヴ

against high blood pressure.
アゲンストゥ　ハイ　ブラッドゥ　プレッシャー

［言替単語］　● 神経痛　neuralgia（ニュウラルジァ）
　　　　　　● リュウマチ　rheumatism（ルーマティズム）

蛇口から出る温泉水は、お飲みいただけます。

You can drink the hot spring water from the faucet.
ユーキャン　ドゥリンク　ダ　ハットゥ スプリング　ウォーター　フロム　ダ　フォースィットゥ

words faucet　蛇口、栓

気分のすぐれない方は、入浴はご遠慮ください。

Please don't take a bath if you are not well.
プリーズ　　ドントゥ　　テイク　ア　バス　　イフ　ユー　　アー　　ノットゥ　ウェル

［言替単語］●下痢をしている　**have diarrhea** (ハヴ ダイアリィア)

●外湯めぐり

ほかの公衆浴場もご利用いただけます。

You can enjoy other public baths.
ユーキャン　　　　エンジョイ　　アダー　　　パブリック　　バス

当温泉街には、8つの温泉施設があります。

Eight public baths are available here
エイトゥ　　　パブリック　　バス　　　　アー　　アヴェイラブル　　　ヒァ

in this hot spring resort.
イン　ディス　　ハットゥスプリング　　リゾートゥ

こちらの無料チケットをお使いいただけます。

You can use this free ticket.
ユーキャン　　　　ユーズ　ディス　　フリー　　ティケットゥ

こちらが、この地区の温泉浴場地図です。

Here's the map of public baths in this district.
ヒアーズ　　　ダ　　　マップ　オヴ　パブリック　　バス　　　イン　ディス　　ディストゥリクトゥ

●入浴後の気遣い

長湯をするとめまいがしますよ。

A long bath can cause dizziness.
ア　ロング　　バス　　キャン　コーズ　　　ディズィネス

水分を取って、ゆっくりしてください。

It's important to drink water and rest.
イッツ　インポータントゥ　　トゥ　ドゥリンク　ウォーター　アンドゥ　レストゥ

入浴後は体を冷やさないようお気をつけください。

After bathing, please be careful not to get too cold.
アフタァ　ベイディング　　プリーズ　　ビィ ケアフル　　ノットゥ トゥ ゲットゥ トゥー コウルドゥ

5

宿

泊

……

入
浴
・
温
泉

トラブル

● 故障・設備の不具合

冷蔵庫が故障しています。
The fridge doesn't work.
ダ　フリッジ　ダズントゥ　ワーク

シャワーのお湯が熱くなりません。
The water isn't hot enough to shower.
ダ　ウォーター　イズントゥ　ハットゥ　イナフ　トゥ　シャワー

トイレが流れません。
The toilet doesn't flush.
ダ　トイレットゥ　ダズントゥ　フラッシュ

部屋がタバコ臭いです。
My room smells smoky.
マイ　ルーム　スメルズ　スモウキィ

隣の部屋がうるさすぎます。
The people next door are too noisy.
ダ　ピープル　ネクストゥ　ドーア　アー　トゥー　ノイズィ

申し訳ございません。 すぐ係の者がうかがいます。
I'm very sorry. Our staff will be there immediately.
アイム ヴェリィ ソーリィ　アウァ　スタッフ　ウィルビィ　デア　イミディエイトゥリィ

部屋を替えていただけますか?
Could you change to another room?
クッジュー　チェインジ　トゥ　アナダー　ルーム

すぐに別のお部屋をご用意いたします。
We'll prepare another room for you right away.
ウィール　プリペア　アナダー　ルーム　フォーユー　ライトゥアウェイ

● 備品について

> タオルがありません。
> # There aren't any towels.
> デァ　　　　　アーントゥ　　エニィ　　タゥワァルズ

すぐに係の者をうかがわせます。
We'll send someone up right away.
ウィール　　センドゥ　　サムワン　　　　　アップ　ライトゥアウェイ

> くずカゴが汚いです。
> # The wastebasket isn't clean.
> ダ　　　ウェイストゥバスケットゥ　　　　イズントゥ　クリーン

すぐに交換させていただきます。
We'll replace it immediately.
ウィール　　リプレイス　　　イットゥ イミディエイトゥリィ

● お客様への注意と協力への感謝

おくつろぎのところ、申し訳ありません。
Excuse me for interrupting you.
エクスキューズミー　　フォー　インタラプティング　　　　ユー

(Point) excuse me for＋名詞（動名詞）で「（〜して）申し訳ありませんが」という意味になります。

もう少しお声を抑えていただけますか?

Can you please keep your voice down?
キャンユー　　　　　プリーズ　　　キープ　　ユァ　　ヴォイス　　ダウン

ご理解いただきありがとうございます。

Thank you for understanding.
サンキュー　　　　　　フォー　アンダスタンディング

ご協力ありがとうございます。

Thank you for your kind cooperation.
サンキュー　　　　　フォー　ユァ　　　カインドゥ　コゥアペレイション

● ロックアウト

部屋に鍵を置き忘れました。

I left the key in my room.
アイ レフトゥ ダ キー イン マイ ルーム

すぐにスペアキーを持ってお部屋にうかがいます。

I'll bring you a spare key immediately.
アイル ブリング ユー ア スペア キー イミディエイトゥリィ

●トイレの大きさが合わない

部屋のトイレが小さすぎます。

The toilet in my room is too small for me.
ダ トイレットゥ イン マイ ルーム イズ トゥー スモール フォー ミー

ロビーの洋式トイレをお使いください。

Please use the Western-style toilet in the lobby.
プリーズ ユーズ ダ ウエスターンスタイル トイレットゥ イン ダ ロビィ

··

洋式トイレのお部屋へ移られますか?

Would you like to move to a room
ウッジュー ライク トゥ ムーヴ トゥ ア ルーム

with a Western-style bathroom?
ウィズ ア ウェスターンスタイル バスルーム

● 照明について

電気スタンドをお持ちいたします。

We'll deliver a desk light.
ウィール ディリィヴァー ア デスクライトゥ

··

節電にご協力ください。

We appreciate your cooperation
ウィー アプリィシエイトゥ ユァ コゥアペレイション

on saving electricity.
オン セイヴィング イレクトゥリスィティ

5

宿

泊

·····

ト
ラ
ブ
ル

● 空調について

エアコンが利きません。
The air conditioner doesn't work.
ディ　エァコンディショナー　　　　ダズントゥ　　　ワーク

すぐに空調を調節いたします。
I'll adjust the room temperature.
アイル アジャストゥ　ダ　　ルーム　　　テンペラチュァ

寒すぎます。
It's too cold.
イッツ　トゥー　コウルドゥ

すぐに毛布をいくつかお持ちします。
I'll bring you some blankets right away.
アイル ブリングユー　　サム　　　ブランケッツ　　ライトゥアウェイ

● ルームサービスのトラブル

頼んだルームサービスがまだ届きません。
My room service order hasn't been delivered.
マイ　ルーム　　サーヴィス　　オーダー　ハズントゥ　ビィン　ディリィヴァードゥ

申し訳ございません。確認いたします。
I'm sorry. Let me check it.
アイム ソーリィ　　レットゥミー　チェックイットゥ

申し訳ございません。ご注文を間違えておりました。
I'm sorry. We got your order wrong.
アイム ソーリィ　　ウィー　ガットゥ　ユァ　　オーダー　　ゥロング

すぐにお持ちいたします。
We'll deliver it immediately.
ウィール　　ディリィヴァー　イットゥ イミディエイトゥリィ

申し訳ございません。あと20分ほどかかります。
I'm sorry. It'll take twenty minutes more.
アイム ソーリィ　　イトゥル テイク　トゥウェンティ　ミニッツ　　　モァ

お待たせして申し訳ありません。

I'm sorry to have kept you waiting.
アイム　ソーリィ　トゥ　ハヴ　ケプトゥ　ユー　　ウェィティング

お待たせいたしました。準備ができました。

Thank you for your patience. The order is ready.
サンキュー　　フォー　ユア　　ペイシェンス　　ティ　オーダー　イズ レディ

従業員の対応がとても悪かったのですが。

The staff member behaved very badly.
ダ　　スタッフ　メンバー　　　ビヘィヴドゥ　　　ヴェリィ　バッドリィ

申し訳ございません。どのような対応でしたか?

I'm sorry for that. May I ask how he behaved?
アイム ソーリィ　フォー　ダットゥ　メイアイ　アスク　ハウ　　ヒー　ビヘィヴドゥ

お話をうかがわせてください。

Please tell me what happened?
プリーズ　　　テル　　ミー　　ホワットゥ　ハプンドゥ

ご不快な思いをさせてしまいおわび申しあげます。

I apologize for what you have experienced.
アイ アパロジャイズ　　　フォー　ホワットゥ　ユー　　ハヴ　　　イクスピェリエンストゥ

本人に注意のうえ、責任者に報告いたします。

I'll warn him and report it to the manager.
アイル ウォーン　　ヒム　　アンドゥ　リポートゥ　イットゥ トゥ　ダ　　　マニィジャー

(Point) 例文では、担当者を男性と想定してhimとしています。

お話をうかがって、たいへん残念に思います。

I'm very sorry to hear that.
アイム　ヴェリィ　ソーリィ　トゥ　ヒア　　ダットゥ

ご指摘ありがとうございます。

Thank you for your comments.
サンキュー　　　　フォー　ユア　　カァメンツ

[言替単語]　●ご助言　**advice**（アドゥヴァイス）

今後このようなことのないようにいたします。

I'll make sure this will never happen again.
アイル メイク　シューァ ディス ウィル ネヴァー　ハプン　　アゲン

今後の参考にいたします。

We'll have to take that into consideration
ウィール ハフトゥー　テイク ダットゥ イントゥー コンスィダァレイション

for our future.
フォー アワァ フューチャー

words into consideration　考慮する、参考にする

ご理解とご協力に感謝いたします。

We appreciate your understanding
ウィー アプリシエイトゥ　ユァ　アンダァスタンディング

and cooperation.
アンドゥ コァペレイション

● 言葉が聞き取れないとき

もう一度言っていただけますか?

Would you say that again?
ウッジュー　セイ ダットゥ アゲン

Point 相手の言葉が聞き取れなかったら、うやむやにせずわかるまで何度もたずねましょう。

ゆっくり話していただけますか?

Could you tell me more slowly?
クッジュー　テル ミー モァ スロウリィ

すみません、お声が少し聞き取りにくいのですが。〈電話などで〉

I'm sorry, I'm having a little trouble hearing you.
アイム ソーリィ　アイム ハヴィング ア リトゥル トゥラブル ヒアリング ユー

もう少し大きな声でお話しいただけますか?

Could you please speak a little louder?
クッジュー　プリーズ スピーク ア リトゥル ラウダー

Point speak a little louderは「もう少し大きな声で話してください」という慣用表現です。

235

Part 5 宿泊施設の接客・案内フレーズ

チェックアウト

● 鍵・ミニバー

チェックアウトをお願いします。

I'd like to check out, please.
アイドゥ　ライク　トゥ　チェック　　アウトゥ　プリーズ

チェックアウトでございますか?

Would you like to check out?
ウッジュー　　　　　　ライク　トゥ　チェック　　アウトゥ

1208号室のフリーマン様ですね。

Ms. Freeman.　Room twelve zero eight?
ミズ　　フリーマン　　　　ルーム　　トゥウェルヴ　ゼロ　　エイトゥ

お部屋の鍵をいただけますか?

May I have your room key, please?
メイアイ　　ハヴ　　ユァ　　ルーム　　キー　　プリーズ

ミニバーはご利用になりましたか?

Did you have anything from the mini-bar?
ディッジュー　　ハヴ　　エニィスィング　フロム　ダ　　ミニィバー

部屋の冷蔵庫から飲み物は飲まれましたか?

Did you drink anything from the fridge?
ディッジュー　　ドゥリンク　エニィスィング　フロム　ダ　フリッジ

ペットボトルの水とコーラを1本ずつです。

I　had a plastic bottle of water
アイ　ハドゥ　ア　プラスティク　バトゥル　オヴ　ウォーター

and a coke.
アンドゥ　ア　コウク

●ご請求額の説明

合計金額は 48,000 円でございます。

That will be forty-eight thousand yen in total.
ダットゥ　ウィルビィ　フォーティ エイトゥ タウザンドゥ　　　　イェン　イン トウタル

料金には、消費税10%が含まれております。

It includes ten percent consumption tax.
イットゥ インクルーズ　　テン　　パーセントゥ　　コンサンプション　　　　タックス

宿泊にかかる消費税は免税されません。

The consumption tax on accommodation is
ダ　　コンサンプション　　　　タックス オン　アカモデイシュン　　　　　イズ

not exemptible.
ノットゥ　イグゼンプティブル

words exemptible　特定の法律や義務などから免除・除外の対象となるものや人など

レイトチェックアウトは 5,000 円追加となります。

We charge five thousand yen extra
ウィー　チャージ　　ファイヴ タウザンドゥ　　イェン　エクストゥラ

for a late check out.
フォー　ア　レイトゥ　チェック　　アウトゥ

夕食時の飲み物代 4,500 円が含まれております。

It includes four thousand and five hundred yen
イットゥインクルーズ　　フォーア タウザンドゥ　　アンドゥ ファイヴ ハンドゥレッドゥ　イェン

for your drinks at dinner.
フォー ユア　ドゥリンクス　アットゥ ディナー

こちらが明細書でございます。ご確認いただけますか?

Here's the bill. Could you check it, please?
ヒアーズ　　ダ　　ビル　クッジュー　　　チェックィットゥ　　プリーズ

電話料金が加算されております。

The telephone charges are added to the bill.
ダ　　テレフォウン　　　チャージィズ　　アー　アディッドゥ　トゥ ダ　ビル

● 請求書の間違い

すみません。これは何かの間違いだと思います。

Excuse me, but
エクスキューズミー　　　バットゥ

I think it must be some kind of mistake.
アイ スィンク　イットゥ マストゥビィ　サム　　カインドゥ オヴ ミステイク

この電話はしていません。

I didn't make this phone call.
アイ ディドントゥ　　メイク　　ディス　　フォウン　　コール

申し訳ありません。 お取り消しいたします。

We're sorry. We'll deduct it from the bill.
ウィアー　　ソーリィ　　ウィール　ディダクトゥ　イットゥ フロム　ダ　　ビル

● お支払いについて （➡ P.52）

お支払いはどのようになさいますか?

How would you like to make your payment?
ハウ　　ウッジュー　　　　ライク トゥ メイク　ユア　　　ペイメントゥ

こちらにサインをいただけますか?

Could you sign here, please?
クッジュー　　　　サイン　ヒア　　プリーズ

 I need your signature, please. ※同じ意味で使えます。
アイ ニードゥ　ユア　スィグネチュア　　プリーズ

50,000円お預かりいたします。 ありがとうございます。

Out of fifty thousand yen. Thank you.
アウトゥ オヴ フィフティ タウザンドゥ　　　イェン　　サンキュー

8,000円のお返しです。

Here's eight thousand yen change.
ヒアーズ　　エイトゥ タウザンドゥ　　　イェン　チェインジ

ご確認くださいませ。

Make sure that the change is right.
メイク　　　シューア　ダットゥ　ダ　　チェインジ　イズ ライトゥ

お支払いは、自動チェックアウト精算機でお願いできますか?

Could you please pay at the self-checkout
クッジュー　　　　プリーズ　　　ペイ　アットゥ ダ　セルフチェックアウトゥ

machine?
マシーン

カードキーを真っすぐに自動チェックアウト精算機に入れてください。

Please insert your card key straight
プリーズ　　　インサートゥ　ユア　　カードゥキー　　ストゥレイトゥ

into the self-checkout machine.
イントゥー ダ　セルフチェックアウトゥ　　マシーン

カードキーは自動的にその (精算機の) 機械から出てきます。

The card key will come out automatically
ダ　カードゥキー　　ウィル　カムアウトゥ　　オートゥマティカリィ

from the machine.
フロム　ダ　マシーン

● 荷物について

お荷物はこちらですべてでございますか?

Is that all your belongings?
イズ ダットゥ　オール　ユア　　ビロンギングズ

夕方までスーツケースを預かってもらえますか?

Can you take care of my suitcase
キャンユー　　　テイク　ケア　オヴ マイ　スートゥケイス

for me until evening?
フォーミー　　アンティル　イーヴニング

かしこまりました。クロークでお預かりいたします。(➡ P.216「クローク」)

Certainly. It'll be kept in the cloakroom.
サートゥンリィ　イトゥル ビィ　ケプトゥ　イン ダ　　クロウクルーム

Part 5 宿泊施設の接客・案内フレーズ

お見送り

お部屋にお忘れ物はございませんか?

Are you sure you have everything with you?
アーユー　シューァ　ユー　ハヴ　エヴリィスィング　ウィズユー

靴はこちらでお間違いありませんか?〈旅館で〉

Are these shoes yours?
アー　ディーズ　シューズ　ユァーズ

また近いうちにお越しください。

We hope to see you again soon.
ウィー　ホウプ　トゥ　スィー　ユー　アゲン　スーン

またのお越しをお待ちしております。

We look forward to seeing you again.
ウィー　ルック　フォワードゥ　トゥ　スィーング　ユー　アゲン

(Point) **seeing** を、**serving**「提供すること」に替えてもよいでしょう。どちらを使っても、お客様の再訪をお待ちする気持ちを伝える文になります。

お部屋はいかがでしたか?

How did you like your room?
ハウ　ディッジュー　ライク　ユァ　ルーム

(Point) 例文の **your room** は、滞在したお客様の個人的な感想についてたずねるときに使います。**your** を **the** に替えると、日本のホテルや旅館の部屋についての一般的な質問としてたずねる表現になります。どちらも間違いではないので、状況に合わせて使ってみましょう。

当館でのご滞在をお楽しみいただけましたか?

Did you enjoy your stay with us?
ディッジュー　エンジョイ　ユァ　ステイ　ウィズ　アス

(Point) **stay with us** の直訳は「私たちと滞在する」ですが、そこから「当館に滞在する」という意味が込められた表現になります。

Part
6

観光の
接客・案内フレーズ

観光地での接客ポイント

🚏 Part6 について

　Part6では、観光案内所やツアーデスクでの基本的な案内フレーズをはじめ、神社・仏閣など外国からの旅行者にとって関心が高い歴史・文化施設への案内、遊園地やテーマパークといった娯楽施設を中心に紹介しています。またスポーツ施設で使われる例として、ゴルフ場を想定したフレーズも紹介しています。

🚏 「歓迎されている」という安心感を

　旅行者は、慣れない海外旅行先で不安感を感じることもあります。受け入れ側からの積極的な対応によって、「歓迎されている」という安心感を持ってもらうことができます。

　ただし、言葉が通じない、習慣の違いに戸惑いを感じるといった不安を取り除いていく工夫は必要ですが、必ずしもすみずみまで配慮が行き届いた、完璧な対応が求められるわけではありません。大切なのは、人と人とのコミュニケーションです。旅行者に最低限必要と思われるポイントを押さえて、観光を楽しんでもらいましょう。

🚏 外国旅行者の視点で案内を作成

　たとえばトイレのように、日本人にとっては説明がいらないような設備や施設でも、外国の人にとっては初めてで使い方などがよくわからない場合も多いものです。

　特に、シャワー式トイレは世界的に知られており普及もし始めているようですが、地域によっては私たちが思っているほど普及していないようです。また一般の水洗トイレであっても、水洗ボタンと非常ボタンを間違えたりする可能性があります。

　対応策としては、英語を含む多言語の説明書きを貼っておくのがいちばん効果的でしょう。文字表記がいらないピクトグラム（案内用の絵文字）も有効です。

ピクトグラムを利用するときは、どの国の人が見てもわかるように、また勘違い
が生まれないようにわかりやすい表示を工夫しましょう。

ネットスペースのチェック

　旅先の情報を集めたり、SNS（Social Net Service）を通じて旅行の様子
を友人へ投稿したりするなど、インターネットを頻繁に利用しながら旅行する外
国人旅行客が増えています。あらかじめWi-Fi（無線LAN）が使えるスペースを
チェックして、外国からのお客様にわかりやすく掲示をしたり、施設案内パンフレッ
トに記載するのもおすすめです。

Part 6 観光の接客・案内フレーズ

観光案内所やツアーデスクで

● ツアーの問い合わせ

このあたりの地図はありますか？

Do you have a map of this area?
ドゥーユー　　　ハヴァ　　　マップ　　オヴ　ディス　　エァリア

はい。どうぞ。

Yes. Here it is.
イェス　　ヒァ　　　イティィズ

(Point) **Here you are.**（ヒァ ユー アー）という言い方もあります。相手にものを差し出すときに **Please.** と言わないようにしましょう。日本語では両方とも「どうぞ」と訳されることが多いのですが、こちらはお願いの表現です。

観光マップをどうぞ。無料ですよ。

Please take this sightseeing map. It's for free.
プリーズ　　テイク　　ディス　　サイトゥスィーイング　　　　マップ　　イッツ　フォー　フリー

［言替単語］ ● 鉄道路線図　railway route map（レイルウェイ ルートゥ マップ）

そちらの棚に、ツアーのパンフレットがあります。

There are tour brochures on the shelf over there.
デァラー　　　　トゥアー　　ブロウシューアーズ　　オン　ダ　　　シェルフ　オウヴァ　デァ

半日くらいで回れるツアーはありますか？

Do you have any half-day tours?
ドゥーユー　　　ハヴ　　エニィ　　ハーフディ　　　トゥアーズ

午前中のバスツアーはいかがですか？

How about morning bus tours?
ハウアバウトゥ　　　　　モーニング　　　バス　トゥアーズ

［言替単語］ ● 午後　afternoon（アフタァヌーン）

244

浅草の観光はどれくらいの時間を見ればいいですか？

How long do we need for
ハウロング　　　　　ドゥーウィー　　ニードゥ　　　フォー

an Asakusa Sightseeing Tour?
アナ　アサクサ　　　　　サイトゥスィーイング　　　トゥアー

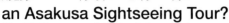

所要時間は3時間くらいです。

It's about three hours.
イッツ　アバウトゥ　　スリー　　　アワァズ

英語ガイドつきツアーがあります。

There are guided English tours.
デアラー　　　　　　ガイディッドゥ　　イングリッシュ　トゥアーズ

（そのツアーの）ご予約をお取りしましょうか？

Shall I book it for you?
シャルアイ　　ブック　　　イットゥ フォーユー

Plus ① 予約は不要ですので、そのまま会場にお越しください。
You don't need a reservation, just join the tour at the site.
ユー　ドントゥ　ニードゥ　ア　リザァヴェイションズ　ジャストゥ ジョイン ダ　トゥアー アットゥ ダ　サイトゥ

● キャンセル料・集合時間

当日キャンセル料が発生します。

There is a same day cancellation fee.
デァリズ　　　　ア　セイムデイ　　　　　キャンスレイション　　　　　フィー

words same day cancellation　当日のキャンセル

明日はここに午前9時40分に集合、ホテル出発は午前10時です。

We'll meet here at nine forty a.m. tomorrow
ウィール　ミートゥ　ヒア　アットゥ ナインフォーティ　　エィエム　トゥマロウ

and depart from the hotel at ten a.m.
アンドゥ　ディパートゥ　フロム　ダ　　ホゥテル　アットゥ テン　エィエム

集合場所はツアーデスクの前です。

The meeting place is in front of the tour desk.
ダ　　　ミーティング　　　プレイス　イズ インフロントゥオヴ　　ダ　　トゥアーデスク

こんにちは、ナオミと申します。明日、私が皆さんのツアーガイドを務めます。

Hello, I'm Naomi. I'll be your tour guide for tomorrow.
ヘロゥ　　アイム ナオミ　　アイルビィ ユァ　　トゥアーガイドゥ　　フォー トゥマロウ

....

明日のツアーについてご説明をしたいと思います。

I'd like to explain about tomorrow's tour.
アイドゥライク　トゥ　エクスプレイン　アバゥトゥ　トゥマロウズ　　　トゥアー

....

明日はぶどう狩りを体験します。

Tomorrow, we'll experience grape picking.
トゥマロウ　　　　　ウィール　イクスピェリエンス　　グレイプ　　ピッキング

....

明日のツアーのハイライトは、新鮮なシーフードの食べ放題ランチです。

The highlight of tomorrow's tour is
ダ　　　　ハイライトゥ　　　　オヴ　トゥマロウズ　　　　トゥアー　　イズ

an all-you-can-eat lunch of fresh seafood.
アン　オールユーキャンイートゥ　　　　ランチ　　オヴ フレッシュ　スィーフードゥ

....

この青いシールを胸に貼ってください。

Please put this blue sticker on your chest.
プリーズ　　　プットゥ ディス　ブルースティッカー　　オン　ユァ　　チェストゥ

....

ツアー中はこの青い旗を目印についてきてください。

During the tour, kindly follow the blue flag.
デュアリング　　ダ　　トゥアー　　カインドゥリィ ファロウ　　ダ　　ブルーフラッグ

(Point) **kindly** 〜は「どうか（どうぞ）〜してください」と、相手に何かを優しくお願いする際に使われる表現のひとつです。

....

ツアー前に必ずお手洗いに行っておいてください。

Before the tour begins, please make sure
ビフォァ　　ダ　　トゥアー　ビギンズ　　プリーズ　メイク　　シューァ

to use the restroom.
トゥ　ユーズ ダ　　レストゥルーム

(Point) **restroom** は、**bathroom** や **washroom** とも言います。イギリス英語では **toilet** を使うことが多いようです（➡P.50）。

おおむね、1時間ごとにトイレ休憩があります。

There will be a bathroom break

デア　　　　ウィルビィ　　ア　バスルーム　　　　　　　ブレイク

approximately once every hour.

アプラァキスメイトゥリィ　　　　ワンス　　エヴェリィ　　アワァ

words approximately　おおむね、だいたい

Point bathroom break「トイレ休憩」は、comfort break（カムフォートゥ ブレイク）と表現することもあります。comfortは「楽な、快適な」という意味です。

ご気分が悪いときは、すぐに私に知らせてください。

Please let me know immediately if you feel unwell.

プリーズ　　レットゥミー　ノウ　　　イミディエイトゥリィ　　イフ　ユー　　フィール アンウェル

Point unwellは「気分がすぐれない、悪い」という意味で、feel sickよりも丁寧な表現になります。

バスの出発時刻は時間厳守です。

Bus departure times are punctual.

バス　　　ディパーチュア　　タイムズ　　アー　　パンクチュアル

Point punctualは「時間を固く正確に守る」という意味です。日本の列車などの運行時刻が正確なことを思い浮かべてください。

違うバスに乗らないよう気をつけてください。

Please be careful not to board the wrong bus.

プリーズ　　　ビィ　ケアフル　　ノットゥ　トゥ　ボードゥ　　ダ　　ゥロング　　バス

この青い旗がバスの乗車口に立ててあります。

This blue flag is placed on the bus entrance door.

ディス　　ブルーフラッグ　イズ プレイストゥ オン ダ　　バス　　エントゥランス　　ドーア

予想外の寒さに備えて、上着を1枚余分に持ってきてください。

Bring an extra jacket in case the weather

ブリング　　アン　エクストゥラ ジャキットゥ　インケイス　　ダ　　ウェダー

unexpectedly turns cold.

アンエクスペクティッドゥリィ　　ターンズ　　コウルドゥ

ご理解とご清聴、ありがとうございました。

Thank you for your understanding and attention.

サンキュー　　　　フォー ユァ　　アンダァスタンディング　　　アンドゥ アテンション

近くに名所はありますか？

Are there any sightseeing spots nearby?
アーデア　　　　　エニィ　サイトゥスィーイング　　スポッツ　　ニァバイ

神田明神では美しい桜の木が見られます。

You'll see beautiful cherry trees
ユール　　　スィー　ビューティフル　　チェリィ　　トゥリーズ

in Kanda Myoujin shrine.
イン　カンダ　　　ミョージン　　　シュライン

Plus ① ここの神社の桜は驚くばかりにすばらしいですよ。
Cherry blossoms are in bloom amazingly at this shrine.
チェリィブロッスムズ　　　　　アー　イン ブルーム　アメイズィングリィ アットゥ ディス シュライン

....

散歩に最適な日本庭園があります。

There is a suitable Japanese garden for walking.
デァリズ　　ア スータブル　　ジャパニーズ　　ガーデン　　フォー ウォーキング

［言替単語］●朝の散歩　**a morning walk**（ア モーニング ウォーク）

....

江戸時代の街並みを再現したテーマパークがあります。

There is a theme park reproducing
デァリズ　　ア ティーム　　パーク　　リプロデュースィング

the *Edo* era townscape.
ディ　エド　エラ　タウンスケイプ

Point　era は、period（ピリアドゥ）と言い替えてもよいでしょう。

何か文化体験ができるツアーはありますか？

Are there any cultural experience tours?
アーデア　　　　　エニィ　　カルチュラル　　イクスピェリエンス　　トゥアーズ

座禅を体験してみませんか？

Would you like to join a *Zazen* meeting?
ウッジュー　　　　ライク トゥ ジョイン ア ザゼン　　　ミーティング

Point　*Zazen* は *Zen* meditation（ゼン メディテイション）とも言います。

近所のお寺で座禅会があります。

A *Zazen* meeting will be held at a temple nearby.
ア ザゼン　　　ミーティング　　　ウィルビィ　　ヘルドゥ アットゥ ア テンプル　　　ニァバイ

英語で茶道を体験できるツアーがあります。

There is a guided English tea ceremony tour.
デアリズ　　　ア ガイディッドゥ　　イングリッシュ　ティー セレモニィ　　　トゥアー

Plus ① 椅子に座ったままで参加できます。
You can join the class while sitting on a chair.
ユーキャン　ジョイン ダ　クラァス ホワイル スィッティングオンナ チェア

忍者の格好で写真を撮ってもらえます。

You can have your photograph taken
ユーキャン　　　ハヴ　　　ユァ　　　フォトゥグラァフ　　　テイクン

in a *ninja* costume.
インナ ニンジャ カステューム

侍や芸者のコスプレが楽しめますよ。

You can enjoy cosplay with *samurai*
ユーキャン　　　エンジョイ　コスプレイ　　ウィズ　サムライ

and *geisha* costumes.
アンドゥ ゲイシャ　　カステュームズ

Point Cosplay は costume play を語源とする和製英語ですが、現在では英語として世界中で通じるようになりました。

● イベント・お祭り

今日は、桜祭りが開催されています。
かいさい

The Cherry Blossom Festival is held today.
ダ　　チェリィブロッスム　　　　　フェスティヴァル　イズ ヘルドゥ　トゥデイ

屋台がたくさん出ていますよ。

There are many kinds of food stalls
デアラー　　　メニィ　　カインズ　オヴ フードゥ ストールズ

and wagons there.
アンドゥ ワゴンズ　　　デァ

words food stall　出店　　wagon （街路上の）物売りの車

こちらがイベント会場のマップです。

Here is an event site map.
ヒァリズ　　　　アン　イヴェントゥ　サイトゥ　マップ

混雑しているので、お手回り品にご注意ください。

Please pay attention to your belongings
プリーズ　　　ペイ　　アテンション　　　トゥ　ユァ　　　ビロンギングズ

in a crowd.
インナ　クラウドゥ

今晩泊るホテルを探しているのですが。

I'm looking for a hotel for tonight.
アイム　ルッキング　　　フォー　ア　ホゥテル　　　フォー　トゥナイトゥ

何名様ですか？

How many people?
ハウメニィ　　　　　ピープル

どのようなタイプのお部屋がよろしいですか？

What type of room would you like?
ホワッタイプ　　　　　オヴ　ルーム　　　ウッジュー　　　　　ライク

1泊のご予算はどれくらいでしょうか？

May I ask your budget per night?
メイアイ　　　アスク　ユァ　　バジェットゥ　　パァ　ナイトゥ

こちらのホテルはいかがですか？

How about this hotel?
ハウアバウトゥ　　　　　ディス　ホウテル

1泊、お1人10,000円です。

The rate is ten thousand yen
ダ　　　レイトゥ　イズ テン タウザンドゥ　　　　イェン

per person per night.
パァ　　パースン　　パァ　ナイトゥ

もう少し安いホテルはありませんか？

Do you have a slightly cheaper hotel?
ドゥーユー　　　ハヴァ　　　　スライトゥリィ　　チーパァ　　　ホウテル

申し訳ありません。このあたりでは見あたりません。

Sorry. I can't find any hotels around here.
ソーリィ　　　アイ キャントゥ　ファインドゥ エニィ　ホウテルズ　　アラウンドゥ　　ヒァ

ゲストハウスでよろしければ、8,000円のお部屋があります。

Here is a guest house at eight thousand yen
ヒァリズ　　　　ア　ゲストゥ ハウス　　　　　アットゥ エイトゥ タウザンドゥ　　　　イェン

per night if you like.
パァ　　ナイトゥ　イフ ユー　　ライク

[言替単語]　●旅館　**Japanese-style hotel** (ジャパニーズスタイル ホウテル)
　　　　　　●民宿　**Japanese inn** (ジャパニーズ イン)

● **食事処の紹介**

このあたりで気軽に入れるレストランはありますか？

Are there any casual restaurants around here?
ア　デア　　　　　エニィ　カジュアル　　レストゥランツ　　　アラウントゥ　ヒァ

どのような料理がよろしいですか？

What type of food would you like?
ホワッタイプ　　　　オヴ　フードゥ　　ウッジュー　　　　　　ライク

このあたりの名物を食べたいのですが。

I'd like to have some local food.
アイドゥ　ライク　トゥ　ハヴ　　サム　　　ロウカル　フードゥ

ご予算はおいくらぐらいでしょうか？

What's your budget?
ホワッツ　　　ユァ　　バジェットゥ

こちらのそば店はいかがでしょう？

How about this buckwheat noodle restaurant?
ハウアバウトゥ　　　　ディス　　バックウィートゥ　　　ヌードゥル　　レストゥラントゥ

神社・仏閣

● **お参りをする**

> このお寺はいつ頃建てられたものですか？
>
> # When was this temple built?
> ウエン　　　ワズ　　ディス　テンプル　　　　ビルトゥ

この建物は江戸時代に建てられました。

This temple was built in the *Edo* era.
ディス　　テンプル　　　ワズ　　ビルトゥ　イン ディ　エド　　エラ

京都でも古いお寺のひとつです。

This temple is one of the oldest temples in Kyoto.
ディス　テンプル　イズ ワン　オヴ ディ　オウルディストゥ テンプルズ　　イン キョウト

行ってみますか？

Would you like to visit?
ウッジュー　　　　　ライク　トゥ　ヴィズィットゥ

(Point) この場合の **visit** には、単に「観光で訪れる」のほかに「参詣する、参拝する」という意味も含まれています。

> お参りの仕方を教えてください。
>
> # Please teach me the way to worship.
> プリーズ　　　ティーチ　　ミー　　ダ　　ウェイ　トゥ　ワーシップ

words the way to ～　　～の仕方　　**worship**　参拝、お参り

それでは、一緒にお参りしましょう。

Let's do it together.
レッツ　　ドゥー イットゥ トゥギャダァ

お手本をお見せしますね。

I'll show you how to do it.
アイル ショウ　　ユー　　　ハウトゥ　　ドゥー イットゥ

お寺でお参りをしなくてもかまいませんよ。

You don't have to worship at the temple.

ユー　　ドントゥ　　ハフトゥー　　　ワーシップ　　　アットゥ ダ　　テンプル

[言替単語] ●神社　**shrine**（シュライン）/ **Shinto shrine**（シントウ シュライン）

体に煙をかけるのですか？〈お寺で〉

Should I fan some smoke towards myself?

シュッダイ　　　ファン　サム　　　スモウク　　トゥウォーズ　　マイセルフ

この大きな香炉は「大香炉」と呼ばれています。

This large incense burner is called *Dai-Koro*.

ディス　　ラージ　　インセンス　　　バーナァ　　イズ コールドゥ　　ダイコーロ

頭に煙をかけると頭がよくなるそうですよ。

It's said that if you put the smoke

イッツ　セッドゥ　ダットゥ　イフ ユー　　ブットゥ ダ　　スモウク

over your head, you'll get smart.

オウヴァ　　ユア　　　ヘッドゥ　　ユール　　ゲットゥ スマートゥ

お参りの仕方のひとつとして、お賽銭を賽銭箱に入れてお供えします。

As an act of worship,

アズ アン　アクトゥ オヴ ワーシップ

we place our offering in the collection box.

ウィー　プレイス　　アワァ　オファリング　　　イン ダ　　コレクションボックス

(Point) **Offering** には「供物、献金」という意味がありますが、ここでは「お賽銭」と訳しています。

小銭で大丈夫です。

A small coin will be OK.

ア　スモール　　コイン　　ウィルビィ　　オウケイ

5円玉を賽銭箱に入れる人も多いですよ。

Many people put a five yen coin

メニィ　　　ピープル　　　ブットゥ ア ファイヴ　イェン　コイン

into the offertory-box.

イントゥ　ディ　　オファトゥリィボックス

5円には日本語で「よいご縁」という意味があります。

Five-yen pronounced as "*Go-en*" in Japanese

ファイブ イェン　　プロナウンストゥ　　　アズ　ゴエン　　　　イン ジャパニーズ

also means "good fate".

オールソゥ ミーンズ　　　グッドゥ　　フェイトゥ

● おみくじ

おみくじを引きますか?

Would you like to draw your fortune?

ウッジュー　　　　　　ライク　トゥ　ドゥロー　　ユァ　　　フォーチュン

それは「おみくじ」と言って、占いの結果や助言が書かれた細長い紙です。

It's called *omikuji* which are paper slips

イッツ　コールドゥ　　オミクジ　　　　ウイッチ　　　アー　　ペイパースリップス

containing fortune-telling results and advice.

コンテイニング　　　　フォーチュンテリング　　　　リザルツ　　　アンドゥ　アドゥヴァイス

Point　paper slip は「細長い紙片」のことを言います。containing の原形は contain で、「含む」という意味があります。

「大吉」はとってもラッキーという意味です。

"*Dai-kichi*" means Great blessing.

ダイキチ　　　　　　　ミーンズ　　　　グレイトゥ　　ブレッスィング

Point　おみくじの吉凶の主なものを紹介します。

吉　　Blessing（ブレッスィング）
中吉　Middle blessing（ミドゥル ブレッスィング）
小吉　Small blessing（スモール ブレッスィング）
凶　　Curse（カース）
小凶　Small curse（スモール カース）
大凶　Great curse（グレイトゥ カース）

おみくじは、みくじかけのワイヤーや棒にも結ぶことができます。

You can also tie the fortune slip to a place called

ユーキャン　　　オールソゥ タイ　ダ　　フォーチュン　　スリップ トゥ ア プレイス　コールドゥ

Mikuji-kake that has some wires or bars.

ミクジカケ　　　　　ダットゥ　ハズ　サム　　　ワイアァズ　オァ バーズ

Point　専用のみくじかけ（縄などを張り渡した場所）に結ぶのは、木に結ぶと成長を妨げるおそれがあるためです。

幸運のおみくじは持っていてもいいですよ。

You can keep good fortune slips.
ユーキャン　　　キープ　　グッドゥ　　フォーチュン　　スリップス

● 絵馬・お守り

絵馬は祈りごとや願いごとを書く木製の板です。

Ema are wooden plaques on which
エマ　　アー　　ウドゥン　　　プラックス　　　オン　ウイッチ

you write your prayers or wishes.
ユー　　ライトゥ　ユァ　　プレイアーズ　　オァ　ウイッシュイズ

絵馬に願いごとを書いて神社に奉納すると、その願いがかなうと言われています。

Writing your wish on an *Ema* and dedicating it
ライティング　ユァ　　ウイッシュ　オン　アン　エマ　　アンドゥ　デディケイティング　イットゥ

to the shrine can make it come true.
トゥ　ダ　　シュライン　キャン　メイク　イットゥ カム　　トゥルー

(Point) dedicating の原形は dedicate で、「捧げる」という意味があります。

お守りにはいろいろな種類があります。

There are a variety of good luck charms.
デアラー　　　　ヴァライエティ　オヴ グッドゥ　ラック　　チャームズ

(Point) 「お守り」は英語で charm（チャーム）や amulet（アミュレットゥ）と言います。charm は「よいことを願い、呼び込むお守り」、amulet は「悪いことから身を守る願いを込めたお守り」で「魔除け」の働きをすると言われています。

[例] 金運上昇のお守り　charm for increasing financial luck
　　旅行安全のお守り　travel safety charm

破魔矢は儀式的な矢で、邪気を祓うと言われています。

Hamaya are ritual arrows to drive away devils.
ハマヤ　　　　アー　　リチュアル　アロウズ　　トゥ　ドゥライヴ　アウェイ　デヴルズ

カエルのお守りには「無事帰る」の意味があります。

Frog-shaped charms have the meaning of
フロッグシェイプトゥ　　　チャームズ　　ハヴ　　ダ　　ミーニング　　　オヴ

one's safe return.
ワンズ　　セイフ　リターン

遊園地・テーマパーク

● チケット売り場

何名様ですか?

How many people?
ハウメニィ　　　　　　ピープル

入場券と乗り物券は別になっています。

There is a single admission ticket
デァリズ　　　ア　スィングル　アドゥミッション　　ティケットゥ

and a ride ticket separately.
アンドゥ　ア　ライドゥ　ティケットゥ　セパラットゥリィ

一日券もあります。

We have one-day combo tickets, too.
ウィー　ハヴ　　ワンデイ　　　コンボ　　　ティケッツ　　トゥー

7歳以下のお子様は無料です。

It's free for children aged seven and under.
イッツ　フリー　フォー　チュードゥレン　エイジドゥ　セヴン　　アンドゥ　アンダァ

● アトラクションの案内

エリアマップをお持ちください。

Please have an area map.
プリーズ　　　ハヴァン　　　エァリア　　マップ

当園の地図は、このQRコードからダウンロードしてください。

Please download the map of the park
プリーズ　　　ダウンロードゥ　　ダ　　マップ　オヴ　ダ　　パーク

from this QR code.
フロム　　　ディス　キューアールコウドゥ

こちらにお並びください。

Please stand in this line.
ブリーズ　　スタンドゥ　イン ディス　ライン

ここが列の最後尾になります。

This is the end of the line.
ディスィズ　ディ　エンドゥ　オヴ ダ　ライン

待ち時間は2時間ほどです。

The waiting time is about two hours.
ダ　　ウェイティング　　タイム　イズ アバウトゥ　トゥー　アワァズ

● 乗り物についての注意

身長90センチ以上のお子様から乗ることができます。

Children must be ninety centimeters
チュードゥレン　　マストゥビィ　　ナインティ　　センティミーターズ

in height to ride.
イン ハイトゥ　　トゥ ライドゥ

年齢3歳以上のお子様から乗ることができます。

Children must be three years old to ride.
チュードゥレン　　マストゥビィ　　スリー　イァーズ　オウルドゥ トゥ ライドゥ

お子様には、おとなのつき添いが必要です。

Children must be accompanied by adults.
チュードゥレン　　マストゥビィ　　アカンパニィドゥ　　バイ アダルツ

シートベルトをお締めください。

Fasten your seat belt, please.
ファスン　　ユァ　　スィートゥ ベルトゥ　ブリーズ

安全バーをきちっと下げてください。

Pull the safety bar down completely.
ブル　ダ　セイフティ　バー　ダウン　　コンプリートゥリィ

手や顔を、乗り物の外に出さないように。

Keep your hands and face inside the vehicle.
キープ　ユァ　ハンズ　アンドゥ フェイス　インサイドゥ ダ　ヴィェクル

タワー・ランドマーク

予約券はお持ちですか?

Do you have a reservation slip?
ドゥーユー　ハヴァ　リザァヴェイション　スリップ

エレベーター乗り場は、ただいまたいへん混み合っております。

The elevator lobby is currently very crowded.
ディ　エレヴェイター　ロビィ　イズ　カレントゥリィ　ヴェゥリィ　クラウディッドゥ

30分ほどお待ちください。

Please wait for about thirty minutes.
プリーズ　ウェイトゥ　フォー　アバウトゥ　サーティ　ミニッツ

展望デッキへは、エレベーターで昇ります。

Elevators go up to the observation deck.
エレヴェイタァズ　ゴゥ　アップ トゥ　ディ　オブザァヴェイション　デック

東京タワーの展望台へは階段でも上れます。

You can take the stairs to go up to the
ユーキャン　テイク　ダ　ステァーズ　トゥ　ゴゥ　アップ トゥ ダ

main observation deck of Tokyo Tower.
メイン　オブザァヴェイション　デック　オヴ　トウキョウタワァ

 Plus ① 全部で590段です。
There are five hundred ninety stairs.
デァラー　ファイブ ハンドゥレッドゥ　ナインティ　ステァーズ

展望台への最終入場は午後9時までです。

The last admission to the observation deck
ダ　ラーストゥ　アドゥミッション　トゥ　ディ　オブザァヴェイション　デック

is at nine p.m.
イズ　アットゥ ナイン　ピィエム

望遠鏡を覗いてみますか?

Would you like to look through a telescope?

ウッジュー　　　　　　　ライク　トゥ　ルック　スルー　　　ア　テレスコウプ

ここからの眺めは最高です。

You'll have the best view from here.

ユール　　　ハヴ　　ダ　　ベストゥ　ヴュー　　フロム　　ヒァ

あそこに富士山が見えます。

You can see Mt. Fuji over there.

ユーキャン　　　　スィー　マウントゥフジ　オウヴァ　デァ

今日は見晴らしがいいですね。

We have a good view today.

ウィー　ハヴァ　　　グッドゥ　　ヴュー　　トゥデイ

Point 「見晴らしが悪いですね」と言いたいときは、**have** の前に **don't** をつけ加えます。

ここからの夜景も綺麗ですよ。

The night view from here is also beautiful.

ダ　　　ナイトゥ　　ヴュー　　フロム　　ヒァ　　イズ オールソゥ ビューティフル

ここで三脚を使ってもいいですか?

Can I use a tripod here?

キャナイ　　　ユーズ　ア　トゥライポッド　ヒァ

すみませんが、ここでは三脚は使えません。

Sorry, you cannot use a tripod here.

ソーリィ　　　　ユー　　キャンノットゥ　　ユーズ　ア トゥライポッドゥ ヒァ

はい、大丈夫です。

Sure, you can.

シューァ　　ユーキャン

混雑時の三脚のご使用はご遠慮ください。

Please refrain from using a tripod in the crowd.

プリーズ　　　リフレイン　　　フロム　　ユーズィング ア トゥライポッドゥ イン ダ　　　クラウドゥ

Point **refrain from** 〜は 「〜することを控える」 という意味で、**from** のあとには〜**ing**
形の語が使われます。

美術館・博物館

●入り口で

荷物はロッカーに置いておけます。

You can keep the luggage in a coin locker.
ユーキャン　　　キープ　ダ　　ラギッジ　　　　インナ　コイン　ロッカァ

- -

100円玉をご用意ください。

Please have a one hundred yen coin ready.
プリーズ　　　ハヴァ　　　ワン ハンドゥレッドゥ　　　イェン　コイン　レディ

Plus ① お金はあとで戻ります。
You'll get money back later.
ユール　ゲットゥ マニィ　　バック　レイタァ

- -

英語の音声ガイドもございます。

We also offer an English audio guide.
ウィー　オールソゥ オゥファー　アン　イングリッシュ　　オーディオガイドゥ

- -

料金はお1人様1,000円です。

The fee is one thousand yen per person.
ダ　　フィー　イズ ワン タウザンドゥ　　　　イェン　パァ　パーソン

- -

作品の音声解説を聴く場合は、当館のガイドアプリをダウンロードしてください。

If you would like to listen to audio commentary
イフ ユー　　　　ウッドゥ　　　ライク　トゥ　リッスントゥ　　　オーディオ　カァメンタゥリィ

on the works, please download our guide app.
オン　ダ　　　ワークス　　　プリーズ　　　ダウンロードゥ　　　アワァ　ガイドゥアップ

(Point) **commentary** は「解説」、**works** はここでは「作品」という意味です。**app** は「アプリ」の意味で使われています。

- -

解説のある作品にはアイコンが表示されています。

Icons are displayed for works with explanations.
アイカンズ　アー　　ディスプレイドゥ　　フォー　ワークス　　ウィズ　　エクスプラネイションズ

展示品の横にあるQRコードを読み取ると解説が読めます。

You can read the explanation by scanning
ユーキャン　　　リードゥ　ダ　　エクスプラネイションズ　　バイ　スキャニング

the QR code displayed next to the exhibit.
ダ　　キューアールコゥドゥ ディスプレイドゥ　　ネックストゥ トゥ　ディ　　エグズィビットゥ

● 見学案内

矢印に沿ってお進みください。

Please follow the route indicated by the arrow.
プリーズ　　ファロウ　　ダ　　ルートゥ　　インディケイティッドゥ バイ ディ　　アロウ

Plus ① こちらが順路です。
This is the way to the tour route.
ディスィズ　ダ　　ウェイ トゥ ダ　　トゥアー ルートゥ

ご自由に館内をご覧ください。

Please observe the exhibition halls freely.
プリーズ　　オブザァヴ　　ディ　イグズィビション　　ホールズ　フリーリィ

禁止マークのある作品の撮影はできません。

It is not possible to photograph works
イトゥイズ ノットゥ　ポッスィブル　　トゥ　フォトグラァフ　　　ワークス

with prohibited marks.
ウィズ　　プロヒビテドゥ　　マークス

Plus ① ここは撮影禁止です。
Photography is prohibited here.
フォトグラァフィ　　イズ プロヒビテドゥ　　ヒァ

フラッシュは使わないでください。

Please refrain from using flashes.
プリーズ　　リフレイン　　フロム　　ユーズィング フラッシュイズ

展示品には手を触れないでください。

Please don't touch the exhibits.
プリーズ　　ドントゥ　　タッチ　ダ　　イグズィビッツ

ロープより中には入らないでください。

Please keep out of the roped-off areas.
プリーズ　　キープアウトゥ　　オヴ ダ　　ロウプトゥオフ　　エァリアズ

舞台・映画・コンサート

● チケット・席

何名様ですか?

How many people?
ハウメニィ　　　　　　　　ピープル

何時からの回になさいますか?

Which time of the show would you like?
ウイッチ　　　タイム　　オヴ ダ　　ショウ　　　　ウッジュー　　　　　ライク

午後4時30分からの回でよろしいですか?

Is the four thirty p.m. show OK for you?
イズ ダ　　　フォーァ サーティ　　　ビィエム　ショウ　　　オウケイ フォーユー

申し訳ありません、こちらは売り切れです。

Sorry. Tickets for the show are sold out.
ソーリィ　　　ティケッツ　　　フォー ダ　　ショウ　　　アー　　ソウルドゥ アウトゥ

午後7時からの分でしたら空きがございます。

Tickets for the seven p.m. show are available.
ティケッツ　　　フォー ダ　　セヴン　　　ビィエム　ショウ　　　アー　　アヴェイラブル

すべて自由席です。

All seats are non-reserved seats.
オール スィーツ　　アー　　　ナンリザーヴドゥ　　　　　スィーツ

お好きな席にお座りください。

You can take any seat you want.
ユーキャン　　　テイク　　　エニィ　スィートゥ　ユー　　ウォントゥ

お席をお取りします。

I'll reserve your seat.
アイル リザァーヴ　　　　ユァ　　　スィートゥ

ただいま、こちらの席が空いております。〈座席表を示しながら〉

These seats are available now.
ディーズ　スィーツ　アー　アヴェイラブル　ナゥ

こちらが**スクリーン**になります。〈同上〉

The screen is here.
ダ　スクリーン　イズ　ヒァ

［言替単語］　●ステージ（舞台）　**stage**（ステイジ）

3D作品は別途400円かかります。

There is a four hundred yen extra charge
デアリズ　ア　フォーァ　ハンドゥレッドゥ　イェン　エクストゥラ　チャージ

for 3D movies.
フォー　スリーディー　ムーヴィズ

夫婦割チケットがご利用いただけます。

You can buy discount tickets for couples.
ユーキャン　バイ　ディスカウントゥ　ティケッツ　フォー　カプルズ

パスポートをご提示いただけますか?

Could you show me your passport?
クッジュー　ショウ　ミー　ユァ　パスポートゥ

65歳以上の方には、シニア料金が適用されます。

Senior rates apply to those over
スィーニァー　レイツ　アプライ　トゥ　ドゥズ　オウヴァ

sixty-five years old.
スィックスティファイヴ イァーズ　オウルドゥ

Plus ① 6歳以下のお子様は映画館（劇場）に入れません。
Children of age six and under will not be admitted to the theatre.
チュードゥレン　オヴ エイジ スィックスアンドゥ　アンダァ　ウィル ノットゥ ビィ アドゥミッティッドゥ トゥ ダ　スィアタァ

車椅子の補助が必要な際は、私どもにお知らせください。

If you need assistance due to being
イフ ユーニードゥ　アスィスタンス　デュー　トゥ　ビィーイング

in a wheelchair, please inform our staff.
インナ　ウィールチェア　プリーズ　インフォーム　アワ　スタッフ

お席は何番ですか?

May I ask your seat number?
メイアイ　アスク　ユア　スィートゥ　ナンバー

チケットを拝見いたします。

Can I see your ticket, please?
キャナイ　スィー　ユア　ティケットゥ　プリーズ

お客様のお席は3階席になります。

Your seat is on the third floor.
ユア　スィートゥ　イズ　オン　ダ　サードゥ　フローァ

3階へお上がりください。

Please go up to the third floor.
プリーズ　ゴゥ　アップ　トゥ　ダ　サードゥ　フローァ

エレベーターは右側です。

The elevator is on the right.
ディ　エレヴェイタァ　イズ　オン　ダ　ライトゥ

8番扉からお入りください。

Please enter through door eight.
プリーズ　エンタァ　スルー　ドーァ　エイトゥ

お席にご案内いたします。

I'll show you to your seat.
アイル　ショウ　ユー　トゥ　ユア　スィートゥ

お足もとにご注意ください。

Please watch your step.
プリーズ　ウォッチ　ユア　ステップ

こちらがお席になります。

Here is your seat.
ヒァリズ　ユア　スィートゥ

● **開演時の注意**

開演5分前です。

The show will start in five minutes.

ダ　　ショウ　　　ウィル　スタートゥ　イン　ファイヴ　ミニッツ

間もなく始まります。

The show will start soon.

ダ　　ショウ　　　ウィル　スタートゥ　スーン

お席にお着きください。

Please be seated.

プリーズ　　　ビィ　スィーティッドゥ

上演中はご入場できません。

You can't enter during the show.

ユー　　キャントゥ　エンタァ　デュアリング　ダ　ショウ

［言替単語］　●演奏中　**during the performance**（デュアリング ダ パァフォーマンス）

申し訳ございませんが、次の休憩までお待ちください。

I'm sorry, but please wait for the next intermission.

アイム ソーリィ　バットゥ プリーズ　ウェイトゥ フォー ダ　ネクストゥ インタァミッション

上演中の携帯電話の使用はおやめください。

Please don't use your cell phone during the show.

プリーズ　ドントゥ　ユーズ ユァ　セルフォウン　デュアリング　ダ　ショウ

携帯電話やアラームつき時計を、サイレントモードにしてください。

Please set your cell phone and alarm watch

プリーズ　　　セットゥユァ　セルフォウン　アンドゥ　アラームウォッチ

to silent mode.

トゥ　サイレントゥモウドゥ

劇場内のお座席でのご飲食はご遠慮ください。

Please refrain from eating and drinking

プリーズ　　リフレイン　フロム　イーティング　アンドゥ　ドゥリンキング

on the seats in the theater.

オン　ダ　スィーツ　イン ダ　スィアター

水族館・動物園

● 見学案内

こちらが当水族館自慢の大水槽です。

Here is our highly acclaimed huge tank aquarium.
ヒアリズ　アウア　ハイリィ　アクレムドゥ　ヒュージ　タンク　アクウェアリアム

水槽の中のマグロの回遊をご覧いただけます。

You can watch the virtual migration
ユーキャン　ウォッチ　ダ　ヴァーチュアル　マイグレイション

of tuna in the tank.
オヴ　トゥナ　イン ダ　タンク

> **Plus ①** 2 階からもご覧いただけます。
> **You can watch that from the second floor.**
> ユーキャン　ウォッチ　ダットゥ フロム　ダ　セカンドゥ　フローア

クラゲのコーナーは、階段を上がって左側です。

A tank for jellyfish is upstairs on the left.
ア　タンク　フォー ジェリィフィッシュ　イズ アップステアーズ　オン　ダ　レフトゥ

ここでは、深海魚を紹介しております。

Deep sea fish can be observed in this area.
ディープ　スィー　フィッシュ キャンビィ　オブザァヴドゥ　イン ディス　エァリア

● 体験コーナー

こちらは、動物とのふれあいコーナーです。

Here is an area that you can be in close
ヒアリズ　アン　エァリア　ダットゥ　ユーキャン　ビィ　イン クロウス

contact with animals.
コンタクトゥ　ウィズ　アニマルズ

> **Plus ①** こちらのコーナーでは、海辺の生き物に触ることができます。
> **You can actually touch seaside creatures in this area.**
> ユーキャン　アクチュアリィ　タッチ　スィーサイドゥ クリィチュアーズ　イン ディス　エァリア

ドアを開けて、こちらの部屋に順番に入ってください。

Open the door and go into the room in turn.
オウプン　ダ　ドーア　アンドゥ　ゴウ　イントゥ　ダ　ルーム　イン　ターン

そっと両手で抱いてあげてください。〈ウサギなど〉

Please lift it carefully with both your hands.
プリーズ　リフトゥ イットゥ ケアフリィ　ウィズ　ボウス　ユァ　ハンズ

ここをなでると喜びますよ。

They love getting stroked here.
デイ　ラヴ　ゲティング　ストゥロウクトゥ　ヒァ

力を入れすぎないでくださいね。

Not too hard.
ノットゥ　トゥー　ハードゥ

餌をあげてみますか?

Would you like to feed them?
ウッジュー　ライク　トゥ　フィードゥ　デム

子牛にミルクをあげる体験もできますよ。

You can also experience feeding milk to a calf.
ユーキャン　オールソウ イクスピェリエンス　フィーディング　ミルク　トゥ　ア キャーフ

●イベントショー

イルカショーは、午前11時と午後3時からです。

There are dolphin shows
デァラー　ダルフィン　ショウズ

at eleven a.m. and three p.m.
アットゥ イレヴン　エィエム　アンドゥ　スリー　ピィエム

前のほうの低いお席は、しぶきがかかることがあります。

You may get wet in the front row seats.
ユーメイ　ゲットゥ　ウェットゥ イン　ダ　フロントゥ　ロウ　スィーツ

ペンギンがこちらの通路を通ります。

Penguins will march through this way.
ペングウィンズ　ウィル　マーチ　スルー　ディス　ウェイ

街歩き

● 街歩きの魅力を伝える

浅草は江戸時代から栄えている歴史ある古い街のひとつです。

Asakusa is an old historical town
アサクサ　　　　　イズ　アン　オウルドゥ　ヒストゥリカル　　　タウン

that has been flourishing since the *Edo* era.
ダットゥ　ハズビィン　　　　　フローリシング　　　スィンス　ディ　エド　エラ

近くに隅田川という広く、穏やかな川があります。

The wide and calm Sumida river is near here.
ダ　　ワイドゥ　アンドゥ　カーム　スミダ　　　　リヴァ　イズ　ニァ　　ヒァ

浴衣を着て街を散策するのはどうですか？

Would you be interested in wearing a *yukata*
ウッジュー　　　　　　ビィ　イントゥレスティッドゥ　イン　ウェアリング　ア　ユカタ

and strolling around town?
アンドゥ　ストゥローリング　アラウンドゥ　　タウン

Point strolling の原形は stroll で、「散策する」という意味です。

レンタル浴衣のお店が何軒かあります。

There are several *yukata* rental shops.
デァラー　　　　　セヴェラル　　　ユカタ　　レンタル　　　ショップス

ここにはいろいろなお店が集まっていて、たいていのものは揃います。

There are many kinds of shops here,
デァラー　　　　　メニィ　　　カインズ　オヴ　ショップス　ヒァ

so you can find almost everything.
ソウ　ユーキャン　　　　ファインドゥ　オールモウストゥ　エヴリィスィング

値段も安いですよ。

Prices are also cheap.
プライスィズ　アー　　オールソゥ　チープ

コロッケはいかがですか?

Would you like to try a croquette?
ウッジュー　　　　　　ライク　トゥ　トゥライ　ア　クロケットゥ

Plus ① ここでは歩きながらものを食べても大丈夫ですよ。
It's OK to eat your food while walking around here.
イッツ　オウケイ　トゥ　イートゥ　ユア　　フードゥ　ホワイル　ウォーキング　アラウンドゥ　ヒァ

> 何か試食できますか?
> # Can I have a taste of some food?
> キャナイ　　ハヴァ　　　テイストゥ　オヴ　サム　　フードゥ

自由に試食ができるお店もあります。

Some of the shops freely give out samples.
サム　　　オヴ　ダ　　ショップス　　フリーリィ　ギヴ　　アウトゥ　サンプルズ

こちらのお店では、カニの試食ができます。

You can sample crabmeat in this shop.
ユーキャン　　　サンプル　　クラブミートゥ　　　イン　ディス　　ショップ

人力車に乗りませんか?

Would you like to ride the *Jinrikisha*?
ウッジュー　　ユー　　ライク　トゥ　ライドゥ　ダ　　　ジンリキシャ

● 歩行中の注意

道路の右に寄ってください。自動車が通ります。

Please move to the right side.
プリーズ　　　ムーヴ　　トゥーダ　　ライトゥサイドゥ

A car will be passing by.
ア　カー　　ウィルビィ　　パッスィングバイ

［言替単語］ ● 工事車両　**A construction vehicle**

(Point) 「(車などが) 近づいてきます」と言いたいときは、**passing by** の代わりに **approaching** (アプロウチング) を使うとよいでしょう。

前の人たちに続いて通りを渡ってください。

Follow the crowd and cross the street.
フォロウ　　ダ　　クラウドゥ　　アンドゥ　クロス　　ダ　　ストゥリートゥ

(Point) ここでは、**crowd** は「前にいる人たち」の意味で使われています。

269

ゴルフ場

 ゴルフバッグをお預かりします。

We'll bring your golf bag for you.
ウィール　　ブリング　　ユア　　ゴルフ　　バッグ　　フォーユー

 コースは歩かれますか、カートを使いますか?

Do you want to walk the course,
ドゥーユー　　　ウォントゥー　　　ウォーク　　ダ　　　コース

or do you need a cart?
オア　ドゥーユー　　ニードゥ　　ア　カートゥ

コースを歩きます。

We'll walk the course.
ウィール　　ウォーク　　ダ　　コース

カートを使います。

We need a cart.
ウィー　ニードゥ　ア　カートゥ

身分証明書とクレジットカードをお願いいたします。

I need to see some ID and a credit card.
アイ ニードゥ　トゥ スィー サム　アイディー アンドゥ ア クレディットゥカードゥ

ロッカーのキーをどうぞ。

Here is the locker key.
ヒアリズ　　ダ　　ロッカァ　　キー

お帰りの際には、受付にお返しください。

Please bring this key back to the reception
プリーズ　　　ブリング　　ディス　キー　　バック　　トゥ ダ　　リセプション

when you leave.
ウエン　　ユー　　リーヴ

どのコースがいちばん難しいですか?

Which part of the course is most difficult?
ウィッチ　パートゥ　オヴ　ダ　コース　イズ　モウストゥ　ディフィカルトゥ

5番ホールはとてもやりがいがありますよ。

The fifth hole is very challenging.
ダ　フィフス　ホウル　イズ　ヴェリィ　チャレンジング

ゲームを楽しんでください、グッドラック!

Have a good game and good luck!
ハヴァ　グッドゥ　ゲイム　アンドゥ　グッドゥ　ラック

クラブ2セットとボールをお願いします。

We need two sets of clubs
ウィー　ニードゥ　トゥー　セッツ　オヴ　クラブズ
and some balls, please.
アンドゥ　サム　ボールズ　プリーズ

右利きですか、左利きですか?

Are you right-handed or left-handed?
アーユー　ライトゥハンディッドゥ　オァ　レフトゥハンディッドゥ

靴のサイズはいくつですか? (➡P.153「靴」)

What is your shoe size?
ホワットゥ　イズ　ユァ　シューサイズ

ロッカーキーをお願いします。〈ツアーから戻ったお客様に〉

May I have your locker key?
メイアイ　ハヴ　ユァ　ロッカー　キー

クラブハウスでおくつろぎください。

Please make yourself comfortable in the club house.
プリーズ　メイク　ユァセルフ　カンファタブル　イン　ダ　クラブ　ハウス

送迎バスは、午後4時20分発になります。

The shuttle bus will leave at four twenty p.m.
ダ　シャトゥル　バス　ウィル　リーヴ　アットゥ　フォーア　トゥウェンティ　ピィエム

写真撮影

もう少しくっついてください。〈何人かいる場合〉

Please get a bit closer.
ブリーズ　　ゲットゥ　ア　ビットゥ　クロウサァ

もう少し**右**に寄ってください。〈何人かいる場合〉

Everybody move to the right a bit, please.
エヴリィバディ　　　　ムーヴ　　　トゥ　ダ　　ライトゥ　　ア　ビットゥ　ブリーズ

［言替単語］●左 **left**（レフトゥ）

もう少し下がってください。

Move back a little bit.
ムーブ　　　バック　　ア　リトゥル　　ビットゥ

カメラに寄ってください。

Get close to the camera.
ゲットゥ　クロウス　　トゥ　ダ　　キャメラ

止まって。そのままそこにいてください。

Stay. Please hold still.
ステイ　　　　ブリーズ　　　ホウルドゥ　スティル

さあ、笑って。はい、チーズ！

Smile. Say cheese!
スマイル　　セイ　　チーズ

富士山をバックにして、皆さんの写真を撮りましょうか?

Shall we take a photo of everyone
シャルウィー　　　　テイク　ア　フォウトゥ　　オヴ　エヴリィワン

with Mt. Fuji in the background?
ウィズ　　　マウントゥフジ　　イン　ダ　　　　バックグラウンドゥ

words with ～ in the background　～を背景にして

Part

7

交通の
接客・案内フレーズ

● 電車・地下鉄

● 路線バス

● タクシー

電車・地下鉄

● 切符の買い方

切符はどこで買えますか?

Where can I buy a ticket?
ウェア　　キャナイ　バイ　ア　ティケットゥ

窓口にご案内します。

I'll show you to the ticket office.
アイル ショウ　　ユー　トゥ　ダ　　ティケットゥ　オフィス

自動券売機はこちらです。

Here is the ticket-vending machine.
ヒァリズ　　ダ　　ティケットゥヴェンディング　　マシーン

「English」のボタンを押してください。

Press the "English" button.
プレス　　ディ　　イングリシュ　　バトゥン

Point press は push (プッシュ) でも同じ意味になります。タッチパネル式の場合は、touch (タッチ) と言いましょう。

使い方はわかりますか?

Do you know how to use it?
ドゥーユー　　ノウ　　ハウトゥ　　ユーズ イットゥ

お金をここからお入れください。

Please put your money in here.
プリーズ　　プットゥ ユァ　　マニィ　　イン ヒァ

Plus ① お釣りをお取りください。
Please take your change.
プリーズ　　テイク　ユァ　　チェインジ

どちらへお越しですか? 〈切符購入の手助けをする〉

Where would you like to go?
ウェア　　ウッジュー　　ライク トゥ ゴウ

何名様ですか?

How many persons?
ハウメニィ　　　　　　　　　パースンズ

この券売機は、1万円札が使えません。

This vending machine doesn't take
ディス　　　ヴェンディング　　マシーン　　　　ダズントゥ　　　テイク

ten thousand yen notes.
テン タウザンドゥ　　　　　イェン　　ノウツ

● 切符の種類

一日乗車券がお得ですよ。

A one-day pass is a good deal.
ア　ワンデイ　　　　　パス　　イズ ア　グッドゥ　　ディール

何日か滞在するのなら、PASMOやSuicaがおすすめです。

If you stay here for several days,
イフ ユー　　ステイ　ヒァ　　フォー　セヴェラル　　デイズ

I recommend a PASMO or Suica card.
アイ リコメンドゥ　　　　　ア　パスモ　　オァ　スイカ　　カードゥ

チャージ式のカードです。

It's a rechargeable prepaid IC card.
イッツ　ア　リチャージアブル　　　プリペイドゥ　　アイスィーカードゥ

JR、地下鉄、私鉄、バスで使えます。

It can be used as a JR, subway,
イットゥ キャンビィ　　ユーズドゥ　アズ ア ジェイアール サブウェイ

a private railroad, and bus ticket.
ア　プライヴェイトゥ　　レイルロウドゥ　　アンドゥ　バス　ティケットゥ

このマークのあるお店では、ICカードで買い物ができます。

You can make purchases with the IC card
ユーキャン　　メイク　　　バーチェスィズ　　　ウィズ　ダ　　アイスィーカードゥ

at any shop with this mark.
アットゥ エニィ　　ショップ　　ウィズ　ディス　マーク

乗車券のほかに特急券が必要です。

In addition to a train ticket,
イン　アディション　　トゥ　ア　トゥレイン　ティケットゥ

you need a limited express ticket.
ユー　　ニードゥ　ア　リミティッドゥ　イクスプレス　ティケットゥ

特急料金が必要です。

You need a limited express fee.
ユー　　ニードゥ　ア　リミィティッドゥ　イクスプレス　フィー

全席指定です。

All seats are reserved.
オール　スィーツ　　アー　　リザーヴドゥ

自由席もございます。

Non-reserved seats are available.
ナンリザーヴドゥ　　　　　スィーツ　　アー　　アヴェイラブル

自動券売機でもお求めいただけます。

You can also buy it from the vending machine.
ユーキャン　　オールソゥ　バイ　イットゥ　フロム　ダ　ヴェンディング　マシーン

申し訳ありませんが、指定席は全席満席です。

We're sorry, but the train is fully booked.
ウィアー　　ソーリィ　　バットゥ　ダ　トゥレイン　イズ　フゥリィ　ブックトゥ

午後3時10分発の特急でしたら、まだ空席がございます。

You can get a seat on the limited express
ユーキャン　　　ゲットゥ　ア　スィートゥ　オン　ダ　リミティッドゥ　イクスプレス

train departing at three ten p.m.
トゥレイン　ディパーティング　アットゥ　スリー　テン　ピィエム

Point　時刻は、例文のように「午後3時10分」と12時制で表します。

●行き方について

> 歌舞伎座へは、何に乗っていくのがいいでしょうか？
> **Which line should I take to go to Kabukiza.**
> ウイッチ　ライン　シュッダイ　　テイク　トゥ　ゴウ　トゥ　カブキザ

地下鉄の日比谷線に乗ってください。
Please take the Hibiya line.
プリーズ　　テイク　ダ　ヒビヤ　　ライン

丸ノ内線に乗って銀座駅で日比谷線に乗り換えてください。
Take the Marunouchi line first
テイク　ダ　マルノウチ　　ライン　ファーストゥ

and change for the Hibiya line at Ginza.
アンドゥ　チェインジ　フォー　ダ　ヒビヤ　ライン　アットゥ ギンザ

東銀座で降りてください。
Get off at Higashi-ginza station.
ゲットゥオフ　アットゥ ヒガシギンザ　　ステイション

鎌倉へは、次の電車をお待ちください。
Please take the next train for Kamakura.
プリーズ　　テイク　ダ　ネクストゥ トゥレイン フォー カマクラ

Plus ① 浦安駅で、バスにお乗り換えください。
Please change for a bus at Urayasu station.
プリーズ　チェインジ　フォー ア バス アットゥ ウラヤス　ステイション

●改札

> 切符はどこに入れればいいですか？
> **Where should I insert the ticket?**
> ウエア　　シュッダイ　　インサートゥ　ダ　ティケットゥ

改札機の上にある差し入れ口に入れてください。
Insert your ticket into the slot on the fare gate.
インサートゥ ユア　ティケットゥ イントゥ ダ　スロットゥ オン ダ　フェア　ゲイトゥ

乗車券だけ入れてください。

Please insert just your basic ticket.
ブリーズ　　　　インサートゥ　ジャストゥ　ユァ　　　　ベイスィック　ティケットゥ

Point 「特急券」limited express ticket に対しての「(普通)乗車券」と伝えたい場合には、basic ticket と言うとわかりやすいでしょう。

切符は2枚重ねて入れてください。

Insert two tickets at the same time.
インサートゥ　トゥー　　ティケッツ　　アットゥ ダ　　セイム　　　　タイム

このICカードをどうすればいいですか？〈Suicaなどを持って〉

How should I use this IC card?
ハウ　　　　シュッダイ　　　　ユーズ　ディス　アイスィーカードゥ

「IC」と書かれているところにタッチしてお通りください。

Hold the card over the card reader
ホウルドゥ　ダ　　　　カードゥ　　オウヴァ　ダ　　　　カードゥ　　リーダァ

that has the "IC" logo on the panel.
ダットゥ　　ハズ　　ディ　　アイスィー　ロウゴウ　オン　ダ　　　パネル

こちらは、出口専用です。

This gate is for exit only.
ディス　　ゲイトゥ　イズ　フォー　イグズィットゥ オンリィ

[言替単語] ●IC専用　**IC exclusively**（アイスィー イクスクルッスィヴリィ）

隣の改札機をお使いください。

Please use the next gate.
ブリーズ　　　　ユーズ　ダ　　ネクストゥ　ゲイトゥ

料金不足ですね。〈自動改札機が鳴ったときに〉

The fare is not enough.
ダ　　　フェア　イズ　ノットゥ　イナフ

あちらの窓口でご精算ください。

Please pay the balance at the ticket window there.
ブリーズ　　　ペイ　ダ　　バランス　　　アットゥ ダ　　ティケットゥ ウインドウ　　デア

きっぷが改札機に詰まりました。
My ticket is stuck in the gate.
マイ　ティケットゥ　イズ　ストック　　イン　ダ　　ゲイトゥ

改札機を通れません。
I can't go through the ticket gate.
アイキャントゥ　ゴウ　スルー　　　ダ　ティケットゥゲイトゥ

 少々お待ちください。〈切符が詰まって自動改札機が鳴ったとき〉
Wait a moment, please.
ウェイトゥ　ア　モウメントゥ　　プリーズ

もう一度切符を通してください。
Please try to insert your ticket again.
プリーズ　　　トゥライ　トゥ　インサートゥ　ユア　　　ティケットゥ　アゲン

●ホーム・乗り換え

上野へどの電車が行きますか?
Which train goes to Ueno?
ウイッチ　　　トゥレイン　ゴウズ　トゥ　ウエノ

 あの緑色の電車に乗ってください。
Please get on that green train.
プリーズ　　　ゲットゥオン　ダットゥ　グリーン　　トゥレイン

上野方面行きのホームはどこですか?
Which is the platform bound for Ueno?
ウイッチ　　イズ　ダ　プラットゥフォーム　　バウンドゥ　　フォー　ウエノ

words bound for ~　　～方面

 5番線ホームです。階段を下りて移動してください。
At platform five.　Please go down the stairs.
アットゥ プラットゥフォーム　　ファイヴ　　プリーズ　　　ゴウ　ダウン　　ダ　　ステアーズ

Plus ① 向かい側になります。
It's on the opposite side of this platform.
イッツ オン ディ　オパズィットゥ　　サイドゥ オヴ ディス　プラットゥフォーム

新宿で降りて、山手線に乗り換えてください。

Please get off at Shinjuku and change
プリーズ　　ゲットゥオフ　アットゥ　シンジュク　　　　アンドゥ　チェインジ

for the Yamanote line.
フォー　ダ　　ヤマノテ　　　ライン

● 路線図について

地下鉄の路線図はありますか?

Do you have a subway map?
ドゥーユー　ハヴァ　　サブウェイ　　マップ

路線図をどうぞ。

Here is a subway map.
ヒアリズ　　　ア　サブウェイ　　マップ

路線によって色が決まっています。

Each line has its own line color.
イーチ　　ライン　ハズ　イッツ　オウン　ライン　カラー

各駅には番号がついています。

Each station is numbered.
イーチ　　スティション　イズ　ナンバードゥ

電車の乗り降りや、乗り換えのときに便利ですよ。

This makes it convenient to get on and off
ディス　メイクスイットゥ　コンヴィーニエントゥ　トゥゲットゥオン　アンドゥ　オフ

and transfer trains.
アンドゥ　トゥランスファー　トゥレインズ

● 乗車案内

グリーン車は、4号車から6号車までです。

The Green Cars are from cars four through six.
ダ　　グリーンカーズ　アー　フロム　　カーズ　フォーア　スルー　　　スィックス

甲府行きの急行は、このホームでいいのでしょうか？

Are we on the right platform
アーウィー　　　オン　　ダ　　　ライトゥ　　プラットゥフォーム

to get an express train for Kofu?
トゥ　ゲットゥ　アン　イクスプレス　　　トゥレイン　フォー　コーフ

はい、こちらです。

Yes, you are.
イェス　　ユー　　アー

どのあたりに並んだらいいですか？

Where should I line up?
ウェア　　シュッダイ　　ラインアップ

このマークの乗車位置にお並びください。

Please line up at this mark indicating
プリーズ　　　ラインアップ　アットゥ ディス　マーク　　インディケイティング

boarding position.
ボーディング　　　ポズィッション

チケットを拝見させてください。

Can I see your ticket, please?
キャナイ　　スィー　ユア　　ティケットゥ　プリーズ

3両目にお並びください。

Please line up at the third car.
プリーズ　　　ラインアップ　アットゥ ダ　　サードゥ　カー

Point 「○両目」は序数を使って表現します。また、「3号車」は **car 3**、あるいは **car number 3** と言えばよいでしょう。

●乗車時の注意

黄色い線の内側まで下がってお待ちください。

Line up and wait behind the yellow line
ライン　アップ アンドゥ　ウェイトゥ ビハインドゥ　ダ　イェロウ　　　ライン

on the platform.
オン　ダ　　プラットゥフォーム

降りる方が済んでから、ご乗車ください。

Please wait for the passengers
プリーズ　　　　ウェイトゥ　フォー　ダ　　　パッセンジャーズ

to get off the train before boarding.
トゥ　ゲットゥオフ　ダ　　トゥレイン　ビフォア　　　ボーディング

駆け込み乗車はお止めください。

Please don't rush to catch the train.
プリーズ　　　ドントゥ　　　ラッシュ　トゥ　キャッチ　ダ　　トゥレイン

Plus ① 次の電車をお待ちください。
Please wait for the next train.
プリーズ　　　ウェイトゥ　フォー　ダ　　ネクストゥ　トゥレイン

● 運行トラブル

ただ今、具合の悪いお客様の対応をしています。

We're taking care of a passenger who is not well.
ウィアー　　　テイキング　　ケア　オヴ　ア　パッセンジャー　　　フー　　イズ　ノットゥ　ウェル

人身事故の影響で、運行を見合わせております。

The train service is currently suspended
ダ　　　トゥレイン　サーヴィス　　　イズ　カレントゥリィ　　　サスペンディッドゥ

due to an accident causing injury.
デュー　　トゥ　アン　アクスィデントゥ　　　コーズィング　　　インジュリィ

あと30分ほどで復旧の見通しです。

We'll resume operations in about thirty minutes.
ウィール　リズーム　　　オペレイションズ　　　イン　アバウトゥ　サーティ　ミニッツ

● 車内で

切符を確認いたします。

Can I check your ticket, please?
キャナイ　　チェック　　ユア　　　ティケットゥ　プリーズ

お客様、座席が間違っております。

I'm afraid this is not your seat.
アイム　　アフレイドゥ　ディスィズ　　ノットゥ　ユア　　　スィートゥ

お客様の席は5号車になります。

Your seat is in the car number five.

ユァ　　　　スィートゥ　イズ　イン　ダ　　　カー　　　ナンバー　　　　　ファイヴ

 Plus ① 移動していただけますか?

Would you move to your right seat?

ウッジュー　　　　ムーヴ　　トゥ　ユァ　　ライトゥ　スィートゥ

トイレはどこですか?

Where is the restroom in this train?

ウエアリズ　　　　ダ　　　レストゥルーム　　　イン　ディス　　トゥレイン

 2号車にあります。

It's in car two.

イッツ　　イン　カー　　トゥー

● 降車時の案内

 中央改札口へは、ホーム中ほどの階段を使って行ってください。

Please take the stairs in the middle

プリーズ　　　　テイク　　ダ　　　ステァーズ　イン　ダ　　　　ミドゥル

of the platform to reach the central fare gate.

オヴ　ダ　　　プラットゥフォーム　　トゥ　リーチ　　ダ　　　セントゥラル　　フェアー　ゲイトゥ

JR線へのお乗り換えは、南改札が便利です。

The South fare gate is convenient to change

ダ　　　サウズ　　フェア　ゲイトゥ　イズ　コンヴィーニエントゥ　　　トゥ　　チェインジ

to the JR Lines.

トゥ　ダ　　ジェイアール　ラインズ

一度改札を出られても大丈夫です。

You may go out from the fare gate once.

ユーメイ　　　ゴウアウトゥ　　フロム　　ダ　　フェア　ゲイトゥ　　ワンス

再入場の際は、駅係員に切符をお見せください。

Please show your ticket to a station staff

プリーズ　　　ショウ　　ユァ　　ティケットゥ　トゥ　ア　ステイション　　スタッフ

for your reentry.

フォー　ユァ　　　リエントゥリィ

路線バス

● 行き先確認

東京タワーに行きたいのですが。

I'd like to go to Tokyo Tower.
アイドゥ ライク トゥ ゴウ トゥ トウキョウタワァ

このバスで大丈夫です。

This bus is the right one.
ディス バス イズ ダ ライトゥ ワン

Plus ① このバスではありません。
This bus doesn't go there.
ディス バス ダズントゥ ゴウ デァ

2番乗り場のバスに乗ってください。

Please take the bus departing from the bus stop two.
プリーズ テイク ダ バス ディパーテイング フロム ダ バス ストップ トゥー

● 料金について

おとな210円、子ども110円です。

It's two hundred and ten yen for adults
イッツ トゥー ハンドゥレッドゥ アンドゥ テン イェン フォー アダルツ

and one hundred and ten yen for children.
アンドゥ ワンハンドゥレッドゥ アンドゥ テン イェン フォー チュードゥレン

乗車時にお支払いください。

Please pay as you board.
プリーズ ペイ アズ ユー ボードゥ

Point as you board は as you get on (アズ ユー ゲットゥオン) と言い替えてもよいでしょう。

ICカードをここにタッチしてください。

Please touch your IC card here.
プリーズ タッチ ユァ アイスィーカードゥ ヒァ

ここにお金を入れてください。

Please put the money in here.
ブリーズ　　　プットゥ　ダ　　　マニィ　　　　イン　ヒァ

すみません、小銭がありません。
Sorry. I don't have anything smaller.
ソーリィ　　　アイ ドントゥ　　ハヴ　　　エニィスィング　　スモーラァ

両替します。ここに1,000円札を入れてください。

I'll change it. Please insert a one thousand
アイル　チェインジ　　イットゥ　ブリーズ　　　インサートゥ　ア　ワン タウザンドゥ

yen note here.
イェン　ノウトゥ　ヒァ

このバスはあと払いです。

Please pay as you leave.
ブリーズ　　　ペイ　　アズ ユー　　リーヴ

後ろの扉からご乗車ください。

Please get on from the rear door.
ブリーズ　　　ゲットゥオン　　フロム　ダ　　リィァ　　ドーァ

ご乗車の際に、整理券をお取りください。

Please pick up a numbered ticket as you board.
ブリーズ　　　ピック　アップ ア　ナンバードゥ　　　　ティケットゥ　アズ ユー　　ボードゥ

Plus
①
整理券をお見せください。
Can I see your numbered ticket?
キャナイ　スィー ユァ　　ナンバードゥ　　ティケットゥ

● 目的地をたずねる

どちらで降りられますか?

Where would you like to get off?
ウエァ　　　　ウッジュー　　　　　ライク　トゥ　ゲットゥオフ

到着したらお知らせしますよ。

I'll let you know when we arrive there.
アイル　レットゥユー　　ノウ　　　ウエン　　ウィー アライヴ　　デァ

タクシー
. . . .

● 目的地へ

どちらまで?

Where to?
ウェア　トゥ

荷物をトランクに入れますか?

Shall I put your baggage in the trunk?
シャルアイ　　プットゥ　ユァ　　バギッジ　　　イン　ダ　　トゥランク

Point 英 **baggage** の代わりに **suitcase** でもよいでしょう。トランクは、イギリス英語では **boot**（ブートゥ）と言われています。

ドアを閉めてもいいですか? ご注意ください。

Can I close the door?　Please be careful.
キャナイ　　クロウズ　ダ　ドーァ　　　プリーズ　　ビィ　ケァフル

Plus ① シートベルトをお締めください。
Please fasten your seat belt.
プリーズ　　ファスン　ユァ　スィートゥベルトゥ

行き先の住所を教えていただけますか?

May I know the address where you'd like to go?
メイアイ　　ノウ　　ディ　アドゥレス　　ウェァ　　ユードゥ　ライク トゥ ゴゥ

> この住所までお願いします。
> # Please take me to this address.
> プリーズ　　テイク　　ミー　トゥ ディス アドゥレス

住所をカーナビで確認します。少々お待ちください。

I'll search on the car navigation system.
アイル サーチ　　　オン ダ　カー　ナヴィゲイション　　スィステム

Please wait a moment.
プリーズ　　ウェィトゥ　ア　モウメントゥ

どれくらいの時間がかかりますか？
How long will it take?
ハウロング　　　　　　ウィル　イットゥ　テイク

10分くらいです。
Around ten minutes.
アラウンドゥ　　　テン　　ミニッツ

●料金について

初乗り運賃は500円です。
The base fare is five hundred yen.
ダ　　ベイス　　フェア　イズ ファイヴ ハンドゥレッドゥ　　イェン

そこ（目的地）まで、料金はいくらくらいかかりますか？
How much would it be to get there?
ハウマッチ　　　　　ウッドゥ　　イットゥ ビィ　トゥ　ゲッダアー

1,000円くらいです。
It'll be around one thousand yen.
イトゥル ビィ　アラウンドゥ　　ワン タウザンドゥ　　　　イェン

高速道路を使いますか？　有料道路になりますが。
Would you like to take the expressway?
ウッジュー　　　　　ライク　トゥ　テイク　　ダ　　イクスプレスウェイ
It's a toll road.
イッツア　　トーウル ロウドゥ

午後10時以降は深夜料金がかかります。
The late-night charge is applied after ten p.m.
ダ　　レイトゥナイトゥ　　　チャージ　イズ アプライドゥ　　アフタァ　テン　ピィエム

車内の温度はちょうどよいですか？
Is the temperature inside the car comfortable
イズ ダ　　テンペラチュア　　　　　インサイドゥ　ダ　　カー　　カンファタブル
for you?
フォーユー

窓を開けましょうか?

Shall I open the window?
シャルアイ　オウプン　ダ　ウインドウ

一日貸し切りもできますよ。

You can hire a taxi for a day.
ユーキャン　ハイァー　ア　タクスィ　フォー　ア　デイ

 Plus① これが料金表です。
This is a table of charges.
ディスィズ　ア テイブル　オヴ チャージィズ

どのような場所に行きたいですか?

What kind of places would you like to go?
ホワットゥ　カインドゥ　オヴ　プレイスィズ　ウッジュー　ライク　トゥ　ゴウ

Plus① 何軒か土産店を回りますか?
Would you like to go to some souvenir shops?
ウッジュー　ライク トゥ　ゴウ　トゥ　サム　スーヴェニィーァ ショップス

●到着

 着きました。ここでよろしいですか?

Here we are. Is this OK here?
ヒァ　ウィーアー　イズディス　オウケイ ヒァ

1,700円になります。

The fare is one thousand seven hundred yen.
ダ　フェア　イズ ワン タウザンドゥ　セヴン ハンドゥレッドゥ　イェン

レシートは要りますか?

Would you like a receipt?
ウッジューライク　ア リスィートゥ

ドアを開けますよ。

Let me open the door for you.
レットゥミー　オウプン　ダ　ドァ　フォーユー

お忘れ物はないですか?

Do you have everything with you?
ドゥーユー　ハヴ　エヴリィスィング　ウィズユー

Part

8

美容・リラクセーションの
接客・案内フレーズ

- 美容院
- マッサージ
- スパ
- ネイルサロン

美容院・エステなどでの接客ポイント

⊕ Part8 の構成

Part8は、美容院、ネイルサロン、スパなど、特に女性を対象にした美容、リラクセーションに関わる接客のフレーズを紹介しています。あいさつや受付のフレーズについては、どの業種にも共通した表現が多いので、これまでの章も参考にしてください。

⊕ 店内表示に工夫を加えましょう

言葉が通じないことからお客様が緊張されたりしないよう、にこやかな対応はもちろんのこと、店内の表示についても英語をはじめとした多言語の説明を加えて視覚的にも安心できる工夫をしましょう。この種のサービスは国によってコースメニューや課金システムが異なります。料金表やコース表には、正確な情報を記載することが、お客様の安心と信頼につながります。

⊕ 「痛気持いい」は相手によって違う

日本人は、「マッサージは少し痛いくらいが気持いい」と感じる人が多いのですが、特に欧米からのお客様は、強い刺激は苦手な人が多いので、このような「痛気持ちいい」という感覚はピンとこないことが多いようです。マッサージのサービスを提供する場合は、痛くないか、力の強さはちょうどよいかどうか、こまめに声をかけるようにしましょう。

美容院などで首筋にあてる蒸しタオルは、日本ではあたり前に行われているサービスですが、外国の人にとっては思いがけないものだと言います。通常のサービスでも、方法や効果などを、簡単でいいので説明をしてから行うようにしましょう。特に熱さや痛さへの心配りが大切です。

⊕ 体質・体調の確認

欧米からのお客様は、日本人に比べてアレルギー体質の人が多く、また肌も弱い傾向にあると言われています。施術前の問診を丁寧に行うことが重要です。

また、マッサージは血行がよくなるため、体内のアルコールの循環が早くなる

おそれがあります。安全のため、飲酒されている様子のお客様には、いつ頃（何時間前に）飲んだか、摂取量などの確認が大切です。それによっては、メニューを調整したり、酔いが醒めるまでマッサージを控えてもらうようお願いすることも必要です。

　お客様の気分が悪くなった場合など緊急時を想定し、接客名簿への記載をいい加減にせず、緊急対応が必要な場合の連絡先も確認しておきましょう。

美容院、美容師の英語での呼び方

　ところで、日本でもよく耳にしますが、アメリカ英語で美容室は一般的にbeauty salon「ビューティー・サロン」と言われています。また、以前はbeauty parlor「ビューティー・パーラー」やbeauty shop「ビューティー・ショップ」とも言われていたようですが、これはイギリス英語でよく使われている表現です。そこで働く美容師は、一般的にhairdresser「ヘアードレッサー」と呼ばれています。髪を整えている間に美顔マッサージや爪の手入れ、エステやメイクなどを提供するいわゆる総合的な美容サロンで働く人はbeautician「ビューティシャン」と呼ばれています。

美容院

・・・・・・・・・・

● 電話で予約を受ける

お電話ありがとうございます、「アルファヘアーサロン」です。

Thank you for calling "Alfa Hair Salon".
サンキュー　　　　　フォー　コーリング　　　アルファ　ヘア　　サラーン

斉藤がご用件を承ります。

Saito speaking. How may I help you?
サイトウ　　スピーキング　　　ハウ　　メイアイ　　ヘルプ　　　ユー

当店へは初めてのご来店ですか?

Is this your first time visiting us?
イズディス　　ユア　　　ファーストゥタイム　　ヴィズィティングアス

Plus ① 当店をどのようにしてお知りになりましたか?
May I ask how you found our salon?
メイアイ　アスク　ハウ　　ユー　　ファウンドゥ　アウァ　サラーン

ご予約のご希望などうかがえますか?

How may I assist you
ハウ　　　メイアイ　　　アスィストゥ　　ユー

with your appointment request?
ウィズ　　ユァ　　アポイントゥメントゥ　　　　リクウェストゥ

ご指名の担当者はいますか?

Do you have a preferred stylist?
ドゥーユー　　　ハヴァ　　　プリファードゥ　　　スタイリストゥ

カットのみの料金は8,000円でございます。

The price for just a haircut will be
ダ　　　　プライス　　フォー　ジャストゥ　ア　ヘアカットゥ　　　ウィルビィ

eight thousand yen.
エイトゥ　　　タウザンドゥ　　　イェン

● 受付で

お荷物と上着をお預かりしましょうか？

May I take your bag and jacket?
メイアイ　テイク　ユァ　バッグ　アンドゥ　ジャキットゥ

ご予約はされていますか？（➡ P.35「ご予約の有無」, P.68「電話で予約を受ける」）

Do you have an appointment?
ドゥーユー　ハヴァン　アポイントゥメントゥ

(Point) 美容院、理容院、エステ、ネイルサロンなどへの予約は reservation ではなく、appointment を使いましょう。

● スタイルの相談

今日は、どのようになさいますか？

What would you like for today?
ホワットゥ　ウッジュー　ライク　フォー　トゥデイ

どのようなヘアスタイルがご希望ですか？

How would you like your hair?
ハウ　ウッジュー　ライク　ユァ　ヘァ

> カタログを見たいのですが？
> # Can I see some catalogs?
> キャナイ　スィー　サム　キャタロォグズ

はい。どうぞ。

Sure. Here you are.
シューァ　ヒァ　ユー　アー

(Point) 相手にものを差し出すときは、Here you are. を使います。間違って Please. と言いがちなので注意しましょう（➡ P.244）。

何か特別なイメージやスタイルはございますか？

Do you have any particular images
ドゥーユー　ハヴ　エニィ　パァティキュラー　イミッジズ

or styles in mind?
オァ　スタイルズ　イン　マインドゥ

こちらのヘアスタイルはいかがでしょうか？

Would you like this hairstyle?
ウッジュー　　　　　　ライク　ディス　ヘアスタイル

この写真のようにいたします。

I'll make it look like this photo.
アイル　メイク　イットゥ ルック　ライク　ディス　フォウトウ

きっとお似合いですよ。

It would look good on you.
イットゥ ウッドゥ　　ルック　　グッドゥ　　オンユー

（Point） good は great（グレイトゥ）や well（ウェル）と言い替えることができます。great は「似合う」という意味を good よりさらに強調します。

どのくらい短くしましょうか？

How much would you like me to cut?
ハウマッチ　　　　　ウッジュー　　　　ライク　ミー　トゥ　カットゥ

前髪を３センチくらい切りますね。

I'll take about three centimeters off your bangs.
アイル テイク　アバウトゥ　スリー　センティミーターズ　オフ　ユァ　バングズ

後ろ髪はどうなさいますか？

How would you like your hair in back?
ハウ　　ウッジュー　　　ライク　ユァ　ヘァ　イン バック

分け目はどうしますか？

How would you like your part?
ハウ　　ウッジュー　　　ライク　ユァ　パートゥ

（Point） 「分け目」part は、イギリス英語では parting が一般的です。

お任せいただけますか？

Would you leave it to me?
ウッジュー　　　　リーヴ　イットゥ トゥ　ミー

> お任せします。
> # I'll leave it to you.
> アイル リーヴ　イットゥ トゥ ユー
>

● パーマの相談

> パーマをお願いします。
>
> **I'd like a perm.**
> アイドゥ ライク ア パーム
>
> どのくらい時間がかかりますか?
>
> **How long does it take to finish?**
> ハウロング ダズ イットゥ テイク トゥ フィニッシュ

2時間くらいです。

It'll take around two hours in total.
イトゥル テイク アラウンドゥ トゥー アワァズ イン トゥタル

前髪だけパーマをかけましょうか?

Would you like just the bangs permed?
ウッジュー ライク ジャストゥ ダ バングズ パームドゥ

● ヘアカラーの相談

> 髪を染めたいのですが。
>
> **I'd like to dye my hair.**
> アイドゥ ライク トゥ ダイ マイ ヘア

こちらの3つのコースからお選びください。

Please choose one out of these three courses.
プリーズ チューズ ワン アウトゥ オヴ ディーズ スリー コースィズ

どのお色にしましょうか?

What color would you like?
ホワットゥ カラー ウッジュー ライク

髪染めで、何か心配ごとは具体的におありですか?

Do you have any specific hair dye concerns?
ドゥーユー ハヴ エニィ スペスィフィック ヘアダイ コンサーンズ

髪染めの仕方で、具体的なお好みはありますか?

Do you have any specific hair dye preferences?
ドゥーユー ハヴ エニィ スペスィフィック ヘアダイ プリファレンスィズ

●シャンプー台へ

シャンプーをしますので、シャンプー台のほうへどうぞ。

Please come up to the shampooing basin.
ブリーズ　　カムアップ　　トゥ　ダ　　シャンプーイング　　　　ベイスン

words shampooing basin　シャンプー台

苦しくないですか？〈タオルやカバーをつけるときに〉

Do you feel tightness around your neck?
ドゥーユー　　　フィール　タイトゥネス　　アラウンドゥ　ユァ　　ネック

椅子を後ろに倒します。

Let me recline your chair.
レットゥミー　　リクライン　　ユァ　　チェア

ガーゼをお顔にのせますね。

I'll cover your face with gauze.
アイル　カヴァー　　ユァ　　フェイス　ウィズ　ガーズ

お湯加減はいかがですか？

How is the temperature?
ハウ　　イズ　ダ　　テンペラチュァ

> 大丈夫です。　　少し熱いです。
> # It's OK.　A little bit hot.
> イッツ　オウケイ　ア　リトゥル　ビットゥ　ハットゥ

かゆいところはありませんか？

Do you feel itchy somewhere on your head?
ドゥーユー　　　フィール　イッチィ　サムウェア　　　　オン　ユァ　　ヘッドゥ

首の後ろに蒸しタオルをあててもいいですか？

May I put a hot towel on the back of your neck?
メイアイ　　プットゥ　ア　ハットゥ　タウワル　　オン　ダ　　バック　　オヴ　ユァ　　ネック

椅子を起こします。

I'll set the chair back up.
アイル　セットゥ　ダ　　チェア　　バック　　アップ

終わりました。

OK, it's done.
オウケイ イッツ ダン

●カットを終えて

サイドはこのくらいの長さでよいですか？〈鏡に向かいながら〉

Is the length on the sides, OK?
イズ ダ レングス オン ダ サイズ オウケイ

前髪はこれくらいでよいですか？

Can I leave the bangs about this much?
キャナイ リーヴ ダ バングズ アバウトゥ ディス マッチ

> もう少し短くしてください。
> # I'd like to have it a little shorter.
> アイドゥ ライク トゥ ハヴ イットゥ ア リトゥル ショーター

お顔についた毛を払いますね。〈ブラシで払うときに〉

Let me brush off the hair on your face.
レットゥミー ブラッシュ オフ ダ ヘア オン ユア フェイス

では、残った毛を洗い流します。シャンプー台へどうぞ。

I'll wash away the hair left.
アイル ウォッシュ アウェイ ダ ヘア レフトゥ

Please come up to the shampooing basin.
プリーズ カム アップ トゥ ダ シャンプーイング ベイスン

●ブロー・仕上げ

熱かったらおっしゃってください。〈ドライヤーをかけながら〉

Please tell me if it's too hot.
プリーズ テル ミー イフ イッツ トゥー ハットゥ

軽くヘアージェルをつけておきますか？

Would you like some hair gel?
ウッジュー ライク サム ヘアジェル

マッサージ

●コース・料金について

初めてでいらっしゃいますか?

Is it your first time to visit us?
イズィットゥ　ユア　　　　ファーストゥタイム　　トゥ　ヴィズィットゥアス

こちらに記入してください。

Please fill in this form.
プリーズ　　　　フィルイン　ディス　　フォーム

どのコースがおすすめですか?

Which course do you recommend?
ウイッチ　　　　コース　　　　ドゥーユー　　　リコメンドゥ

お疲れの方には、タイ式マッサージはいかがでしょうか?

How about a Thai massage if you feel fatigue?
ハウアバウトゥ　　ア　タイ　　マッサージ　　　　イフ　ユー　　　フィール　ファティーグ

Plus ① アロマコースもおすすめです。

We also recommend the aromatherapy course.
ウィー　オールソゥ　リコメンドゥ　　　　ダ　　アロウマセラピィ　　　　コース

いちばん人気のコースはどれですか?

Which course is the most popular?
ウイッチ　　　　コース　　　イズ　ダ　　　　モウストゥ　　ポピュラァ

30分のお試しコースがとても人気です。

A thirty minute trial course is very popular.
ア　サーティ　　　ミニットゥ　　トゥライアル　コース　　　　イズ　ヴェリィ　ポピュラァ

フェイシャルコースとフルボディコースがあります。

We offer Facial and Body courses.
ウィー　　オファー　　　フェイシャル　アンドゥ　バディ　　　コースィズ

両方でしたら、2,000円お得になります。

You can save two thousand yen
ユーキャン　　　　セイヴ　　トゥー タウザンドゥ　　　　　イェン

if you take both courses.
イフ ユー　　　テイク　　ボウス　　コースィズ

> このサービスは別料金ですか？
> # Is this service extra?
> イズディス　　　サーヴィス　　　エクストゥラ

はい、別途1,000円かかります。

Yes, it's one thousand yen extra.
イェス　　イッツ　ワン タウザンドゥ　　　　　　イェン　　エクストゥラ

こちらは、無料のコースです。

This is a free course.
ディスィズ　　　ア フリー　　コース

本日はどのようなコースにいたしましょうか？

What kind of course would you like today?
ホワットゥ　　　カインドゥ オヴ コース　　　　ウッジュー　　　　　ライク　　トゥデイ

何分間のマッサージコースになさいますか？〈コース料金表を見せながら〉

How many minutes of the massage course
ハウメニィ　　　　　ミニッツ　　　　オヴ ダ　　マッサージ　　　　コース

would you like?
ウッジュー　　　　　　ライク

時間を延長しますか？

Would you like to extend the time?
ウッジュー　　　　　ライク トゥ エクステンドゥ　ダ　　　タイム

15分ごとに1,000円の延長料金がかかります。

A fee of one thousand yen will be charged
ア フィー　オヴ ワン タウザンドゥ　　　　　イェン　　ウィルビィ　　チャージドゥ

for every fifiteen minutes.
フォー エヴリィ　　フィフティーン　　ミニッツ

皮膚のアレルギーはありますか?

Do you have any skin allergies?
ドゥーユー　　ハヴ　　エニィ　スキン　　アラァジィズ

お肌のお悩みは何ですか?

What are your skin concerns?
ホワットゥ　　アー　　ユァ　　　スキン　　コンサーンズ

お酒を飲まれていますか?

Did you drink alcohol?
ディッジュー　　　　ドゥリンク　　アルコホール

いつ頃お酒を飲まれましたか?

When did you drink?
ウエン　　　ディッジュー　　　ドゥリンック

Plus① ２時間以内にお酒を飲まれていますか?
Did you drink alcohol in the last two hours?
ディッジュー　ドゥリンク　アルコホール　インダ　ラーストゥ　トゥー　アワァズ

こんにちは、佐藤と申します。本日マッサージを担当いたします。

Hello, I'm Sato. I'll give you a massage today.
ヘロウ　　　アイム　サトウ　　アイル ギヴ　　ユー　　ア マッサージ　　　　トゥデイ

バスローブを脱いでベッドの上に横になってください。

Please take off your bathrobe and lie down
プリーズ　　テイク　　オフ　ユァ　　　バァスロウブ　　　　アンドゥ　ライ　ダウン

on the bed.
オン　ダ　　ベッドゥ

仰向けになってください。

Face up, please.
フェイスアップ　　　　プリーズ

[言替単語]　●うつ伏せ　face down（フェイス ダウン）

Plus① 仰向けになってください。　　　　　うつ伏せになってください。
Please lie on your back.　　**Please lie on your stomach.**
プリーズ　　ライ オン ユァ　　バック　　　　プリーズ　ライ オン ユァ　　スタマック

体のどのあたりがいちばんこっていますか?

Where is the stiffest part in your body?
ウェアリズ　　ダ　　　スティッフェストゥ パートゥ　イン　ユァ　　　バディ

> 首と肩がとてもこっています。
> # I feel very stiff in my neck
> アイ　フィール　ヴェリィ　スティッフ　イン　マイ　　ネック
> # and shoulders.
> アンドゥ　　ショゥルダーズ

わかりました。こりをほぐしますね。

I see. I'll ease the stiffness.
アイスィー　　アイル　イーズ　ダ　　スティッフネス

いかがですか?

How do you feel?
ハウ　　　ドゥーユー　　　フィール

> ちょうどいいです。
> # It feels just right.
> イットゥ フィールズ　ジャストゥ　ライトゥ
> 少し弱くお願いします。
> # A little lighter, please.
> ア　リトゥル　ライタァ　　ブリーズ

ほかにこっているところはありますか?

Do you have anywhere else you feel stiff?
ドゥーユー　　　ハヴ　　エニィウエア　　　エルス　　ユー　　　フィール スティッフ

> 目も疲れています。
> # My eyes get tired, too.
> マイ　アイズ　　ゲットゥ　タイァードゥ　トゥー

終わりました。気持ちよくなりましたか?

It's finished. Do you feel better now?
イッツ　フィニッシュトゥ　　　ドゥーユー　　　フィール ベター　　　ナゥ

 今の感じはどうですか?
①
How do you feel now?
ハウ　ドゥーユー　フィールナゥ

スパ

（当スパの）料金表はこちらです。

Here is the list of charges in our spa.
ヒアリズ　ダ　リストゥ オヴ チャージィズ　イン アゥア　スパァ

1日のご利用料金は3,000円です。

The rate for one day is three thousand yen.
ダ　レイトゥ　フォー　ワン　デイ　イズ スリー タウザンドゥ　イェン

> 基本料金には何が含まれているのですか？
> ## What is included in the basic rate?
> ホワットゥ　イズ　インクルーデッドゥ　イン ダ　ベイシック　レイトゥ

料金には、プールと大浴場、温泉露天風呂の利用料が含まれています。

The fees include access to our swimming pool,
ダ　フィーズ　インクルードゥ　アクセス　トゥ アゥア　スウィミング　プール

a large common bath, and outdoor hot spring.
ア ラージ　カーメン　バス　アンドゥ　アウトゥドーァ　ハットゥ スプリング

岩盤浴をご利用の場合は別途1,000円かかります。

There is an additional charge of
デアリズ　アン アディショナル　チャージ　オヴ

one thousand yen to use the bedrock bath.
ワン タウザンドゥ　イェン　トゥ ユーズ ダ　ベッドゥロック　バス

（Point）「岩盤浴」を英語で伝える場合は、一般的に **bedrock bath** または **bedrock bathing** と表現しています。

Plus ① 岩盤浴は熱した石を使う日本の療法です。
***Ganban-yoku* is a Japanese hot stone therapy.**
ガンバンヨク　イズ ア ジャパニーズ　ハットゥストゥン　セラピィ

水着を着用してご利用ください。

Please wear a swimsuit here.
プリーズ　ウェア　ア スウィムスートゥ　ヒア

このエリアは男女両用です。

This area is unisex.

ディス　　エァリア　　イズ　ユニセックス

このエリアは<u>女性</u>専用です。

This area is for <u>women</u> only.

ディス　　エァリア　　イズ　フォー　ウイメン　　　　　　オンリィ

［言替単語］●男性　men（メン）

館内着のサイズはどれにしましょうか?

What size of bathrobe would you like?

ホワットゥ　　　サイズ　オヴ　バァスロウブ　　　　ウッジュー　　　　　　　ライク

服をすべて脱いで、館内着に着替えてください。

Please take off all your clothes and change

プリーズ　　　　テイク　　オフ　オールユァ　　クローズ　　　　アンドゥ　チェインジ

into this bathrobe.

イントゥ　ディス　　バァスロウブ

こちらのゴムバンドで髪をまとめてください。

Please bind your hair with these hair bands.

プリーズ　　バインドゥ　ユァ　　ヘァ　　ウィズ　ディーズ　　ヘァバンズ

> 着替えはどこでするのですか?
> # Where can I change clothes?
> ウエァ　　　　キャナイ　　チェインジ　　　クローズ

あちらに更衣室がございます。

The dressing room is over there.

ダ　　ドゥレッスィング　　ルーム　　イズ オウヴァ　デァ

館内施設をご利用の際は、鍵をご提示ください。

Please show the key when you use

プリーズ　　ショウ　　ダ　　キー　　ウエン　　ユー　　ユーズ

any facilities in the hall.

エニィ　ファスィリティーズ　イン ダ　　ホール

ネイルサロン

本日はどのようにされますか?

How would you like your nails for today?
ハウ　　　ウッジュー　　　　ライク　ユア　　　ネイルズ　フォー　トゥデイ

ストーンは、(指)1本ずつの料金になります。

We charge for each stone one by one.
ウィー　チャージ　　　　フォー　イーチ　　　ストウン　　ワン　　バイ　ワン

Plus ① ストーンはこちらのサンプルからお選びください。
Please choose stones from among these samples.
プリーズ　　チューズ　　　ストウンズ　フロム　アマング　　ディーズ　サンプルズ

こちらの見本をご覧ください。

Please look at these samples.
プリーズ　　　ルック　　アットゥ　ディーズ　　サンプルズ

ラメもお似合いになりそうですね。

Glitter would look good on you.
グリッタァ　　　ウッドゥ　　　ルック　　　グッドゥ　　オンユー

Plus ① 薄いピンク系が、今人気です。
A light pink is a popular color now.
ア　ライトゥ　ピンク　イズ　ア　ポピュラァ　　カラァ　　ナゥ

> ネイルジェルは、どれくらい持ちますか?
> ## How long does the gel nail last?
> ハウロング　　　　　　ダズ　　　ダ　　　ジェル　ネイル　ラーストゥ

2週間から3週間くらいですね。

It would last for two to three weeks.
イットゥ　ウッドゥ　　　ラーストゥ　フォー　トゥー　　トゥ　スリー　　　ウィークス

ここに指を入れてください。

Please insert your fingers here.
プリーズ　　　　インサートゥ　　ユア　　　フィンガーズ　　ヒア

すぐに使える POP・案内表示

POP集

●前半は、店舗営業で便利な案内表示や、お客様への注意喚起のための表現をまとめた POP 集です。オリジナル POP を作成する場合の参考として、関連表現も併せて掲載しています。点線で切り取って活用してください。

案内表示

●後半に、外国からのお客様が迷いがちな「神社の参拝の仕方」「浴衣の着方」「公共浴場の使い方」「トイレの使い方」の 4 つのテーマについて、イラストつきで説明した案内表示です。拡大コピーを取って壁に貼るなどして活用してください。なお、これらのページは縦向きに印刷されています。

No Cell Phones

携帯電話の電源をお切りください

〈この場所で〉携帯電話はご利用できます。

Cell Phones Can be Used.

Wi-Fi 接続無料

Free Wi-Fi Access

Cameras Forbidden

撮影禁止

フラッシュ撮影禁止
Photography using flashes is prohibited

商品（展示品）には触らないでください。
Don't touch the Merchandise (Exhibits).

Keep out

立ち入り禁止

関係者以外立ち入り禁止
Staff (Employees) Only

立ち入り禁止区域　　　　芝に入らないでください。
Restricted Area　　　**Please keep off the Grass.**

Shoes off Please

ここで靴をお脱ぎください

靴を履いたままお入りください。
Please enter with your shoes left on.

下駄箱の中のスリッパと履き替えてください。
Please Put on the Slippers in the Shoe Locker.

To order, Please Press this Button

このボタンを押すと係員がまいります

ご注文は自動販売機にてご購入ください。〈飲食店で〉
Please Purchase a Meal Ticket at the Vending Machine.

お客様専用〈駐車場 / トイレ / 座席など〉
Customers Only

All You Can Eat

食べ放題

1,000 円で食べ放題
All You Can Eat for 1,000 yen

2 時間飲み放題
All You Can Drink for 2 hours

Please Seat Yourself

お好きな席にお座りください

順番にお席にご案内します。
First Come First Served.

トレーはこちらにお戻しください。
Please Return Your Tray Here.

While Supplies Last

在庫限り

店長おすすめ
Manager's Choice

お見逃しなく！
Check it Out !

人気 No.1
Most Popular

配達サービスあり
Delivery Service Available

We Don't Give Change

両替はできません

お支払いは現金のみです。
Please pay Cash.

チップはいただきません。
No Tips Accepted.

Opening Hours
10 a.m. to 9 p.m.

営業時間：午前10時〜午後9時

月曜定休日
Closed on Mondays

終日営業
Open 24 Hours

年中無休
Open 7 Days a Week

Out of Order

故障中

清掃中
Cleaning

ご不便をかけて申し訳ありません。
Please Excuse us for the Inconvenience.

CAUTION
Watch your step!

足もと注意！

スリップ注意
Slippery When Wet

頭上にご注意ください。
Watch your Head.

フェンスに寄りかからないでください。
Do not lean on the fence.

PLEASE
WEAR A MASK

マスク着用をお願いします

手を消毒してください。
Disinfect Hands.

距離をあけてください。
Keep Distance.

消毒液をお使いください。
Please use hand sanitizer.

How to worship at *Shinto* shrine （神社の参拝の仕方）

1. Purify yourself by washing your hands and mouth at the water place called *Chozuya*.

   手水舎で手を洗い、口をすすぎ、身を清めます。

2. Bow slightly standing in front of the main shrine and ring the bell tightly.

   神殿の前に立ち、軽くお辞儀をして、鈴をしっかり鳴らします。

3. Throw your coin gently in to offertory-box.

   賽銭を賽銭箱に静かに投げ入れます。

4. Take off your cap or hat and stand straight. Take two deep bows and clap twice politely.

   帽子などを取り、姿勢をただします。2回お辞儀をし、丁寧に2回手をたたきます。

5. Make your wish in your heart with your palms together.

   指先を揃えて手を合わせ、お祈りします。

6. Put your hands down and make one more slight bow.

   手を下ろして、最後にもう1回軽いお辞儀をします。

Two bowings, two claps and one bowing. This is the basics how you should pray at the Shrine, though it may vary depends upon each shrine. Please follow the direction for praying at each of the shrine.

「二礼二拍手一礼」が基本ですが、神社によって違う場合もありますので、お参りする神社の流儀に従って参拝しましょう。

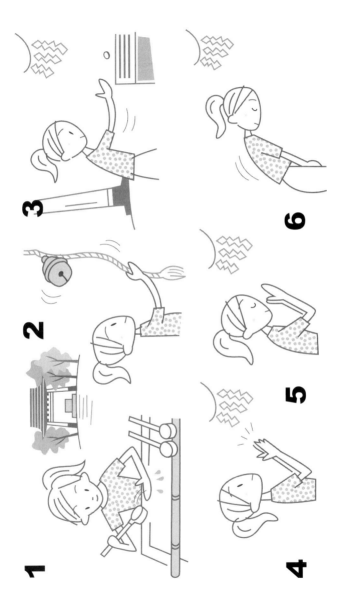

How to wear a *Yukata* (浴衣の着方)

1. Put on the *yukata* over your underwear and your arms through the sleeves. The ideal length for you is the one with the hemline falling just above the ankles.

アンダーウエアの上に浴衣を羽織、両方の袖を通します。
丈は、裾がくるぶしあたりにとどくくらいがちょうどよい長さです。

2. Bring the right side over the body first, and pull the left side over the right side.

最初に右側を、その上に左側がくるようにして前を合わせます。

3. Wrap the sash around the waist twice, and tie the ends together at the front. Men should place the sash over the hipbone.

帯を腰のあたりで2回体に巻きつけて、前で結びます。
男性は結び目を後ろに回します。

4. When you feel cold just in a *yukata*, *tanzen* is also available worn over the *yukata*. When going out in *yukata*, you should put on Japanese traditional footwear such as *geta* or *zori* without socks.

浴衣だけで寒い場合は、丹前をさらに羽織ります。
浴衣で外出するときは、素足に下駄や草履を履きます。

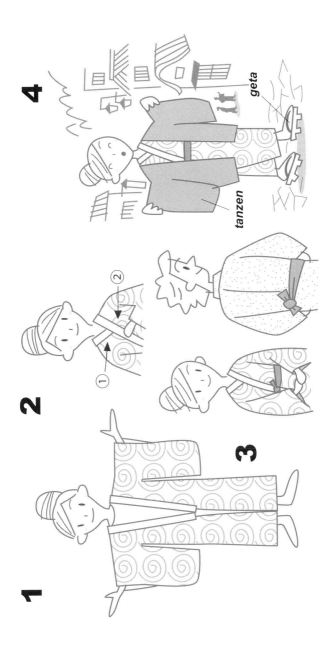

How to use a public bath （公共浴場の使い方）

1. Take off your clothes in the changing room and put clothes in the locker or basket.

   脱衣所で服を脱ぎ、カゴやロッカーにしまいます。

2. Tie your hair up with hair bands so that your hair doesn't get soaked.

   長い髪は、お湯につからないようにゴムで束ねるか、タオルで巻きます。

3. Enter the bathroom with just a small towel.

   ハンドタオルだけを持って、浴場に入ります。

4. Before getting in the bathtub, rinse your body with hot water to remove dirt.

   湯船につかる前に全身をお湯で流し汚れを落とします。

5. Get in the bathtub, and relax. Please don't put a towel in the bathtub.

   お湯につかってリラックスしましょう。湯船にはタオルを入れないでください。

6. After your body is warm, get out of the bathtub and wash your body in front of the faucet.

   体が温まったら、洗い場で体を洗います。

7. Rinse off soap and shampoo well. Then, get in the bathtub again.

   体を洗い、せっけんやシャンプーをよく洗い流したら、さらにまたゆっくりつかりましょう。

8. Dry your body with your small towel before you return to the changing room.

   脱衣所に戻る前に、浴場内で体をタオルで拭いてください。

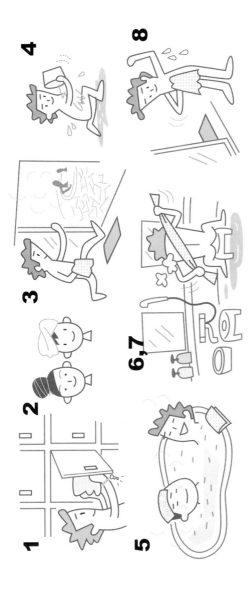

- Swimming suits or underclothes are not allowed in the bathtub.
- Don't swim in the bathtub.
- Don't unplug the tub when you're finished with your bath.
- Making loud noise may become an annoyance to surrounding people.
- Please don't bring any food and drink into the bathroom.

- 水着や下着をつけて入浴することはできません。
- 湯船の中では泳がないでください。
- 栓は抜かないでください。
- 迷惑になりますので、大きな声で騒がないでください。
- 浴場内に飲食物を持ち込まないでください。

How to use a toilet （トイレの使い方）

1. When you use Japanese squat toilets, squat over the floor facing the raised hood.

   日本式のトイレでは、フードがついているほうに向かってしゃがみます。

2. Flush the paper you used together.

   使ったトイレットペーパーは一緒に流しましょう。

3. Do not flush trash besides toilet paper. Trash goes to the trash box.

   トイレットペーパー以外のゴミは流してはいけません。備えつけのゴミ入れに捨てましょう。

4. Do not smoke in a toilet stall.

   トイレでタバコを吸わないでください。

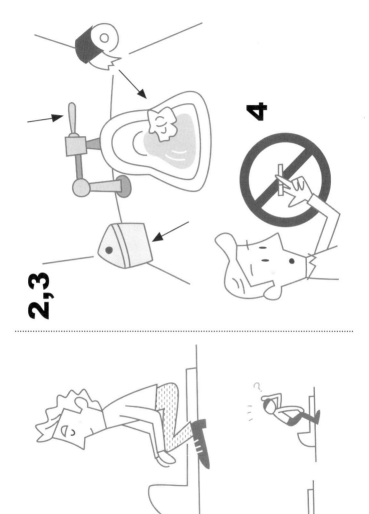

執筆協力　照井紀久夫（てるい・きくお）

1957年、東京都生まれ。テネシー大学卒業。国際教育、交流事業およびさまざまな英語教育に長年従事し、現在は（株）クロスインターナショナル社顧問、（株）PIAグローバル社グローバル教育事業部ディレクターとして、グローバル教育・人材育成プログラムの企画・立案、留学英語学習教材や大手ホテル従業員用英語講座の教材制作と運営などを行っている。

本文デザイン	松井孝夫（スタジオ・プラテーロ）
本文イラスト	山村マユミ
カバーデザイン	萩原 睦（志岐デザイン事務所）
カバーイラスト	堀川直子
編集協力	松井美奈子（編集工房アモルフォ）
英語校正	Keith Gerard（キース・ジェラード：ESL英語講師）
本文校正	星野マミ
録音、音声編集	一般財団法人 英語教育協議会（ELEC）
ナレーション	Karen Haedrich　水月優希

【館外貸出可能】
※本書は音声ダウンロードサービス付き商品ですが、図書館およびそれに
　準ずる施設において、館外貸し出しを行うことができます。

*本書は当社既刊の『おもてなし接客・案内英会話フレーズ辞典』に大幅な加筆・
　修正を加え、リニューアルしたものです。

そのまま使える
接客英会話フレーズ2000

編　者	池田書店編集部
発行者	池田士文
印刷所	株式会社光邦
製本所	株式会社光邦
発行所	株式会社池田書店
	〒162-0851
	東京都新宿区弁天町43番地
	電話 03-3267-6821（代）
	FAX 03-3235-6672

[本書内容に関するお問い合わせ]
書名、該当ページを明記の上、郵送、FAX、または当社ホームページお問い合わせフォームからお送りください。なお回答にはお時間がかかる場合がございます。電話によるお問い合わせはお受けしておりません。また本書内容以外のご質問などにもお答えできませんので、あらかじめご了承ください。本書のご感想についても、当社HPフォームよりお寄せください。
[お問い合わせ・ご感想フォーム]
当社ホームページから
https://www.ikedashoten.co.jp/

本書のコピー、スキャン、デジタル化等の無断複製は著作権法上での例外を除き禁じられています。本書を代行業者等の第三者に依頼してスキャンやデジタル化することは、たとえ個人や家庭内での利用でも著作権法違反です。

落丁・乱丁はお取り替えいたします。
©K.K. Ikeda Shoten 2024, Printed in Japan
ISBN 978-4-262-16988-0

24005507